ADRIAN LANGENSCHEID

TRUE CRIME ÖSTERREICH

WAHRE VERBRECHEN – ECHTE KRIMINALFÄLLE

FSC
www.fsc.org
MIX
Papier aus verantwortungsvollen Quellen
Paper from responsible sources
FSC® C105338

Impressum

Autoren: Adrian Langenscheid, Yvonne Widler, Silvana Guanziroli, Lisa Bielec, Marie van den Boom, Dave Grunewald, Maximilian Zemke, Benjamin Rickert, Stefanie Löschmann, Alexander Apeitos

TB Tolino A5 ISBN: 9783754689561

Lektorat: Daniela Bertram

1. Auflage Oktober 2022

Zeisigweg 6, 72212 Altensteig
Coverbild: © Canva (canva.com)
Covergestaltung: Pixa Heros, Stuttgart

Einige Dialoge und Äußerungen, der in diesem Buch auftretenden Personen sind nicht wortgetreu zitiert, sondern dem Sinn und Inhalt nach wiedergegeben.

Herstellung und Druck über tolino media GmbH & Co. KG, München.
Printed in Germany

ADRIAN LANGENSCHEID

TRUE CRIME ÖSTERREICH

WAHRE VERBRECHEN – ECHTE KRIMINALFÄLLE

Über dieses Buch:

Eiskalte Serienmörder, verhängnisvolle Familiendramen, tragische Entführungen, niederträchtige Folter und skrupelloser Missbrauch: vierzehn schockierende True Crime-Kurzgeschichten zu wahren Kriminalfällen aus Österreich.

Gefesselt, fassungslos, verblüfft und zu Tränen gerührt werden Sie alles in Frage stellen, was Sie über die menschliche Natur zu wissen glauben. Das Leben schreibt entsetzliche Geschichten und dieses Buch fasst sie zusammen. Tauchen Sie ein in die schockierende Welt der wahren Kriminalfälle und der echten Verbrechen!

Über die Autoren:

Adrian Langenscheid ist Autor der erfolgreichen Buchserie True Crime International. Seine Bücher haben über die Grenzen Deutschlands hinaus Bestsellerstatus erlangt. Gemeinsam mit bekannten True Crime-Journalisten und Podcasts knüpfen die Experten mit dem zehnten Band der Reihe an die beachtlichen Erfolge der Vorgänger an.

Inhalt

»Du wirst wohl erleben, dass die von Menschen verursachten Schrecken dein Vorstellungsvermögen übersteigen.«

- Nikola Tesla (1856 - 1943)
Erfinder und Physiker -

Vorwort

Da saß sie und schrie, so laut, dass sich uns alle Blicke im Raum zuwandten. Hätten ihre faltigen Hände nicht die meinen mit energischem Griff umklammert, so wäre ich weggegangen. Die Situation war mir mehr als unangenehm. Ihre Augen sahen mich eindringlich an und in gebrochenem Deutsch geriet sie wütend außer sich: „So was tut man doch nicht?! So was tut man doch nicht?!" Dabei wurde sie jedes Mal lauter und nachdrücklicher. Ihre Stimme hallte in dem etwas steril wirkenden Gruppenraum nach. Eine Träne lief langsam über Devoras Wange. Dann die nächsten. Es war ein Dammbruch an Gefühlen, der mich in diesem Moment zu überrollen drohte. Dabei war knapp ein halbes Jahrhundert vergangen, aber sie schrie als wäre es gestern gewesen.

Es war das Jahr 2004, als ich fernab von Zuhause in Haifa war. Mit anderen jungen Erwachsenen hatte ich mich auf eine „Friedenstour" eingelassen, die uns unter anderem hier in den Norden Israels in dieses Heim für Holocaust-Überlebende geführt hatte. Viele Menschen waren dort. Die eintätowierten Nummern auf ihren Armen zwar halb verblasst, aber immer noch da, genauso wie die Erinnerungen. Von einem Holocaust-Überlebenden wurden wir außerordentlich freundlich in gebrochenem Deutsch empfangen. Man hörte das Jiddisch heraus, als er uns mit seinem sorgfältig vorformulierten Text begrüßte.

Hier begegnete ich Devora. Während sie meine Hand weiterhin fest umschlossen hielt, erzählte sie mir ihre bewegende Geschichte. Vom Konzentrationslager. Davon, wie sie als 14-jähriges Mädchen ihre ganze Familie verlor und wie sie nach dem Krieg ganz allein dastand. Ihre Augen sprachen Bände der Trauer. Wie Nebelschwaden umgaben sie der alte Schmerz und die Verzweiflung über das Schicksal, das ihr widerfahren war. Sie erzählte mir auch von dem Hauptmann, der sie alle als Schweine bezeichnete. Mehr als Schweine wären sie alle nicht wert. Das war der Moment als sie schrie: „So was tut man doch nicht?! So was tut man doch nicht?!"

Es kam mir vor, als hielte ich nicht die Hand dieser alten, traurigen und verbitterten Frau, sondern die des 14-jährigen Mädchens von damals. Gefangen in der Vergangenheit, immer noch tief verbunden mit ihren längst verstorbenen Peinigern. Durchdrängt von Wut, Verbitterung und Verachtung, verflucht dazu, immer wieder die Demütigungen vergangener Tage Revue passieren zu lassen. Dieses Verbrechen hat sie für immer gezeichnet.

Als ich im Hintergrund einen Blick auf die anderen Holocaust-Überlebenden warf, die teilweise herzlich und scherzend mit meinen Freunden umgingen, kam mir voller Mitleid ein glasklarer Gedanke: „Wäre es Dir nur gelungen zu vergeben, Du hättest ein glückliches Leben haben können". Ich sprach den Gedanken nicht aus; zu sehr schämte ich mich dafür.

Wer bin ich, um mir in Anbetracht dieses Leides so ein Urteil zu erlauben? Was, wenn mir solch ein grausames Los zuteil würde? Könnte ich nach solch einem schrecklichen Schicksalsschlag überhaupt wieder Hoffnung und Frieden finden? Vielleicht sogar vergeben und wieder auf die Beine kommen? Oder würde nach vielen qualvollen Jahren ein Grünschnabel vor mir sitzen und sich ein Urteil erlauben?

Als mein Blick in diesem Heim unter den Überlebenden umherwanderte – sie schienen glücklich zu sein – meinte ich zu wissen, dass wir uns sogar von den schrecklichsten Verbrechen der Menschheit erholen können. Dann schaute ich in die dunklen verweinten Augen von Devora – aber nicht alle.

Der Blick über den Tellerrand der heilen Welt, den ich 2004 erhaschte, bewegt mich bis heute und ist neben einigen anderen Erlebnissen ein Grund, weshalb ich viel Zeit in die Recherche von Verbrechen investiere. Dabei kann ich nur ungläubig den Kopf darüber schütteln, wie tief menschliche Abgründe sind, die sich oftmals hinter bürgerlichen Fassaden verbergen.

Das Leben schreibt Geschichten, welche Protagonisten und Zuschauer gleichermaßen fassungslos und schockiert zurücklassen. Die Schilderungen in diesem Buch entstammen nicht der Vorstellung eines Schriftstellers. Es ist die grausame Realität, die Ihnen in den kommenden vierzehn Kapiteln entgegenschlägt. Eine Realität, erschütternder als jede Fiktion, mit Menschen wie Devora, die fassungslos und gebrochen zurückbleiben. Opfer, die gezwungen sind, dem widerfahrenen Leid die Stirn zu bieten oder daran zugrunde zu gehen.

In diesem Buch stelle ich Ihnen weitere Kriminalfälle vor, dieses Mal aus Österreich. Es handelt sich wieder um Erzählungen in Form von Kurzgeschichten, authentisch und realitätsnah, über Verbrechen, die sich tatsächlich ereignet haben – und das vor gar nicht allzu langer Zeit. Man könnte über jeden Fall ein ganzes Buch mit tiefgehenden psychologischen Analysen schreiben, doch das ist nicht meine Absicht. Kurzgeschichten sind wie ein unerwarteter Sturm. Ehe man sich versieht, ist er vorüber. Zurück bleibt die Frage, mit der sich die Opfer unweigerlich oftmals für den Rest ihres Lebens konfrontiert sehen: Warum?

Es sind Verbrechen in Kurzform, die zum Mitfühlen und Nachdenken bewegen. Lassen Sie sich von völlig unterschiedlichen Mordfällen, Missbrauch, Verrat, Entführung, Lügen, Intrigen und Manipulation in die Tiefen der menschlichen Abgründe reißen. Sie werden schockiert sein, so wie ich es bin.

Devora lebt nicht mehr, aber manchmal meine ich noch immer zu spüren, wie ihre faltigen Hände die meinen mit energischem Griff umklammern.

»*… und erlöse uns von dem Bösen.*«

- Die Bibel *Matthäus 6,13* -

KAPITEL 1

200 Meter bis nach Hause

Poch. Poch. Poch. Dumpfe Schläge reißen ihn unsanft aus dem Schlaf. Zwei kurze, dann zwei endlos lang erscheinende, elektronisch erzeugte Geräusche. Wieder und wieder. Dazwischen Hundegebell und Stimmen. Aufgeregt, scharf, autoritär.

„Herr Angerer[1], machen Sie die Tür auf!"

Wer mag das sein? Vielleicht ein überambitionierter Postbote? Einer seiner Nachbarn? Mühevoll dreht er sich auf die Seite und wirft einen Blick auf die in der Dunkelheit rot leuchtenden Ziffern seines Digitalweckers.

6:00 Uhr

Unter das erneute Hämmern von draußen sowie das laute Bellen mischt sich sein langgezogenes Stöhnen. Hatten die Menschen nichts Besseres zu tun als ihre Mitbürger in aller Herrgottsfrühe um ihren Schlaf zu bringen?

„Herr Angerer!?!"

1 *Name geändert*

Da der Störenfried wohl nicht von allein locker lassen wird, wirft Angerer die Bettdecke beiseite, richtet sich auf und schleppt sich den Korridor hinunter bis zu seiner Wohnungstür. Dort angekommen krault er über den Kopf seines zwei Jahre alten Schäferhund-Mischlings. Das nervös bellende Tier verstummt und beginnt unter der spontanen Streicheleinheit zufrieden zu hecheln.

Während Angerers Blick sich gen Tür richtet, beginnt es ihm allmählich zu dämmern, wer ihm da so früh am Morgen einen Besuch abstatten möchte. Instinktiv weicht er ein paar Schritte zurück und hebt dabei vorsichtig die Handflächen vor seine Brust. Im nächsten Moment zerreißt es die Luft vor seinen Augen.

Mühelos gleitet der Schlüssel ins Türschloss. Mit einer schwungvollen Drehung ihres Handgelenks, begleitet vom Klimpern des Schlüsselbunds sowie dem leisen Klicken des Riegels, schließt Brigitte die Tür ihrer Wohnung im Niederösterreichischen Pulkau auf. Als sie über die Schwelle in den angenehm kühlen Flur tritt, verkündet sie ihre Rückkehr mit den Worten:

„Bin wieder da!"

Ihr trautes Heim begrüßt sie mit dem Echo ihrer eigenen Stimme, das durch die leeren Räume hallt. Merkwürdig. Normalerweise sollte um diese Zeit längst jemand zu Hause sein. Dass ihr Mann Anton nicht da ist, weiß sie. Aber was ist mit ihrer Tochter?

„Julia?"

Stille. Brigitte schlendert durch die Wohnung und steckt den Kopf in jede Stube, muss jedoch bald anerkennen, dass sie tatsächlich allein ist. Sie kramt ihr Handy aus der Tasche und wählt Julias Nummer. Nach mehrmaligem

Tuten meldet sich Julias Stimme, jedoch bloß über den Anrufbeantworter. Wo treibt sich die Teenagerin rum? Heute früh, kurz bevor sie beide zur Schule aufgebrochen waren, um ihren Pflichten nachzugehen – Brigitte als Lehrerin, Julia als Schülerin – hatte ihre Tochter mit keinem Wort erwähnt, dass sie den Plan hegte, nachmittags noch etwas zu unternehmen. Hatte sie sich aus einer spontanen Eingebung heraus mit einer ihrer Freundinnen oder ihrem Freund getroffen? Brigitte zupft nachdenklich an den Falten ihres Halses. Möglich. Und gleichzeitig auch nicht. Ihr Mutterinstinkt sagt ihr, dass hier etwas nicht mit rechten Dingen zugeht. Denn einfach so zu verschwinden; das ist nun wirklich nicht Julias Art. Gut, sie war einmal von zu Hause weggelaufen, aber sofort am nächsten Tag wieder zurückgekommen.

Da ihr Kopf weiterhin nach einer rationalen Erklärung sucht, schweifen Brigittes Gedanken zur Diskussion an diesem Morgen. Dort hatte ihre Tochter während des Frühstücks die Absicht geäußert, einen Psychotherapeuten aufzusuchen. Brigitte kann jedoch beim besten Willen nicht nachvollziehen, weshalb das Mädchen diesen Schritt gehen möchte. Julia ist vom Wesen her zwar ruhig, introvertiert, lethargisch und ihr Verhalten zuweilen von Stimmungsschwankungen geprägt, aber ist so etwas nicht normal für eine 16-Jährige? Braucht es da gleich einen Therapeuten? Nur, weil man durch den Hormoncocktail in seinem Körper mal ein paar schlechte Tage hat?

Brigitte kratzt sich am Kinn und ist mit einem Mal gar nicht mehr so sicher, ob das Verhalten ihrer Tochter tatsächlich bloß auf die Pubertät zurückzuführen ist. Was, wenn das Mädchen an einer schweren Krankheit leidet? Mag dies der Grund für ihre Abwesenheit sein? Fühlt Julia sich von ihrer Mutter etwa nicht verstanden und hat daher keine Lust, ihr unter die Augen zu treten, wohlwissend, dass erneute Belehrungen auf sie warten würden?

Alles bloß Spekulationen. Spekulationen, die Brigitte bei der Beantwortung der Frage – *wo steckt Julia* – aber nicht weiterhelfen. Im Gegenteil. Diese ganzen Vermutungen lassen sie sich immer tiefer in abstrakt konstruierten Erklärungen verlieren. So schwer es ihr fällt: Die Volksschullehrerin kommt zu dem Schluss, dass ihr nichts anderes übrigbleibt, als abzuwarten und darauf zu hoffen, dass ihre Tochter schnellstens zurückkehren wird.

Als sich später am Abend die Dunkelheit schwer auf den Dächern der Stadt niederlässt, ihr Mann Anton längst nach Hause zurückgekehrt ist und Julia noch immer nichts von sich hat hören lassen, beginnt Brigitte, sich langsam ernsthafte Sorgen zu machen. Es sieht ihr doch so gar nicht ähnlich, einfach so von zu Hause fernzubleiben, ohne auch nur ein Wort darüber zu verlieren. Die Lehrerin spürt Nervosität in ihrem Inneren aufsteigen. Nervosität, die allmählich immer mehr die Gestalt blanker Angst annimmt.

Kurz bevor dieses Gefühl endgültig Besitz von ihrem Geist zu ergreifen droht, flammt in Brigitte ein winziger Hoffnungsschimmer auf. Obgleich sie tief in ihrem Inneren die ernüchternde Antwort bereits zu kennen glaubt, klammert sie sich an diesen letzten, verbliebenen Lichtblick.

Unter den Blicken ihres Mannes greift die Volksschullehrerin zum Telefon und wählt die Nummer des wohl einzigen Menschen, der ihr noch die Antwort auf die entscheidende Frage liefern könnte: Julias Freund.

Plötzlich sieht Angerer die Welt vor seinen noch müden Augen wie in Zeitlupe in tausend Einzelteile zerbrechen. Die Schreie, das Bellen sowie das Trampeln der schweren Stiefel scheinen dumpf aus einer weit entfernten Galaxie an sein Trommelfell zu hämmern.

Grobe, von schwarzen Handschuhen umschlossene Hände packen ihn unsanft an den Schultern und reißen ihn zu Boden. Die eine Gesichtshälfte auf den kalten Flur gepresst, die andere unter der rauen, dreckigen Schuhsohle eines Beamten der Sondereinheit Cobra eingeklemmt, werden Angerer die Arme auf den Rücken gedreht, um ihm Handschellen anzulegen. Die Polizisten gehen dabei so grob vor, dass der Mann glaubt zu spüren, wie seine Schultergelenke mit einem lauten Knacken auskugeln.

Alles geht so rasend schnell, dass sein Kopf gar nicht richtig begreift, was hier eigentlich genau vor sich geht. Immer mehr schwerbewaffnete Polizeibeamte stürmen in die Wohnung, aus allen Räumen erklingen nach und nach vereinzelte Rufe:

„Sauber!“

Die Funkgeräte der Männer spucken seltsam verzerrte Worte aus, doch Angerer versteht kein einziges davon. Unter all dem Geschrei ist da immer noch das aggressive Bellen seines geliebten Hundes, der verzweifelt versucht, sein Herrchen vor der Bedrohung zu schützen.

Dann peitschen ohrenbetäubende Schüsse durch die Luft, durch die geöffnete Wohnungstür im Treppenhaus widerhallend. Er kann nicht ausmachen, wie oft abgedrückt wird, doch das typische Rattern der Maschinengewehre zu allen Seiten lassen ihn Schlimmes befürchten.

Wem gilt der Kugelhagel? Handelt es sich lediglich um eine Warnung, eine Machtdemonstration? Oder hat es die Einheit auf ihn abgesehen? Haben sie die Absicht, ihn in die Ewigkeit zu befördern? Noch ehe er genauer über sein drohendes Schicksal nachdenken kann, sagt ihm ein schmerzerfülltes Jaulen, welches Ziel die Kugeln anvisierten – und auch fanden.

Kurz darauf schlägt der leblose Körper des zwei Jahre alten Schäferhund-Mischlings auf dem Boden auf, gefolgt von einer dröhnenden Stille, in welcher nur das leise Plätschern des vielen Blutes zu hören ist, das aus den Einschusslöchern sickert.

Nachdem die Telefonleitung mehrere Sekunden von einem langgezogenen Tuten beherrscht wurde, knackt es plötzlich und es meldet sich die schlaftrunkene Stimme eines jungen Mannes. Brigitte, die schon nicht mehr mit einer Entgegennahme des Anrufs gerechnet hatte, entlädt all ihre Anspannung in einen erleichterten Seufzer.

„Thomas! Gott sei Dank. Hier ist Brigitte. Sag mal, hast du Julia gesehen? Oder ist sie vielleicht sogar bei dir? Anton und ich machen uns Sorgen."

„Nein, tut mir leid", antwortet Thomas. „Was ist denn passiert?"

„Das wissen wir nicht", sagt Brigitte. „Sie ist heute nicht heimgekommen und ich kann sie auch nicht erreichen. Wenn Julia nicht bei dir ist: hat sie vielleicht gesagt, was sie nach der Schule noch vorhatte?"

Statt einer Antwort spuckt die Leitung bloß ein leises, mit Rauschen unterlegtes, Knistern aus; es hört sich an, als würde sich jemand im Bett hin und her wälzen, was in Thomas' Fall gar nicht so unwahrscheinlich wäre, schließlich war der junge Mann erst kürzlich von einer Schulreise aus Prag zurückgekehrt.

Als sie immer noch nichts von Thomas gehört hat, bohrt die Volksschullehrerin nach.

„Thomas? Bist du noch dran?"

„Wie?" schallt es aus dem Hörer, „Oh, ja, bin noch dran. Hör zu Brigitte, es tut mir wirklich leid, aber ich weiß nicht, wo Julia steckt."

So verzweifelt sie auch ist, desto resignierter muss sich die Mutter des verschwundenen Mädchens eingestehen, dass auch diese Möglichkeit just in diesem Moment wie eine Seifenblase vor ihren Augen zerplatzt ist. Ganz geschlagen geben will Brigitte sich jedoch nicht.

„Nun gut. Trotzdem danke. Aber versprich mir, dass du uns sofort zurückrufst, wenn sie sich bei dir meldet, ja?“

Wieder diese unangenehme Stille in der Leitung. Dieses Mal hält sie jedoch nicht so lange.

„Ich denke nicht, dass Julia einen Grund haben wird, sich ausgerechnet bei mir zu melden“, erwidert Thomas.

„Was soll das heißen?“, fragt Brigitte und spürt, wie eine unangenehme Wärme in ihrem Inneren aufsteigt.

„Hat sie es euch noch nicht erzählt? Wir sind nicht mehr zusammen.“

Thomas erklärt, dass er während seiner Reise nach Tschechien ein anderes Mädchen kennenlernte und mit ihr eine Affäre begann. Als Julia Wind von dem Techtelmechtel ihres Freundes bekam, reagierte sie ausgesprochen eifersüchtig, woraufhin er, Thomas, aufgrund mehrerer entstandener Streitigkeiten, per Telefon Schluss gemacht habe.

Brigitte erwidert, dass Julia die Trennung von ihrem Freund, wie so vieles, was in ihrem Leben geschieht, mit keinem Sterbenswörtchen erwähnt hatte. Allerdings erinnert sich die Volksschullehrerin, dass ihre Tochter eines Nachmittags mit verheulten Augen nach Hause kam. War die Trennung der Grund für ihren Gefühlsausbruch gewesen? Oder steckt doch etwas ganz anderes dahinter? Je mehr verborgene Details sich ihr über das Leben ihrer

Tochter offenbaren, desto mehr ernsthafte Zweifel bekommt Brigitte, ob sie ihre Tochter überhaupt richtig kennt.

Als es von Julia auch am nächsten Tag noch immer keine Spur gibt, entscheiden Brigitte und Anton sich dazu, ihre Tochter bei der Polizei als vermisst zu melden. Dazu hängen die beiden überall in der Stadt verteilt Suchzettel aus.

In der Mitte des Blatts formen weiße, spationierte Versalbuchstaben auf rotem Untergrund ein einziges Wort: VERMISST

Darüber ist auf der oberen, linken Seite das Foto eines schwarzhaarigen, rundgesichtigen Mädchens mit Stubsnase, schmalen Lippen und dünnen Augenbrauen eingefügt. Das Bild trägt die Unterschrift: Julia KÜHRER.

Daneben geben einige Zusatzinformationen Aufschluss über weitere Details der Gesuchten:

- vermisst seit Di, 27.06.06,

Personenbeschreibung:

- 16 Jahre alt
- 1,65 m groß
- 48 kg schwer
- schwarzes, schulterlanges Haar mit kupferfarbenem Ansatz
- kleine Narbe am Kinn
- zierliche Statur

Zuletzt gesehen mit:

- grau-melierter Jeans
- rosafarbenem Trägertop

- schwarzem Rucksack
- trägt wahrscheinlich gelbe Turnschuhe

Bei sachdienlichen Hinweisen solle man sich bei der Mutter der Vermissten, Brigitte Kührer, melden, deren Kontaktdaten in der Fußzeile des Suchzettels vermerkt sind. Parallel schaltet Julias Familie eine Website, auf der Zeugen ebenfalls Hinweise einsenden können.

So groß das Feuer der Hoffnung einer erfolgreichen Suchaktion zu Beginn in Brigitte und Anton aufgeflammt war, so schnell erlischt es auch wieder. Denn sowohl sie als auch die Polizei müssen feststellen, dass sich die Ermittlungen in diesem Fall zu einem regelrechten Fragenkarussell entwickeln und es, wenn überhaupt, nur sehr schleppend vorangeht.

Das Einzige, was die Beamten bis dato in Erfahrung bringen konnten ist, dass Julia am 27. Juni 2006 um 13:33 Uhr, kurz nach Schulschluss, am Pulkauer Hauptplatz aus einem Linienbus ausstieg und sich unmittelbar danach einem silbernem Toyota Picnic näherte, der vor einer Postfiliale parkte.

Laut Zeugenaussagen habe sich die 16-Jährige dann für eine Weile mit den Insassen des Wagens, drei Jugendlichen, unterhalten. Das Gespräch dauerte etwa eine Viertelstunde – seither fehlt von Julia jede Spur.

Ihr Vater wird später in einem Interview berichten, dass er bei seinen Suchmärschen jeden Weg, der vom Hauptplatz aus wegführt, mehrmals abgegangen sei und sich nicht erklären könne, wie seine Tochter ungesehen verschwinden konnte.

Vieles deutet zu diesem Zeitpunkt darauf hin, dass die 16-Jährige in irgendein Auto gestiegen war. Doch zu wem? Vielleicht in den silbernen

Wagen der drei Jugendlichen? Handelt es sich bei ihnen möglicherweise um Freunde von Julia, die ihrer Kumpanin aus Höflichkeit eine Mitfahrgelegenheit anboten? Doch wohin sind sie gefahren? Da es vom Hauptplatz aus nur etwa 200 Meter bis zum Wohnhaus von Familie Kührer sind, ist es unwahrscheinlich, dass sie Julia dort abgesetzt haben.

Eigenartigerweise will niemand der Pulkauer die Insassen des PKWs weder allein noch in Begleitung von Julia jemals zuvor gesehen haben. Ein ungewöhnlicher Umstand für die rund 1.500 Seelen-Gemeinde, in welcher man sich für gewöhnlich untereinander kennt. Sollte es sich also tatsächlich um Freunde der Vermissten handeln, so müssten diese, allem Anschein nach, von außerhalb stammen.

Eine mögliche Antwort auf diese Frage bietet der Polizei Julias Handy, denn es kann im rund 20 Kilometer entfernten Horn, Hauptstadt des gleichnamigen Bezirks sowie Standort von Julias Schule, geortet werden. Ist es möglich, dass die 16-Jährige ihr Mobilgerät in Horn vergessen und die drei Jugendlichen gebeten hatte, sie nochmals dorthin zu fahren, um es zu holen? Vermutlich nicht, denn das Handy wird später in einem Waldstück gefunden, was erneut einen seitenlangen Fragenkatalog zur Folge hat.

Nach weiteren Recherchen bringen die Ermittler in Erfahrung, dass die Tage vor Julias Verschwinden relativ unauffällig und normal verlaufen sind. Am Sonntag war sie zu Hause; am Montag besuchte sie die Schule. Was jedoch am Samstag, dem 24. Juni 2006, geschah, lässt die Polizei hellhörig werden: An diesem Tag besuchte die Vermisste mit zwei Freundinnen das Donauinselfest, ein gratis OpenAir-Musikfestival auf der Donauinsel in Wien. Die Kleingruppe reiste gegen 13:15 Uhr von der Stadtgemeinde Retz aus über den Handelskai in Richtung Wien, wo sie etwa eine viertel Stunde später eintrafen. Äußerst lang verweilten die Freundinnen dort nicht

– bereits um 17:00 Uhr holte ein Vater der Mädchen sie mit dem Auto am Hauptbahnhof ab.

Noch am selben Abend ging Julia im rund fünf Kilometer von Pulkau entfernten Schrattenthal auf eine Motocross-Veranstaltung. Familie und Freunde beäugen diesen Umstand äußerst erstaunt, da das Mädchen weder eine Vorliebe für Motorräder hat sowie, ihres Wissens nach, niemanden kennt, der in dieser Szene aktiv ist. Die Polizei geht davon aus, dass Julia auf dem Donauinselfest irgendwen kennengelernt haben muss, mit dem sie sich für die Veranstaltung am Abend verabredete. Ebenfalls bleibt es für die Ermittler rätselhaft, wie die Schülerin, ohne Auto oder einen Führerschein, überhaupt dorthin gelangt, geschweige denn wieder nach Hause, gekommen ist. Könnte ihr mutmaßlicher Begleiter sie womöglich mitgenommen haben?

Nach über 120 vernommenen Zeugen sowie rund 250 eingegangenen Hinweisen hat die Polizei noch immer keine hinreichenden Erkenntnisse zum Verbleib Julias erhalten. Auch der Einsatz von speziell ausgebildeten Spürhunden, sogenannten „Mantrailern“ bleibt ohne Erfolg.

Erst im Jahr 2010, nach vier endlos langen Jahren des Wartens, Hoffens und Bangens, kommt der Fall allmählich ins Rollen. Nachdem die zuständigen Behörden gemeinsam mit der Stadt Pulkau mittels einer Aktion die Jugendlichen in die Ermittlungen mit einbezogen haben, wird publik, dass die Stadt womöglich zum Zeitpunkt von Julias Verschwinden ein Drogenproblem hatte.

So stellte sich die Frage, ob die Stimmungsschwankungen sowie die Antriebslosigkeit, unter welchen Julia litt, möglicherweise das Resultat einer Drogensucht gewesen sind? Immerhin sind dies typische Symptome für einen Rauschmittelkonsum. Führte womöglich eine Überdosis zu ihrem spurlosen Verschwinden? Ist das der langersehnte Schlüssel zum Erfolg für die Ermittler?

Am 10. Mai 2010 überschlagen sich die Ereignisse erneut im Fall Kührer, als es im Bezirk Horn zur Festnahme einer 27-jährigen Frau namens Tamara Leitner[2], ihres 21-jährigen Bruders Jürgen Leitner sowie ihres 26-jährigen Ex-Freundes Martin Angerer kommt. Grundlage für die Verhaftung der drei ist ein, am 01. Mai 2010 geführtes, Telefonat der beiden Ex-Partner, das auf Basis einer gerichtlich bewilligten Rufdatenüberwachung von der Sonderermittlergruppe „Zielfahndung Vermisste" abgehört wurde.

In dem Gespräch äußerte sich der 26-Jährige besorgt darüber, dass ein Ex-Freund Julias bei der Befragung durch die Polizei „alle verpfiffen" habe – ein Grund für die Polizei anzunehmen, dass die drei möglicherweise etwas über das Verschwinden Julia Kührers wissen.

Da die Festgenommenen allesamt im Drogenmilieu verkehren, nehmen die Ermittler an, dass Julia mit ihnen gemeinsam Rauschmittel konsumierte und dabei eine versehentlich tödliche Überdosis verabreicht bekam. Anschließend müssen die Drei die Leiche der Vermissten irgendwo entsorgt haben. Doch hat sich die Geschichte tatsächlich so zugetragen? Haben die jungen Erwachsenen etwas mit Julias Verschwinden zu tun? Für die Polizei jedenfalls ist die Sache klar – und sieht in ihren Vermutungen einen Grund, den Verdächtigen um sechs Uhr morgens die Sondereinheit „Cobra" vorbeizuschicken.

Allumfassende Leere breitet sich in Martins Innerem aus, während er mit gefesselten Händen auf dem kalten Fußboden seiner Wohnung liegt und die Hülle seines toten Schäferhund-Mischlings anstarrt. Immer wieder spielt sich

2 *Name geändert*

vor seinem geistigen Auge der gleiche Film ab: Wie der vor Schmerz jaulende Hund unter dem Kugelhagel der Polizisten, einer großen Stoffpuppe gleich, zu Boden fiel.

Während der 26-Jährige noch zu begreifen versucht, was genau hier eigentlich geschehen war, beginnt die Cobra um ihn herum bereits damit, seine Wohnung auf den Kopf zu stellen. Zur selben Zeit finden auch bei seiner Ex-Freundin Tamara sowie ihrem Bruder Jürgen Wohnungsdurchsuchungen statt, bei welchen die Polizei synthetische Drogen, darunter auch K.-o. Tropfen und eine Gaspistole sicherstellen kann.

Weitere Ermittlungen gegen die Verdächtigen ergeben, dass Julia mit ihrem Mobiltelefon, rund 45 Minuten nachdem sie zum letzten Mal am Pulkauer Hauptplatz gesehen wurde, in einem Funkmast in unmittelbarer Nähe des Wohnhauses der Großeltern Martin Angerers eingeloggt war. Die Staatsanwaltschaft nimmt daher an, dass es sich bei Tamara und Jürgen Leitner sowie Martin Angerer um jene Unbekannten handelt, mit denen sich die Vermisste kurz vor ihrem Verschwinden unterhalten hatte.

Die drei Verdächtigen werden jedoch schnell wieder freigelassen, denn trotz diverser Zeugenaussagen können anstatt handfester Beweise nur Indizien, die keinen direkte Verbindung zum Fall Kührer haben, beigelegt werden. Darüber hinaus erklärt das Oberlandesgericht Wien die Festnahme am frühen Morgen des 10. Mai 2010 als rechtswidrig – die Beweislast sei nicht tragfähig genug, um eine derart gewaltsame Stürmung zu rechtfertigen. Rechtsanwalt Johannes Ö., der Martin Angerer vertritt, spricht von „unangemessener Gewaltanwendung“ und ordnet daher ein Ermittlungsverfahren gegen die drei Polizisten an, die den Schäferhund-Mischling seines Mandanten mit dutzenden Schüssen niederstreckten. Ob die Beamten letztlich für ihr Handeln belangt wurden, bleibt offen.

Offen bleibt nach dieser, zunächst vielversprechend erscheinenden Spur, auch weiterhin der Verbleib Julia Kührers. Zwar konnte die Verhaftung der drei Freunde und die einhergehende Ermittlung zur Zerschlagung eines Drogennetzwerks führen, welches Rauschgift aus Tschechien nach Österreich schmuggelte. Doch der eigentlich gewünschte Erfolg bleibt vorerst aus.

Nach über 60 gefüllten Aktenordnern, unzähligen, ausgewerteten Telefondaten, hunderten vernommenen Zeugen sowie mehrmaligen, ausführlichen Analysen von Julias Tagebuch findet der Fall Kührer am Abend des 30. Juni 2011, fünf Jahre und drei Tage nach ihrem spurlosen Verschwinden, schließlich sein Ende.

Zwei Männer gehen im goldenen Schein der langsam untergehenden Sonne in Dietmannsdorf, eine Kastralgemeinde die rund 40 Kilometer von Pulkau entfernt gelegen ist, mit ihrem Hund spazieren. Als sie gerade das Privatgrundstück eines Bekannten passieren, fliegt der Spielball über den Zaun und bleibt im dichten Gras liegen. Statt zu klingeln, klettern die Männer unbekümmert über den Zaun, um eigenhändig nach dem verlorenen Ball zu suchen.

Kaum auf dem Grundstück, ändern sie jedoch urplötzlich ihre Pläne. Da ihnen der Besitzer, ein gewisser Michael Strasser[3], schon immer dubios und rätselhaft erschien, packt sie die Neugier. Sie weiten die Suche nach dem Ball in eine Erkundung des eingezäunten Anwesens aus. Dabei stoßen sie zwischen mannshohen Gräsern und Sträuchern auf eine am Boden liegende und mit Spinnweben, Dreck und einzelnen Insekten bedeckte Holzplanke. Nachdem sie diese ein Stück beiseitegeschoben haben, offenbart der Untergrund ein dunkles Geheimnis: den Eingang zu einem Erdkeller, worin sie menschliche Knochen vorfinden.

---

3 *Name geändert*

Umgehend alarmieren die schockierten Eindringlinge die Polizei, welche das gesamte Gelände umgehend mit weiß-rotem Flatterband absperrt und mit einer Durchsuchung des auf dem Grundstück errichteten Wohnhauses beginnt. Den Ermittlern drängt sich dabei sogleich eine Frage auf: ist es möglich, dass der Fund der beiden Männer die sterblichen Überreste der verschollenen Julia Kührer sind? Um dies herauszufinden, werden die Knochen zur DNA-Analyse ins Labor geschickt.

Überdies kann die Spurensicherung auch Kleidungsreste, ein teilweise verbranntes Englisch-Lexikon sowie eine ebenfalls teilweise verbrannte, blaue Decke sicherstellen. Wurde das Opfer möglicherweise entführt und im Erdkeller gefangen gehalten?

Einen Tag später, am 01. Juli 2011, bekommen die Ermittler das Ergebnis der forensischen Untersuchung. Aus ihrer anfänglichen Theorie ist grausame Realität geworden: bei den sterblichen Überresten aus dem Erdkeller handelt es sich tatsächlich um die vor 5 Jahren verschwundene Julia Kührer.

Warum die Identifizierung so schnell vonstatten ging, ist leicht erklärt: Da von der Toten zunächst nur der Unterkiefer samt Zähnen gefunden wurde, ließ sich problemlos ein Abdruck der Zähne anfertigen und mit den Befunden früherer Zahnarztbesuche abgleichen; ein Verfahren, das in der Rechtsmedizin häufig zum Einsatz kommt, wenn die Identität eines Leichnams nicht ohne weiteres geklärt werden kann.

Weitere Untersuchungen ihres übrigen Skeletts, das am 02. Juli 2011 geborgen werden kann, ergeben, dass die damals 16-Jährige bereits zum Zeitpunkt ihres Verschwindens im Jahr 2006 zu Tode kam. Der Fundort ihrer Leiche war jedoch nicht der Tatort. Wo also starb Julia Kührer? Und vor allem: wie?

Zwar kann ein Tod durch Fremdeinwirkung, aufgrund des fehlenden Weichgewebes, bei der Obduktion der sterblichen Überreste nicht zweifelsfrei festgestellt werden, der zuständige Rechtsmediziner geht jedoch mit an Sicherheit grenzender Wahrscheinlichkeit davon aus.

Parallel zu den forensischen Untersuchungen des Leichnams nimmt die Polizei den Besitzer des Grundstücks, Michael Strasser, vorläufig in Gewahrsam. Es muss geklärt werden, ob er derjenige ist, der Julia Kührer entführte und tötete oder, falls nicht, wie ihre sterblichen Überreste in seinen Erdkeller gelangten. Ist es möglich, dass jemand anderes Julia umbrachte und ihre Leiche absichtlich im Garten von Michael Strasser deponierte, um die Spur auf ihn zu lenken? Doch wenn dies tatsächlich jemandes Absicht gewesen sein sollte, warum wurden Julias sterbliche Überreste dann erst jetzt, fünf Jahre später, gefunden?

Im Jahr 2006 betreibt der 50-jährige Verdächtige eine Videothek. Dieser Videoverleih, der sich unmittelbar gegenüber dem Kührer-Wohnsitz befand, galt zu jener Zeit als Sammelplatz für die Jugendlichen des Dorfes. Dort hingen sie gemeinsam ab, tranken jede Menge Alkohol und waren vor allem von „DVD-Michi“s cooler Art, wie Strasser von ihnen getauft wurde, begeistert. In Pulkau ist der Videothek-Betreiber allgemeinhin als ein Mann bekannt, der zwar keine Zähne, dafür aber stets eine Zigarre im Mund habe.

Mit Julias Verschwinden ändert sich jedoch urplötzlich auch etwas in Strassers Leben: er gibt die Videothek auf und zieht von Pulkau nach Wien. Das Haus in Dietmannsdorf, in welchem später die Leiche der Vermissten gefunden wurde, nutzt er nur ab und an – es ist demnach nicht sein Hauptwohnsitz.

Alles bloß Zufall? Oder steckt doch mehr hinter dem Umzug? Offiziell gibt der Verdächtige an, seinen Wohnort aufgrund von Geldsorgen und drohender Obdachlosigkeit gewechselt zu haben. Mit der Videothek ging es immer weiter bergab; nichts habe er mehr bezahlen können. Auf die Frage, warum er ausgerechnet in die, nicht gerade billige, österreichische Kaiserstadt gezogen ist, antwortet Strasser, dass er dort Freunde und Familie habe, die ihn unterstützten.

Außerdem finden die Ermittler heraus, dass der Verdächtige zum Zeitpunkt von Julias Verschwinden in Besitz eines silbernen Toyota Picnic war. Zudem habe er sich, laut Zeugenaussagen, fast ausschließlich mit Jugendlichen getroffen, unternahm etwas mit ihnen oder lud sie sogar zu sich nach Hause ein.

Sein generelles Verhalten Jugendlichen gegenüber ist auffällig: behandelt er die männliche Riege wie langjährige Freunde, so ließ er Frauen gegenüber des Öfteren anzügliche Bemerkungen fallen. Thomas Schubert, Julias Ex-Freund zufolge, soll Strasser ihn einmal sogar gefragt haben, wie Julia „denn im Bett“ sei. Ein anderes Mal habe er ihm angeboten, in seinem Haus in Dietmannsdorf eine Hanfplantage zu errichten; Thomas jedoch lehnte ab.

Nachdem auch die Medien immer häufiger über die neuerlichen Entwicklungen im Fall Kührer berichten, meldet sich eine angebliche Ex-Freundin des Verdächtigen bei der Polizei und berichtet, dass dieser ihr während der gemeinsamen Beziehung immer wieder aggressiv gegenübertrat und nach Beendigung der Liebschaft sogar mit einer Pistole auf ihren Kopf gezielt und sie die ganze Nacht zu „abstrusen Dingen“ gezwungen habe. Für diese Tat war Strasser Anfang der 1980er-Jahre zu einer dreijährigen Haftstrafe verurteilt worden.

Einen Hang zu Jugendlichen, anzügliche Sprüche gegenüber Frauen sowie Gewaltbereitschaft gegenüber seinen Lieben. Sind all diese Dinge der Beweis dafür, dass Michael Strasser hinter der Entführung sowie dem Mord an Julia

Kührer steckt? Der 50-jährige selbst bestreitet jedenfalls vehement, auch nur irgendetwas mit der Sache zu tun zu haben. Julia kenne er bloß vom Sehen, da sie und ihr damaliger Freund Thomas ab und an seine Videothek besuchten. Andere Jugendliche aus Pulkau berichten hingegen, dass Michael Strasser stets verlauten ließ, dass Julia das „feschste", also attraktivste, Mädchen des gesamten Dorfes sei und er allgemein ein auffallend großes Interesse an ihrer Person gezeigt habe.

Bei einer Vernehmung des Verdächtigen durch die Polizei wird ihm auch die routinemäßige Frage gestellt, was er am 27. Juni 2006 tat und wo er sich befand. Selbstsicher lässt Strasser verlauten, dass er noch genau wisse, dass er an diesem Tag gemeinsam mit einem Freund auf dem Weg nach Tschechien war, um kostengünstige DVDs für die Videothek zu erstehen.

Auf die Bemerkung der Polizei hin, dass dieser besagte „Freund" sich nicht an solch einen Ausflug erinnern könne, will Michael Strasser eine Verschwörung wittern und entgegnet, dass sein Kumpel ihm etwas Böses wolle. Grund dafür sei eine angebliche, nicht beglichene Rechnung für die Anmeldung eines Handys auf den Namen seines Freundes. Dieser, auf der Rechnung sitzen gebliebene Kumpel, wolle sich nun dafür rächen. Die Liebelei Strassers mit der Ex-Freundin des Kumpels hätte die Feindseligkeit noch verstärkt.

Auch wenn die Ermittler diese Geschichte als nicht sehr glaubwürdig erachten, handelt es sich in diesem, wie auch im Fall bezüglich seiner angeblichen Affinität zu Jugendlichen oder der Gewalttätigkeit gegenüber seiner Ex-Freundin um „Aussage gegen Aussage". Der Verdächtige wird daher auf Anordnung des Gerichtes und gegen den Willen der Polizei, die Michael Strasser lieber in Untersuchungshaft behalten hätten, aus Mangel an Beweisen vorerst freigelassen.

So einfach geschlagen geben wollen sich die Ermittler jedoch nicht und stellen daher weitere Nachforschungen gegen den 50-Jährigen an. Unter anderem wird dessen silberner Toyota Picnic in Litauen ausfindig gemacht und auf mögliche DNA-Spuren untersucht. Doch leider sinkt die Chance mit den Jahren drastisch, irgendetwas in diese Richtung sicherzustellen, weshalb diese Untersuchung erfolglos bleibt.

Obwohl sich diese Tür schließt, öffnet sich für die Polizei Anfang 2012 doch eine andere, die sie vielleicht auf die richtige Fährte bringen kann: Die blaue, halbverbrannte Wolldecke, in welcher Julias Leichnam eingewickelt gewesen sein musste. Da es sich bei diesem Exemplar um kein Massenprodukt handelt, versuchen die Beamten zunächst herauszufinden, wie viele Leute diese Decke erstanden haben. Sie erhoffen sich, mit den entsprechenden Namen und den Adressen der Käufer den Täter ausfindig zu machen. Es ist eine utopische und fast unmöglich erscheinende Aufgabe, denn die Ermittler bringen in Erfahrung, dass über 400 Personen exakt diese 150x200 Zentimeter große Wolldecke des Fabrikats „Borbo Orion“ kauften.

Da sich auf dem Beweisstück auch keine DNA-Spuren finden lassen, muss die Polizei zähneknirschend akzeptieren, dass sie bei ihren Ermittlungen, trotz der vielversprechenden Funde, vorerst wieder bei Null stehen. Die wiederholt im Sand verlaufenden Spuren haben zufolge, dass die Beamten im Frühling 2012 verlauten lassen, die Ermittlungen im Sommer einzustellen, solle bis dahin nicht ein zu verwertender Beweis auftauchen.

Die abgeschlossenen Untersuchungen des Skeletts und die damit einhergehende, vorzeitige Recherchepause, erlaubt es Anton und Brigitte Kührer endlich, ihre Tochter am 04. Februar 2012 auf dem Friedhof ihrer Heimatstadt Pulkau beizusetzen.

Nach der Beerdigung Julias folgen abermals Monate der Stille. Doch gerade, als die Polizei die Ermittlungen endgültig beenden und den Fall als Cold-Case zu den Akten legen will, kann die Molekularbiologin Christa Nussbaumer mittels einer neuen Untersuchungsmethode doch noch DNA-Spuren auf der blauen Wolldecke finden: winzig kleine Hautschuppen von Michael Strasser.

Ist das endlich der Durchbruch, auf den die Beamten über ein halbes Jahrzehnt lang warten mussten? Oder handelt es sich bloß um einen Zufall? Was, wenn die Decke bloß ein Gegenstand von vielen ist, die die Fingerabdrücke von Michael Strasser tragen? Müssten auf seinem Grundstück nicht hunderte DNA-Spuren des Mannes zu finden sein? Ist es möglich, dass das Beweisstück zwar dem Verdächtigen gehört, er mit dem Mord an Julia aber dennoch nichts zu tun hat?

So oder so: die Ermittler halten jetzt einen eindeutigen Beweis in den Händen, der eine erneute Verhaftung des ehemaligen Videothek-Besitzers nach sich zieht. Die darauffolgende Anklage der Staatsanwaltschaft wird, trotz massiver Gegenwehr von Strassers Anwalt, rechtskräftig.

Einhundert Zeugen sowie sechs Sachverständige sind an sieben, vom Landgericht Korneuburg vorgesehenen, Verhandlungstagen für den Prozess gegen Michael Strasser geladen, der am 10. September 2013 seinen Auftakt feiert.

Es ist ein Indizienprozess. Zu Beginn des ersten Verhandlungstages schildert der Staatsanwalt die bisherigen Geschehnisse – so, wie sie sich aus der Sicht des Gerichts, basierend auf der Beweislage, zugetragen haben müssen:

An jenem schicksalhaften Tag vor sieben Jahren, zwei Monaten und 14 Tagen kam die damals 16-jährige Julia Kührer nach Schulschluss um 13:33

Uhr mit dem Linienbus am Pulkauer Hauptplatz an. Dort trennte die Jugendliche ein etwa 200 Meter langer Fußweg zum Auto des Angeklagten Michael Strasser, bei welchem sie Crystal Meth kaufen wollte. Der Videothek-Besitzer nahm sie daraufhin mit in seinen Laden. Dort verlangte er jedoch statt Geld Sex als Gegenleistung für seine Drogen.

Da Julia dies ablehnte, schlug Strasser ihr mit der Faust mitten ins Gesicht, wobei sie einen ihrer Zähne verlor. Blitzschnell habe sich der wuchtige Mann, ein ehemaliger Wrestler, dann auf den zierlichen Körper der 16-Jährigen gestürzt und sie erwürgt. Die Leiche versteckte er daraufhin im Keller seines Ladens, um sie dort zu verbrennen und ihre sterblichen Überreste anschließend auf seinem Grundstück in Dietmannsdorf zu verstreuen.

Thomas Schubert, Julias Ex-Freund, der ebenfalls bei dem Prozess anwesend ist und als Zeuge aussagt, dementiert das von der Staatsanwaltschaft angenommene Drogengerücht. Er selbst sei jahrelanger Marihuana-Konsument und Julia habe, wenn überhaupt, bloß ab und an mal an einem Joint gezogen – Crystal Meth habe sie schon gleich gar nicht konsumiert.

Im Zuge weiterer Vernehmungen nehmen auch die beiden Männer, die das Skelett des Mädchens fanden, im Zeugenstand Platz. Unter Eid geben sie zu, das Grundstück nicht wegen des verschwundenen Balles, sondern einzig aus dem Grund betreten zu haben, um nach Julia Kührer zu suchen. Auf die Frage hin, weshalb sie damit so lange gewartet hatten, entgegnet einer der beiden, ob es einem Mann nicht gestattet sei, Angst zu haben. Einige Tage vor dem Fund hatte die Polizei Mittels „face-morph“ ein Bild der Vermissten erstellt, um zu demonstrieren, wie sich ihr Äußeres im Laufe der Jahre verändert haben könnte, gesetzt dem Fall, sie würde noch am Leben sein. Darüber hinaus wurde eine hohe Summe Finderlohn ausgesetzt, weshalb es also gut möglich ist, dass die beiden Männer große Augen bekamen und scharf auf das Geld waren.

Auch wenn Michael Strasser bis zuletzt beteuert, Julia Kührer kein Haar gekrümmt zu haben, klingt für die Geschworenen jene Version der Staatsanwaltschaft plausibel und verurteilt den mittlerweile 52-Jährigen Ende September 2013 mit 7 zu 1 Stimmen zu einer lebenslangen Haftstrafe – in Österreich beträgt diese durchschnittlich 22,5 Jahre.

Das Urteil wird jedoch vorerst nicht rechtskräftig, da Strasser und sein Anwalt in Revision gehen. Ein halbes Jahr später, am 07. März 2014, entscheidet das Oberlandesgericht Wien über die Berufung und reduziert die Strafe auf 20 Jahre. Diese verbüßt der Verurteilte in der JVA Stein, dem zweitgrößten Gefängnis Österreichs, in Krems an der Donau gelegen.

„Die Gerechtigkeit hat gesiegt". Das sind die Worte von Brigitte und Anton Kührer nach der Urteilsverkündung im September 2013. Auch wenn sie nie über das grausame Schicksal ihrer Tochter hinwegkommen werden, so sind sie dennoch zufrieden und erleichtert, dass der Täter seine gerechte Strafe bekommen hat.

Im Jahr 2016 wird die Aufmerksamkeit der Öffentlichkeit erneut auf die Familie gelenkt, als es eine Gerichtsverhandlung bezüglich Leidensgeld gibt, das die Familie aufgrund der jahrelangen, psychischen Tortur einfordert – mit Erfolg. Pro Person bekommt sie 40.000 Euro, zudem werden die Beerdigungskosten in Höhe von 10.000 Euro übernommen.

Bis heute konnte nicht zweifelsfrei geklärt werden, ob Michael Strasser letztlich der tatsächliche Mörder von Julia Kührer ist. Obwohl die Staatsanwaltschaft während des Prozesses einen plausiblen Tathergang präsentieren konnte, kann niemand mit Sicherheit sagen, ob dieser sich auch wirklich so zugetragen hat. Michael Strasser selbst bestreitet noch immer vehement, auch nur irgendetwas mit der Sache zu tun zu haben und versucht jedes Jahr gemeinsam mit seinem Anwalt, den Fall neu aufzurollen – bisher jedoch erfolglos. Sollten Strassers Behauptungen stimmen, so müsste ein anderer Täter für den Tod von Brigitte und Anton Kührers Tochter verantwortlich sein. Ein Täter, der dann möglicherweise noch immer auf freiem Fuß ist.

»Es gibt viele Väter, die Kinder haben, aber nur wenige Kinder die Väter haben.«

- Francis de Croisset (1877–1937), französischer Dramatiker und Opern-Liberettist -

KAPITEL 2

8516 Tage

Die junge Frau ist dem Tode näher als dem Leben. Immer wieder schütteln ihren unterernährten, bleichen Körper heftige Krampfanfälle. Das gleißende Licht der Neonröhren brennt sich auf die Netzhaut der 19-Jährigen. Noch nie in ihrem Leben hat sie so viele Fremde gesehen. Sie kann nicht wissen, dass sie in einem Krankenhaus ist und die Ärzte mit Hilfe des Pflegepersonals um ihr Leben kämpfen. Von der Prozedur dringt nicht viel in das Bewusstsein der Schwerkranken - unabänderlich rollt eine Ohnmacht nach der nächsten über sie hinweg. Die Mediziner stehen vor einem Rätsel. Welch seltsame Krankheit hat die junge Frau nur heimgesucht? Den Symptomen nach scheint es sich um einen massiven Vitamin-D-Mangel zu handeln. Doch was hat diese lebensbedrohliche Verknappung verursacht? Es macht den Anschein, als habe die fast weiße Haut des ausgemergelten Körpers, der keine nennenswerte Muskulatur aufweist, nie auch nur ein einziger UV-Strahl getroffen. Auch der alte Mann, offenbar der Großvater der jungen Patientin, der kurze Zeit später im Landesklinikum auftaucht, ist den Ärzten keine große Hilfe. Er überreicht einem der behandelnden Mediziner einen Brief von der Mutter des Mädchens. Dort steht geschrieben: „Bitte, bitte helfen Sie ihr! Meine

Tochter fürchtet sich vor fremden Menschen und war noch nie in einem Krankenhaus. Wenn es Probleme gibt, fragen Sie meinen Vater um Hilfe. Er ist der einzige Mensch, den sie kennt. Mein Kind, sei stark, wir sehen uns bald wieder!" So kommen die Ärzte nicht weiter. Sie müssen mehr über die junge Frau, die keinerlei Dokumente bei sich trägt, ihr bisheriges Leben und vor allem ihre vorangegangene Krankengeschichte erfahren. Viel Zeit bleibt den Medizinern nicht mehr - die Nieren der Schwerkranken drohen zu versagen. Sie beschließen, die Patientin in ein künstliches Koma zu versetzen, um ihren strapazierten Körper und seinen geschwächten Organismus zu schonen. Es beginnt ein Wettlauf mit der Zeit.

Es ist der 09. April 1935, als Maria Fritzl einen kleinen Jungen in der beschaulichen Stadt Amstetten in Niederösterreich zur Welt bringt. Endlich! Ihr erster Mann verließ die junge Frau, weil sie ihm kein Kind gebar. Von dem Zeitpunkt an war es ihr erklärtes Ziel, schwanger zu werden. Nicht, weil sie sich ein Baby wünschte; nicht, weil sie ihrem zweiten Ehemann ein Kind schenken und nicht, weil sie einem kleinen Lebewesen ihre ungeteilte Aufmerksamkeit und Liebe geben wollte - für Maria zählt allein der Beweis, dass sie in der Lage ist, neues Leben zur Welt zu bringen.

So sehr sie sich auch über die Geburt freut - die Streitigkeiten mit ihrem Mann werfen einen dunklen Schatten über ihren neuen Alltag als Mutter. Der Familienvater schafft es nicht, seiner Ehefrau die Treue zu halten. Josef ist vier Jahre alt, als Maria Fritzl die ständigen Demütigungen durch die außerehelichen Eskapaden ihres Mannes nicht mehr erträgt und ihn aus dem Haus wirft. Fortan lebt die Mutter allein mit ihrem kleinen Sohn, der später erzählt, dass er die Trennung von dem Vater, der kein guter Ehemann gewesen sei, als richtig empfunden habe.

Josef wächst in bescheidenen Verhältnissen zu einer Zeit auf, als das Schreckensregime der Nationalsozialisten Deutschland und Österreich fest im Griff hat. Fritzls Charakter wird geprägt von dem Streben nach Ordnung und Disziplin. Auch in seiner Schullaufbahn schlagen sich diese Eigenschaften nieder: der unauffällige Junge gehört zu den Klassenbesten. Josef ist zwei Jahre älter als seine Mitschüler und ist ihnen dadurch geistig und körperlich überlegen. Warum der Junge später als seine Altersgenossen zur Schule kam, liegt wahrscheinlich in den Wirren des Krieges. Josef ist ein Einzelgänger, den seine Kameraden aber durchaus als angenehm wahrnehmen.

Die Kampfhandlungen während der Nazizeit gehen an dem Jungen nicht spurlos vorbei. Noch im hohen Lebensalter kann er sich daran erinnern, wie Mutter Maria bei Fliegeralarm verweigerte, in den schützenden Bunker zu gehen. Sie vertraute ihr verängstigtes Kind den Nachbarn an, die den kleinen Jungen mit in die abschirmende Behausung nahmen und ihn trösteten, bis das Heulen der Sirenen und die Detonationen der auf den Erdboden schlagenden Bomben endlich verstummten.

Es muss 1945 sein, als die Behörden beschließen, dass in dem Wohnhaus von Mutter und Sohn Fritzl Flüchtlinge untergebracht werden sollen. Eine Frechheit, findet Maria. Sie legt sich mit dem Amt an, zetert und wettert ohne Rücksicht auf Verluste gegen die Entscheidung der Verwaltung. Nachdem Josefs Mutter einen Polizisten tätlich angreift, machen die Behörden kurzen Prozess mit der renitenten Frau und lassen sie in das Konzentrationslager Mauthausen deportieren. Ihr 10-jähriger Sohn kommt in eine Pflegefamilie. Josef ist todunglücklich. Die Sehnsucht nach seiner Mama tut ihm beinahe körperlich weh.

Der verzweifelte Junge stibitzt Geld, um sich ein Ticket für die Zugfahrt zurück in das zerbombte Amstetten zu kaufen. Er hat nur einen einzigen

Gedanken: Josef will seine Mutter finden. Maria kehrt jedoch erst nach Amstetten zurück, nachdem die Amerikaner noch im selben Jahr das Konzentrationslager Mauthausen befreien. Bis dahin muss Josef bei seinen Pflegeeltern bleiben. Die Zeit in dem Lager hat die Frau nachhaltig verändert. Maria ist jetzt noch unberechenbarer. Nicht selten lässt sie ihren Frust mit harten Schlägen an ihrem Sohn aus, bis der Junge blutend am Boden liegt. Die Faust ist ihr Erziehungsmittel. Die meiste Zeit ignoriert sie den Teenager jedoch einfach und kümmert sich nicht um ihn. Auch nicht, als Josef eine schmerzhafte Vorhautverengung entwickelt. Tagelang kann der Junge nicht urinieren. Erst, als eine Nachbarin von dem Leid des Teenagers mitbekommt, kümmert sie sich darum, dass ihr Nachbarskind zu einem Arzt gebracht wird.

Josef Fritzl glaubt, seiner Mutter nie böse gewesen zu sein, weil sie ihm in den Stunden, als er fürchterliche Ängste oder quälende Schmerzen auszustehen hatte, nicht beistand und ihm nicht die Mutterliebe zukommen ließ, die jedes Kind verdient hat. „Meine Mama war eine starke Frau. Sie hat mich zu Disziplin, Gehorsam und Fleiß erzogen. Sie war die beste Frau der Welt und ich war ihr Mann… irgendwie. Ich war ja der einzige Mann im Haus. Ich liebte sie über alles. Ob ich Fantasien im Zusammenhang mit meiner Mutter hatte? Ja, wahrscheinlich. Doch ich war stark genug meine Sehnsüchte zu verdrängen“, erinnert er sich später.

Fritzl ist siebzehn Jahre alt, als er die Pflichtschule erfolgreich beendet. Der Jugendliche beginnt eine Lehre zum Elektrotechniker an der Höheren Technischen Lehranstalt St. Pölten. Langsam beginnt der Jugendliche sich jetzt auch für das andere Geschlecht zu interessieren und sammelt zaghaft seine ersten Liebeserfahrungen. Als Josef 1956 einundzwanzig Jahre alt ist, lernt er in einem Caféhaus eine vier Jahre jüngere Küchengehilfin kennen. Nur eine Woche später stellt Rosemarie ihren ersten Freund bei den Eltern vor. Die haben einen guten Eindruck von dem jungen Mann; freundlich und aufgeschlossen wirkt er auf sie; dauernd mit einem schiefen Lächeln im Gesicht. Das junge Paar heiratet bald. Der Mann mit dem stets zurückgekämmten, bräunlichen Haar und einem akkuraten Schnauzer, findet eine Anstellung in einem Stahlwerk in Linz und zieht mit in die elterliche Wohnung seiner Angetrauten ein, in der noch eine weitere Tochter der Familie lebt. Bereits ein Jahr später bringt Rosemarie, die als ruhig und zurückhaltend gilt, ihren ersten Nachwuchs zur Welt; sechs weitere Kinder, Töchter und Söhne folgen.

Erst jetzt entpuppt sich Josef für seine Schwiegereltern als ein Despot - es gibt nur seine Meinung oder die Falsche. Doch da ist das junge Paar schon längst verheiratet. Fritzl glaubt, einige Gemeinsamkeiten zwischen seiner Ehefrau und seiner Mutter zu entdecken. Doch, so sagt er später, sei seine Frau viel scheuer und schwächer gewesen als seine Mutter. Rosemaries Schwester stößt es sauer auf, wie ihr Schwager mit seiner Ehefrau umspringt. „Friss nicht so viel, du bist eh schon viel zu fett", ist nur einer von vielen gemeinen Sätzen, die Josef zu seiner Frau sagt.

1966 bringt Rosemarie Elisabeth zur Welt. Das kleine Mädchen ist sehr schüchtern; auf ihre Mitmenschen wirkt sie scheu, ja fast verängstigt. Freundschaften zu Gleichaltrigen verbietet Josef ihr. Niemand ahnt, dass ihr Vater sie regelmäßig verprügelt und die Mutter nicht eingreift - froh darüber, dass ihr Ehemann sie selbst nun nicht mehr so häufig drangsaliert. Elisabeth ist 11 Jahre alt, als ihr Erzeuger sie das erste Mal missbraucht.

Das Ehepaar ist elf Jahre verheiratet, als ein Gericht Josef Fritzl 1967 wegen Vergewaltigung einer 24-jährigen Frau und wegen der versuchten Vergewaltigung einer 21-Jährigen zu einer Haftstrafe von 18 Monaten verurteilt. Es ist der vorzeitige kriminelle Höhepunkt des bereits bekannten

Voyeuristen, der des Nachts seine Nachbarinnen heimlich durch ihre Fenster beobachtet. Der 32 Jahre alte Familienvater kommt ins Gefängnis und muss ein Jahr dort verbringen. Nach seiner Entlassung 1968 kehrt Fritzl zu seiner Ehefrau zurück. Seine Frau Rosemarie verzeiht ihm seine Verbrechen. Blind vor Liebe sei sie gewesen, berichtet ihre Schwester später; kein starker Mensch, einer, der sich unterdrücken lässt und nicht aufbegehrt. Nur von außen wirkt das Ehepaar mit seinen sieben Kindern wie eine glückliche, eingeschworene Familie. Finanziell habe Fritzl seine Frau klein gehalten und sie bedroht; immer habe Rosemarie in Angst um ihr Wohlergehen und um das ihrer Kinder bangen müssen; wie den letzten Dreck habe er sie alle behandelt, erzählt ihre Schwester später. Mit eiserner Hand herrscht Fritzl über seine Familie- er drangsaliert Frau und Kinder; schlägt und tritt nach ihnen; droht ihnen mit dem Tode.

Nach der Haft konstruiert der junge Familienvater von 1969 bis 1971 Betonrohrmaschinen für eine Baustofffirma in Amstetten. 1973 erfüllt sich Familie Fritzl dann einen Traum - sie kaufen das Gasthaus „Seestern“ am Mondsee, gelegen im oberösterreichischen Salzkammergut, wo sie schon oft ihre Sommerurlaube verbracht haben.

Nun schuftet die siebenfache Mutter die meiste Zeit in der Küche des Gasthauses; nebenbei richtet sie die Zimmer für Gäste her und kümmert sich um alle organisatorischen Dinge, die so anfallen. Ihre Töchter helfen Rosemarie bei den anfallenden Arbeiten. Bei den Gästen ist die Gastwirtin vor allem wegen ihrer immer guten Laune beliebt. Familie Fritzl betreibt das Gasthaus „Seestern“ knapp 10 Jahre, als das Gebäude 1983 eines Nachts in Flammen steht und niederbrennt. Bereits einige Zeit zuvor hatte der Gasthof gebrannt - allerdings richtete das Feuer keine größeren Schäden an. Die Feuerwehr vermutet jetzt Brandstiftung. Die Polizei nimmt Josef als Tatverdächtigen fest - doch die Beamten müssen den ehemaligen Gastwirt wegen mangelnder Beweise nach 14 Tagen Untersuchungshaft wieder auf freien Fuß setzen. Die Versicherung bezahlt daraufhin der Großfamilie Fritzl den Schaden, der durch das zerstörerische Feuer entstand. Der Gasthof wird wieder aufgebaut und bis 1996 von Fritzl und Rosemarie betrieben.

Elisabeth ist 16 Jahre alt, da beginnt sie, sich gegen Fritzl und seine Tyrannei aufzulehnen – und das passt ihrem Vater überhaupt nicht. Von nun an betrachtet er das zierliche Mädchen mit den haselnussbraunen Haaren und den großen, grau-blauen Augen als ein Problemkind. Es ist das Jahr, in dem das Gasthaus „Seestern" der Familie abbrennt, als Elisabeth einen Plan fasst. Die 17-Jährige reißt zusammen mit einer Freundin von zu Hause aus. Die Teenager machen sich auf den Weg nach Wien - und zumindest Elisabeth hat nicht vor, je wieder zu ihren Eltern, vor allem nicht zu ihrem tyrannischen Vater, zurückzukehren.

In der Hauptstadt Österreichs lernen die beiden Freundinnen schnell einige Leute kennen, bei denen sie auch übernachten dürfen. Doch schon bald werden die Ausreißerinnen von zwei Polizisten entdeckt - die Eltern der Mädchen hatten sie als vermisst gemeldet. Josef Fritzl macht sich auf den Weg, um die Teenager höchstpersönlich abzuholen. Es ist das letzte Mal, dass die beiden Freundinnen sich sehen dürfen. Fortan bemüht sich der Familienvater noch mehr, Elisabeths Freundschaften mit anderen Teenagern zu verhindern.

Später probiert Fritzl zu erklären, warum er sich 1983 entschied, den Keller seines Hauses auszubauen: „Mit Beginn der Pubertät hielt Elisabeth sich an keinerlei Regeln mehr. Sie trieb sich nächtelang in üblen Lokalen herum; trank Alkohol und rauchte. Ich wollte sie nur aus dem Sumpf retten. Also besorgte ich ihr eine Stelle als Kellnerin, aber sie kam tagelang einfach nicht zur Arbeit. Sie riss auch zweimal von zu Hause aus und trieb sich mit

Leuten herum, die kein guter Umgang für sie waren. Ich brachte sie jedes Mal nach Hause, aber sie lief immer wieder davon. Deshalb musste ich was unternehmen. Ich musste einen Ort schaffen, wo ich Elisabeth irgendwann zwangsweise von der Außenwelt fernhalten kann." Niemand der Bauarbeiter ahnt, dass ihr Bauherr im hinteren Teil des Kellers in Eigenregie einen Bunker erschafft; auch in den Bauplänen, die zuvor von der Stadt genehmigt werden mussten, sind die zusätzlichen Räume nicht eingezeichnet. Zunächst kleiner, erweitert Fritzl den Bunker später noch um einige Quadratmeter.

Will man die geheimen Räume betreten, muss man zunächst separate Bereiche, die als normale Kellerräume dienen, durchqueren; erst dann gelangt man in den Werkraum. Hinter einem Regal ist der Eingang zu dem Bunker; gesichert von zwei hintereinander liegenden, massiven Türen, deren Rahmen Fritzl mit Stahlblechen verkleidet und anschließend mit Beton auffüllt. Zusammen bringen die etwa ein Meter hohen Türen ein Gewicht von 300 Kilogramm auf die Waage. Der Schließmechanismus ist mit einer Funkfernsteuerung über einen Zahlencode zu bedienen. Öffnen sich die Eingänge, betritt man einen Bunker, der über die Jahre von Fritzl auf 60 Quadratmeter und fünf Räume, deren Deckenhöhe grade mal 1,70 Meter beträgt, erweitert wird. Mit Gummimatten verkleidete Wände sorgen dafür, dass kein Geräusch nach außen dringt.

Einer der Räume dient als Lager, in dem Lebensmittel aufbewahrt werden; auch ein Kühlschrank und eine Gefriertruhe befinden sich in dem Bunker. Zwei weitere Räume mit jeweils zwei Betten sollen als Schlafzimmer dienen. Es gibt eine kleine Kochnische, eine Dusche, Waschbecken und ein WC. Fritzl richtet den Bunker so wohnlich ein, wie er es für nötig hält. Im Laufe der Zeit kommt eine Waschmaschine, ein Fernseher mit Videorekorder und ein Radio hinzu.

Allen Mietern des Hauses ist es strengstens untersagt, den Keller zu betreten. Genauso wie den Garten. Und Fotos von der Fassade des Wohnhauses dürfen auch nicht gemacht werden. Halten die Bewohner sich nicht an die Regeln ihres Vermieters, bekommen sie die fristlose Wohnungskündigung, droht Fritzl ihnen. Auch für Ehefrau Rosemarie ist der Keller und insbesondere die Werkstatt ihres Mannes ein absoluter Tabubereich.

Es ist der 28. August 1984, als Josef Fritzl seinen lang geschmiedeten Plan unbemerkt in die Tat umsetzt. Unter einem Vorwand lockt der 49-jährige Familienvater seine Tochter in den Keller. Sie solle ihm helfen, eine Tür nach unten zu schleppen. Dann drückt er ihr ein mit Äther getränktes Tuch ins Gesicht. Die 18-Jährige verliert das Bewusstsein. Ihr Vater zerrt sie in den neugebauten, geheimen Teil des Kellers und kettet sie mit Handschellen an einen Bettpfosten.

Am nächsten Tag geht Rosemarie Fritzl zur örtlichen Polizeidienststelle. Die korpulente Frau mit den kurz-gelockten, blonden Haaren meldet ihre 18-jährige Tochter als vermisst. Dann, nach vier Wochen, das erste Lebenszeichen von Elisabeth - die Mutter erreicht ein Brief, datiert auf den 21. September 1984; abgestempelt im 160 km entfernten Braunau am Inn. Sie betrachtet die Schrift ihrer Tochter und liest, dass Elisabeth bei einem Freund sei und nicht mehr nach Hause zurück wolle. Die Eltern sollen bloß nicht nach ihr suchen lassen, sonst würde sie im Ausland abtauchen. Ihr Ehemann hat seine ganz eigene Theorie, warum Elisabeth verschwunden ist: sie muss sich wohl einer Sekte angeschlossen haben. Jeder, der ihn fragt, bekommt seine ausgedachte Annahme als Tatsache präsentiert.

Nach einigen Tagen, vielleicht waren es aber auch Wochen oder gar schon Monate in dem dunklen, kalten Keller, legt Fritzl seiner verzweifelten Tochter eine Leine an. Nun kann sie sich wenigstens so weit in dem Bunker bewegen, der zu der Zeit nur aus einem Raum besteht, dass sie die Toilette benutzen kann.

Fritzl kommt, so oft es ihm beliebt, in den geheimen Keller und vergeht sich an seiner Tochter. Unzählige Male vergewaltigt er die junge Frau. Elisabeth kann später nicht mehr sagen, wie oft ihr Erzeuger sie missbrauchte; mehrere tausend Male müssen es gewesen sein. Bei jedem Besuch droht er ihr, dass Gas in den kleinen Raum strömen würde, sollte sie einen Fluchtversuch wagen. Immer, wenn ihr Peiniger den Bunker verlässt, fummelt er an einem Gegenstand herum. Elisabeth glaubt, dass es sich vielleicht um ein System handelt, dass er scharf stellt, damit sie bei einem Fluchtversuch getötet wird.

Die ungeschützten Vergewaltigungen bleiben nicht ohne Folgen. Bald vier Jahre ist Elisabeth nun schon in Gefangenschaft, als sie 1988 in dem Kellerverlies ganz allein ihre Tochter Kerstin zur Welt bringt. 1990 wird Stefan geboren; 1992 die kleine Lisa. Langsam wird es eng im Bunker.

Dann, im Mai 1993, steht eines Morgens vor der Haustür der Fritzls eine Pappschachtel. Darin ein kleines Mädchen – gerade mal neun Monate alt. Und ein Zettel. Mit fein geschwungenen Buchstaben steht darauf geschrieben: „Liebe Eltern, ich übergebe euch meine kleine Tochter Lisa, passt mir gut auf die Kleine auf. Ihr werdet Euch sicher wundern, dass Ihr erst jetzt etwas von mir hört, und noch dazu mit einer lebenden Überraschung. Ich habe ihr ca. 6 1/2 Monate die Brust gegeben und jetzt trinkt sie nur noch die Milch aus dem Flascherl, alles andere isst sie schon brav vom Löffel". Nachdem ihre Tochter die Eltern noch bittet, nicht nach ihr zu suchen, unterschreibt sie den Brief mit „Elisabeth".

Rosemarie weiß nicht, dass Lisa bis zu dem Tag, als sie in der Pappschachtel vor der Haustüre liegt, noch nie die Wärme von Sonnenstrahlen gespürt hat. Die frischgebackene Großmutter und ihr Ehemann nehmen das Enkelkind in ihrer Familie auf und kümmern sich um sie. Ein Jahr später adoptieren die Fritzls die kleine Lisa.

Ebenfalls 1993 erweitert Fritzl, unbemerkt von der Welt über ihm, die Räume des Bunkers. Obwohl, ganz unbeobachtet bleiben die erneuten Bauarbeiten dann doch nicht. Eine Nachbarin von Gegenüber hört die Klopf- und Bohrgeräusche vom Grundstück der Fritzls. Sie wundert sich, was ihr eigenbrötlerischer Nachbar da baut. Den Geräuschen nach zu urteilen, muss es auf jeden Fall etwas Großes sein, denkt sie bei sich. Doch in ihren schlimmsten Träumen kann sie sich nicht ausmalen, was sich wirklich im Keller des Hauses ihrer Nachbarn abspielt.

Es ist der 16. Dezember 1994, als Rosemarie einem Nervenzusammenbruch nahe ist. Kurz nach Mitternacht klingelt das Telefon. Sie nimmt ab. Am anderen Ende hört sie die Stimme ihrer verschwundenen Tochter Elisabeth. „Kümmert euch bitte um Monika. Ich habe sie euch grade in den Hausflur gelegt“. Es ist kein Gespräch; es ist ein Monolog Elisabeths. Beinahe so, als würde ein Tonband abgespielt… Rosemarie kann ihre mittlerweile 28-jährige Tochter nicht fragen, was sie sich dabei denkt, ihren Eltern schon wieder ein Kind aufzudrücken oder woher sie die erst kürzlich eingerichtete geheime Telefonnummer der Fritzls hat. Nach dem Telefonat stürmt die geschockte Frau in den Hausflur und tatsächlich: in dem Kinderwagen der kleinen Lisa liegt die neun Monate alte Monika. Nachdem Rosemarie den anfänglichen Schreck verdaut hat, beschließt sie, gemeinsam mit Josef, auch das zweite Enkelkind bei sich aufzunehmen.

Nur wenige Meter unter der Wohnung der Fritzls vegetiert Elisabeth mit der 6-jährigen Kerstin und dem 4-jährigen Stefan vor sich hin. Zehn Jahre ist es her, dass die junge Frau das letzte Mal aufrecht stand, so niedrig sind die Decken in dem Betonbunker. Ein Tag gleicht dem anderen. Keine wärmende

Sonne, nur kalte Betonwände. Kein Tageslicht, nur künstliche Beleuchtung. Ihr Peiniger misshandelt und vergewaltigt dort die junge Mutter immer und immer wieder vor den Augen der Kinder. Elisabeth probiert für ihren Nachwuchs die Tristesse im Verließ zu überwinden - sie hören Radio und schauen gemeinsam Spielfilme auf dem alten Fernseher. Können die Kinder aber wirklich verstehen, dass es noch andere Menschen außer ihrer Mutter, ihren Geschwistern und dem Mann gibt, der ihrer Mama schreckliche Dinge antut? Ein Spielfilm kann keinem Kind, das noch nie frische Luft geatmet oder warme Sonnenstrahlen gefühlt hat, vermitteln, wie frisch gemähter Rasen duftet oder wie erfrischend ein Sommerregen auf der Haut sein kann. Es ist ein Leben ohne Erleben.

1996 bringt die mittlerweile 30-jährige Elisabeth nach 12 Jahren in dem Kellerverlies Zwillinge zur Welt. Der kleine Michael stirbt nur kurze Zeit nach seiner Geburt. Fritzl verbrennt den winzigen Leichnam im Heizofen und verstreut die übriggebliebene Asche im Garten der Familie. Zwillingsbruder Alexander liegt eines Tages wie seine Geschwister Lisa und Monika vor der Haustür seiner Großeltern.

Am 16. Dezember 2002, nach weiteren 6 Jahren im Keller des Wohnhauses, bringt Elisabeth ihr siebtes Kind zur Welt. Felix muss mit seiner Mutter und seinen beiden älteren Geschwistern Kerstin und Stefan im Betonbunker unter der Erde bleiben. Fritzl glaubt, dass seine Frau ein weiteres Findelkind vor ihrer Haustür nervlich nicht verkraftet.

24 Jahre unter der Erde ohne Sonnenlicht - das Leben im Betonbunker fordert seinen Tribut. Elisabeths einst braunes Haar ist mittlerweile ganz weiß, die Haut bleich - genau wie bei Felix, Stefan und Kerstin. Doch vor allem der mittlerweile 19-jährigen Kerstin geht es von Tag zu Tag zusehends schlechter. Die junge Frau war schon immer kränklich, doch in der Nacht

vom 18. auf den 19. April 2008 verschlechtert sich ihr Zustand dramatisch. Kerstin hat sich eine Infektion eingefangen. Nun jagt ein Krampfanfall den nächsten und raubt ihrem ausgemergelten Körper die letzte Kraft. Mutter Elisabeth merkt, dass ihre Tochter dem Tod näher als dem Leben ist. Sie fleht ihren Vater, der gleichzeitig auch der Vater ihrer Tochter ist, an, dass er das Mädchen nach oben schaffen und sie in ein Krankhaus bringen muss.

Warum Fritzl dem Drängen von Elisabeth nachgibt; darüber kann nur spekuliert werden. Er entscheidet sich, das Risiko einzugehen, dass ans Licht kommt, was er versucht hat, jahrzehntelang verborgen zu halten. Vielleicht empfindet er so etwas wie Mitleid; vielleicht hat er aber auch einfach nur Sorge, wie er eine erwachsene Leiche unbemerkt verschwinden lassen soll. Und so befiehlt der 73-Jährige seiner Tochter Elisabeth in den frühen Morgenstunden des 19. Aprils 2008, ihm dabei zu helfen, die bewusstlose Kerstin aus dem Kellerverlies nach oben zu hieven und im Hausflur des Mehrfamilienhauses abzulegen. Und so kommt es, dass die 42-jährige Elisabeth nach 24 Jahren ihr Gefängnis für wenige Minuten verlassen kann.

Fritzl ruft den Notarzt. Die junge Frau kommt mit Blaulicht in das Landesklinikum Mostviertel-Amstetten. Augenscheinlich in Begleitung ihres Großvaters. Die Ärzte versorgen die Todkranke so gut sie können, doch sie stehen vor einem Rätsel - was hat die junge Frau nur für eine mysteriöse Krankheit? Vielleicht eine Epilepsie? Und warum ist ihr Körper so dünn und bleich; geradezu farblos?

Um 10:37 Uhr meldet sich der Chefarzt bei der Polizei und bittet um Rat. Er berichtet, dass sich in seiner Klinik eine nicht ansprechbare Patientin befindet - in lebensbedrohlichen Zustand und mit einer scheinbar mysteriösen Erkrankung. Die Symptome könnten von einer massiven Vernachlässigung herrühren. So oder so, wenn die Mediziner eine realistische

Chance haben wollen, die junge Frau zu retten, müssen sie dringend mit ihrer Mutter sprechen.

Die Polizisten machen sich auf den Weg in die Klinik. Sie wollen mit dem Großvater der Schwerkranken sprechen. Der alte Mann erzählt nach den Ärzten auch den Beamten diese Geschichte:

In den frühen Morgenstunden dieses Tages habe er Geräusche im Hausflur seines Wohnhauses gehört. Als er in das Treppenhaus ging, um nach dem Rechten zu sehen, habe er an der Wand angelehnt die halbtote Frau gefunden. Sie habe einen Zettel dabeigehabt, auf dem knapp geschrieben stand, dass es sich bei der Kranken um Fritzls Enkelin Kerstin handele und sie dringend medizinische Hilfe benötige. Fritzl reicht den Beamten auch noch einen Brief seiner Tochter Elisabeth, die sich Mitte der 80er Jahre einer Sekte angeschlossen habe. In dem Schreiben, datiert auf den Januar des Jahres 2008 und abgestempelt in der Ortschaft Kematen, rund 70 km von Amstetten entfernt, lesen die Polizisten, dass auch der Bruder Felix sehr krank gewesen sei - der Junge sei von epileptischen Anfällen und Lähmungserscheinungen geplagt gewesen, habe sich aber davon erholt. Doch nun sei ihre Tochter ebenfalls erkrankt. Sie habe oft Kreislaufbeschwerden und klage über Herzstechen. Im letzten Absatz steht geschrieben, dass Elisabeth vorhabe, bald mit den Kindern nach Hause zurückzukommen.

Während Kerstin auf der Intensivstation um ihr Leben kämpft, leitet die Polizei umfangreiche Ermittlungen ein, um die vermisste Mutter zu finden. Sie schreiben die Frau zur Aufenthaltsfahndung aus und die Ärzte appellieren im Fernsehen an die Verschwundene, sich dringend zu melden. Nur mit Hilfe der Anamnese, also der Krankenvorgeschichte, könne es noch gelingen, das Leben der jungen Frau zu retten. Die Ermittler konzentrieren sich zunächst auf die Ortschaft Kematen, doch keiner der dort niedergelassenen

Ärzte kann sich an Elisabeth oder den angeblich ebenfalls erkrankten Felix oder Kerstin erinnern.

Im Betonbunker gefangen, verfolgt Elisabeth die Berichterstattung im Fernsehen über die Suche nach ihr. Die Frau drängt Fritzl, sie in das Landesklinikum zu bringen. Sie ist entschlossen, das Leben ihres geliebten Kindes zu retten. Fritzl hat jetzt nur noch eine Möglichkeit, die Tarnung für seine Verbrechen aufrecht zu erhalten.

Es ist der 26. April 2008. Rosemarie und die Kinder machen Besorgungen, als Josef Fritzl in den Keller schleicht und Elisabeth, Felix und Stefan aus ihrer Gefangenschaft in dem kleinen Verlies entlässt. Er scheucht die drei in die Wohnung und wartet auf die Rückkehr seiner Frau. Die Außenwelt über dem trostlosen Betonbunker will er glauben lassen, dass die vermisste Tochter endlich heimgekehrt sei. Der 73-Jährige trichtert den Dreien ein, dass sie kein Wort über die Wahrheit verlieren sollen.

Welch ein Schock muss es für Mutter Rosemarie Fritzl sein, als sie vom Einkaufen zurückkehrt und plötzlich ihre jahrzehntelang vermisste Tochter samt drei weiterer Enkel in der Wohnung auffindet? Was muss in Elisabeth vorgehen, nach Jahren der brutalen Tortur, als sie ihre Mutter das erste Mal wiedersieht? Und ihre geliebten Kinder, die sie nicht hat aufwachsen sehen?

Doch viel Zeit zum Nachdenken hat Elisabeth nicht - Fritzl bringt sie in das Landesklinikum zu ihrer schwerkranken Tochter Kerstin. Einer der Ärzte verständigt die Polizei: die Mutter ist aufgetaucht! Die Beamten machen sich gleich auf den Weg und treffen Elisabeth in Begleitung von Kerstins vermeintlichen Großvater in der Nähe des Krankenhauses an. Sie nehmen die Frau fest und bringen sie auf das örtliche Polizeirevier. Es gibt einiges zu klären mit der Frau, die von ihrem Vater stets als missratene Mutter dargestellt wurde.

Was sich im Vernehmungszimmer abspielt, bleibt der Öffentlichkeit verborgen. Die Ermittler berichten später, dass es lange Gespräche mit Elisabeth gab und sie ihr zusichern mussten, dass Josef Fritzl ihr nie wieder Leid zufügen kann und auch ihre Kinder in Sicherheit sind. Erst dann beginnt die nun 42-Jährige von ihrer 24 Jahre lang andauernden Gefangenschaft, dem physischen und psychischen Missbrauch durch ihren Erzeuger und die tausendfachen Vergewaltigungen zu erzählen. Endlich, nach 8516 Tagen im Kellerbunker, ist Elisabeth in Freiheit. Und ihr Peiniger kommt in Untersuchungshaft.

Im psychiatrischen Landesklinikum Amstetten-Mauer richten die Mitarbeiter einen separaten Bereich ein; abgeschirmt von allen anderen Patienten und Besuchern. Noch in der Nacht zieht Elisabeth mit ihren sechs Kindern in die geschützte Abteilung ein. Großmutter Rosemarie kommt auch mit. Ärzte und Pfleger betreuen die Familie und schirmen sie vor neugierigen Blicken der Öffentlichkeit und Pressevertretern ab, die alles Erdenkliche versuchen, um ein Foto der Opfer des Inzest-Dramas von Amstetten zu bekommen. In den kommenden Wochen erfährt die Familie eine intensive psychologische und medizinische Betreuung, um sie auf das Leben an der Oberfläche, außerhalb des kalten Betonbunkers, vorzubereiten.

Sieben Wochen, nachdem Kerstin in die Klinik eingeliefert wurde, erwacht sie aus dem künstlichen Koma. Noch kann sie aber nicht zu ihrer Mutter, Geschwistern und Oma; die junge Frau benötigt vorerst weiterhin intensive medizinische Betreuung.

Im Dezember 2008 kann Elisabeth mit ihren sechs Kindern aus der Klinik entlassen werden. Die Familie bekommt im Rahmen des Opferschutzprogrammes eine neue Identität und wird an einen geheimen Ort in Österreich gebracht, wo sie ins Leben finden sollen. Ebenso Rosemarie, die bis heute beteuert, von all den Geschehnissen nichts geahnt zu haben. Die Frage nach Mitwissern bleibt für die Bevölkerung unbeantwortet. Während Elisabeths Gefangenschaft verreiste Fritzl mit einem Bekannten für mehrere Wochen nach Thailand. Offen bleibt die Frage, wer die Gefangenen in dieser Zeit mit Lebensmitteln, Getränken und dem täglichen Bedarf versorgte.

Etwa hundert Mieter lebten im Laufe der 24 Jahre im Haus der Fritzls - einige davon direkt über dem Kellerverlies. Doch niemand bekommt etwas von der Tragödie mit, die sich unter der Erde abspielen. Im Nachhinein berichtet ein Mieter, dass er sich noch gut daran erinnern könne, wie sein eigenbrötlerischer Vermieter Einkaufstüten in den Keller schleppte. Und auch der Hund des Mannes benahm sich oft seltsam: er legte immerzu seinen Kopf auf den Teppichboden und knurrte vor sich hin. Ob das Tier spürte, was sich in den Räumen unter ihm abspielte?

Die Menschen sind schockiert über das Leid, dass Elisabeth und ihre Kinder ertragen mussten. Die ganze Welt blickt jetzt auf Österreich. Paparazzi machen es sich zur Aufgabe, ein Foto der Opfer von Josef Fritzl zu bekommen. „The Sun“, die größte britische Boulevardzeitung, druckt im Februar 2009 heimlich geschossene Bilder von Elisabeth ab. Sie zeigen die Mutter mit einer ihrer Töchter beim Einkaufen. Elisabeths Anwälte kritisieren das Vorgehen der Medienvertreter scharf und machen nochmals deutlich, dass die Familie keinen Kontakt zur Presse wünscht und keine Interviews geben wird. Die Juristen drohen mit einer Klage gegen „The Sun“ und erreichen so, dass die Bilder ihrer Mandantin nicht im Internet veröffentlicht werden. Die gedruckte Ausgabe der Zeitung mit den brisanten Fotos ist weder in Österreich noch in Deutschland erhältlich.

Josef Fritzl glaubt sich als Lebensretter seiner Tochter Kerstin, die gleichzeitig auch seine Enkelin ist. Während der psychiatrischen Begutachtung kommt auch nochmal die Sprache auf die Mutter des Straftäters. „Ich habe meine Mutter gehasst und ich habe sie geliebt“, resümiert der Rentner gegenüber der Psychiaterin. Und er gesteht, dass er sich an seiner Mutter rächte, weil sie ihm in seiner Kindheit keine Liebe schenkte, ihn erniedrigte und ihm das Gefühl gab, schwach zu sein. Fritzl kerkerte die alte Frau bis zu ihrem Tode im Jahre 1980 in einem Zimmer des Mehrfamilienhauses in Amstetten ein. Er soll sogar die Fenster zugemauert haben, damit sie kein Tageslicht mehr zu sehen bekommt. Ob die anderen Familienmitglieder der alten Frau probierten zu helfen; ob sie sich überhaupt nur trauten, ihren Unmut über den Umgang mit der Schwiegermutter und Oma gegenüber dem herrischen Fritzl zu äußern - das geht nicht aus den Protokollen hervor.

Im März 2009 muss sich Fritzl vor Gericht für seine Terrorherrschaft über Elisabeth und ihre Kinder verantworten. Die Staatsanwaltschaft klagt ihn wegen Mordes durch Unterlassung, Vergewaltigung in dutzenden Fällen, Freiheitsberaubung, schwerer Nötigung und Blutschande an. Erstmalig in Österreich verhandelt das Gericht auch den Tatbestand der Sklaverei. Fritzl ist geständig. Acht Geschworene verurteilen ihn zu einer „lebenslangen Haftstrafe mit Einweisung in eine Anstalt für zurechnungsfähige geistig abnorme Rechtsbrecher“.

Rosemarie Fritzl, auch sie hat eine neue Identität bekommen, besucht ihren Ehemann nicht ein einziges Mal in der Haftanstalt. Die gebrochene Frau will nichts mehr mit dem Verurteilten zu tun haben. Wichtig sind ihr jetzt nur noch ihre Kinder und Enkelkinder.

Josef Fritzl beweist seiner Frau noch ein letztes Mal seine vermeintliche Macht: im Oktober 2012 lässt sich der Verurteilte nach 57 Ehejahren von Rosemarie scheiden.

»Der Tugend gleich, hat auch Verbrechen seine Stufen.«

- Jean Racine (1639-1699)
französischer Schriftsteller -

KAPITEL 3

Heimlich abgehört

(Von Yvonne Widler / Dunkle Spuren Podcast / Kurier)

Als Detektiv Lukas Helmberger an diesem 05. März 2021 zu Nadine fährt, muss er ständig an die eindringlichen Worte in der E-Mail denken, die sie ihm kurz zuvor geschrieben hatte. Sie wollen ihm einfach nicht aus dem Kopf gehen. Irgendetwas sagt ihm, dass dies ein ganz besonderer Fall ist. Dann steht er vor Nadine, kann ihre Angst und Sorgen sehen und fühlen. Während sie über die Geschehnisse der letzten Zeit berichtet, wächst in ihm die Befürchtung, dass das nicht gut enden wird. Helmberger bleibt aber professionell und ruhig, er will Nadine nicht in noch mehr Schrecken versetzen, also unterbricht er sie höflich und sagt ihr, dass er genug gehört hat. „Wir können nicht mehr lange warten; wir müssen mit den Sicherheitsmaßnahmen beginnen." Nadine nickt und teilt ihm mit, dass sie noch schnell etwas erledigen muss und dass sie sich etwas später an diesem Tag wieder bei ihm melden wird, damit der besprochene Plan in die Tat umgesetzt werden kann. Weder Nadine noch Helmberger wissen zu diesem Zeitpunkt, dass Ashraf alles mitgehört hat und rasend vor Wut ist. Er ist bereits unterwegs zu ihr.

Nadine wächst mit ihren Geschwistern auf einem Bauernhof auf. Sie liebt die Natur und noch mehr ihre Pferde. Fröhlich und optimistisch geht sie durchs Leben, ihren Freunden und Freundinnen ist sie stets eine gute und verlässliche Zuhörerin. Ihr größter Traum ist es, eine eigene Reitschule zu eröffnen. Doch ein Unfall, bei dem sie fast erblindet und der leichte körperliche Einschränkungen zur Folge hat, lässt ihn zerplatzen. Fortan trägt sie ein Glasauge und arbeitet als Verkäuferin in einem Baumarkt. Ihr Ehrgeiz treibt sie aber an, sie möchte ihr eigenes Geschäft führen und so bewirbt sie sich um eine Trafik in Wien, einen kleinen Laden, wo man Zigaretten, Zeitungen und Zeitschriften kaufen kann. Die Zusage lässt nicht lange auf sich warten, denn aufgrund dieser körperlichen Einschränkungen genießt sie ein Vorzugsrecht bei der Vergabe des Geschäftes. Sie ist überglücklich. Ihr ganzer Stolz auf zehn Quadratmetern direkt auf der Nussdorfer Straße im neunten Bezirk. Eine belebte Straße mit vielen Einkaufsmöglichkeiten, begleitet von der Geräuschkulisse der Straßenbahnen, die hier vorbeifahren. Nadines Trafik ist ein kleines Gassenlokal zwischen einem Supermarkt und einem Kindermodengeschäft.

Ihre Kunden und Kundinnen schätzen sie für ihre Gabe, Menschen stets zum Lächeln zu bringen. Nadine hätte niemals eine Rolle spielen oder sich verstellen können, erzählt eine Bekannte. Diese Natürlichkeit spiegelt sich auch in ihrer äußerlichen Erscheinung wider. Sie ist keine Frau, die ein dickes Make-Up aufträgt oder in High Heels die Wohnung verlässt. Sie mag es praktisch und gemütlich. Ihr braunes glattes Haar trägt sie kurz. Die zarten Gesichtszüge passen zu ihrem mädchenhaften Lächeln. In ihrer Gesamterscheinung wirkt sie dennoch wie eine selbstbewusste Frau. Da ist nichts Zerbrechliches. Trotz des folgenschweren Reitunfalls hat sie es aus eigener Kraft geschafft, ihr Leben neu zu ordnen und wieder zurück zur Zufriedenheit zu finden.

Der Lebensweg von Ashraf sieht etwas anders aus. Der gebürtige Ägypter und Sohn eines Bürgermeisters verbringt knapp drei Jahrzehnte in seinem Heimatland. Er studiert Soziologie und wandert schließlich, wie auch sein Bruder, nach Österreich aus. Rasch lernt der temperamentvolle, gesellige Mann hier eine Frau kennen, die er heiratet und mit der er eine Tochter bekommt. Eigentlich möchte er sein Studium in Wien fortsetzen, doch das gelingt ihm nicht. Also arbeitet er als Koch in einer Kantine. Die Jahre streichen vorbei, die Ehe geht in die Brüche, das Leben zerbröckelt. In Ashrafs Wahrnehmung trägt seine Ex-Frau die Schuld an allem, was in seinem Leben nicht funktioniert. Er findet, er konnte ihr nicht vertrauen. So wird er es später vor Gericht ausdrücken.

Als sich Nadine und Ashraf das erste Mal in einer Pizzeria treffen, steckt er gerade mitten in der Scheidung und macht Nadine zahlreiche, schmeichelnde Komplimente, er umgarnt sie regelrecht. Sie genießt das sehr. Eine Zeit lang sind die beiden glücklich miteinander, das zeigt er auch öffentlich auf Facebook. "Für immer und ewig" schreibt er dort – für alle sichtbar – auf ihr Profil und nennt sie "meine Frau".

Doch das Glück sollte nicht lange währen. Immer wieder beenden sie die Beziehung, weil sie oft streiten. Übertriebene Eifersucht ist sehr bald ein großes Problem zwischen den beiden. Aber sie kommen nie ganz voneinander los, Bekannte bezeichnen die Partnerschaft der beiden als mehrjährige On-Off-Beziehung. Ashraf geht in dieser Zeit in der Trafik ein und aus, die Nachbarn und Nachbarinnen kennen ihn. Er wird als sehr redseliger und schlauer Mann beschrieben und sei stets darauf bedacht, einen guten und verlässlichen Eindruck zu hinterlassen.

Die Stimmung zwischen Nadine und Ashraf verändert sich nochmals radikal, als er seinen Job als Koch verliert. Es ist der Anfang vom Ende.

Von nun an dominiert Kontrollzwang das Leben der beiden. Vor Gericht werden später Chatverläufe dargelegt, die das bezeugen. Es scheint, als hätten sie wenig Vertrauen zum jeweils anderen gehabt. So soll Nadine oft gefragt haben, wo Ashraf gerade sei. Als Arbeitsloser verbringt er viel Zeit zu Hause und steigert sich mehr und mehr in den Gedanken hinein, dass Nadine ihn betrügen könnte. Seine Nachrichten an sie werden zunehmend aggressiver, ausfallender und vorwurfsvoller. Heimlich besorgt er ein Abhörgerät und installiert es, ohne Nadines Wissen, in ihrer Trafik. Über sein Handy kann er nun die Gespräche in dem kleinen Geschäft mitverfolgen. Das tut er fast täglich. Ein ganzes Jahr lang. Er will herausgehört haben, dass Nadine mit ihren Kunden flirtet und mit ihnen sogar über ihr Intimleben spricht. So sagt er es später der Richterin. Jedes Mal, wenn er sie belauscht hat, habe er solche Gespräche gehört.

Es ist Frühjahr 2021. Nadine fühlt sich immer unwohler und erzählt einer Bekannten, dass sie Angst vor Ashraf hat. Er hätte sich verändert, würde ihr drohen. Einmal sei er mit dem Messer in der Trafik gestanden und sie hätte Todesangst gehabt. Die Bekannte rät ihr, zur Polizei zu gehen, doch das traut sie sich nicht. Was, wenn man ihr nicht glaubt? Sie weiß, dass das sehr oft passiert. Schließlich hat sie keine Beweise gegen ihn in der Hand. Was, wenn die Situation dadurch noch schlimmer und er noch wütender wird? Eines weiß Nadine jedoch ganz genau: Sie möchte sich von Ashraf endgültig trennen. Die Angst vor ihm wächst immer weiter. Also beschließt Nadine, einen Privatdetektiv zu kontaktieren. Sie schreibt eine E-Mail, in der sie ihn um rasche Hilfe bittet, denn sie habe große Sorge, dass bald etwas Schlimmes passieren wird. Kurz darauf vereinbaren sie einen Termin und der Detektiv Lukas Helmberger, auf dessen Website sie im Internet gestoßen ist, besucht Nadine am 05. März 2021 in ihrer Trafik. Sie schildert aus ihrem Leben, erzählt von der toxischen Beziehung, in der sie sich gefangen fühlt und möchte, dass Helmberger Ashraf ausspioniert, um ihr Beweise für die von ihm ausgehende Gefahr zu liefern, die sie der Polizei vorlegen kann. Dann würde man ihr hoffentlich Glauben schenken, sie könnte ihn anzeigen und er würde bestraft werden. Helmberger hört sich Nadines Erzählungen an und wird mit jedem Satz besorgter. Das wird er auch vor Gericht sagen. Er wird sagen, dass bei ihm alle Alarmglocken geschrillt haben und er realisiert hatte, in welch großer Gefahr sich Nadine befindet. Im Gespräch rät er ihr, sofortige Sicherheitsmaßnahmen zu ergreifen, wenn sie schon nicht zur Polizei gehen möchte. Er empfiehlt, einen Security-Agent vor der Trafik zu postieren, außerdem soll ein Peilsender an Ashrafs Auto angebracht werden. Nadine stimmt zu, möchte aber noch mit ihrem Steuerberater klären, ob die Kosten des Sicherheitsmannes auf den Betrieb entfallen und will sich umgehend wieder bei Helmberger melden. Der Plan ist, noch am selben Tag mit den besprochenen Maßnahmen zu starten.

Ashraf hört, dank des von ihm angebrachten Abhörgeräts, das komplette Gespräch zwischen dem Detektiv und Nadine mit. Es ist der Tropfen, der das Fass des Kontrollzwangs zum Überlaufen bringt. Rasend vor Wut befindet er sich in einem Tunnel der aggressiven Emotion, an dessen Ende die kalte Rache an Nadine steht. Einen Kanister Benzin hat er schon Tage zuvor an der Tankstelle besorgt und in vier kleine Flaschen abgefüllt. Es sind insgesamt 4 Liter, die so in seinem Auto bereit liegen, ebenso ein Kabel und ein Feuerzeug. Außer sich vor Empörung fährt Ashraf zur Trafik. Kurz nachdem der Detektiv Lukas Helmberger gegangen ist, kommt er an, wartet, bis Nadine alleine ist und tritt ein.

Sie sieht ihn und erkennt an seinem wutverzerrten Gesichtsausdruck sofort, dass er nicht hier ist, um zu reden. Panisch drückt sie den Alarmknopf, der unter dem Verkaufstisch angebracht ist. Doch an diesem Tag funktioniert er nicht. Ashraf sagt nichts und stürmt in großen Schritten auf sie zu. In der kleinen Trafik, die nur eine Tür hat, gibt es keine Ausweichmöglichkeit, kein Fenster und auch keine Hintertür. Nadine ist gefangen als er mit der Faust auf sie einschlägt. Immer und immer wieder. Dann holt er das Kabel aus seiner Jackentasche und drosselt sie fast zwei Minuten lang damit. Nadine kniet auf allen Vieren, er über ihr. Sie bäumt sich wieder auf, er schlägt weiter auf sie ein. Fast fünf Minuten dauert Nadines Kampf, bei dem sie all ihre letzten Kräfte mobilisiert, aber verliert. Als sie schließlich bewusstlos und regungslos auf dem Boden liegt, holt Ashraf eine der Flaschen hervor. Er schüttet das darin befindliche Benzin über ihren Körper und auch über Teile der Einrichtung. Dann zündet er sie an. Sofort schießt eine Stichflamme hinauf bis zur Decke des kleinen Raumes. Ohne zurückzublicken verlässt Ashraf das Geschäft, er verschließt sogar die Tür von außen und wirft den Schlüssel in den nächsten Mülleimer.

Es vergeht nicht viel Zeit, bis ein Passant und eine Passantin den Rauch bemerken. Vor allem aber bemerken sie, dass sich noch jemand im Inneren des brennenden Geschäftslokals befindet. Sie nehmen Schreie wahr. Der Mann reagiert sofort, greift sich einen Einkaufswagen von dem Supermarkt, der gleich neben der Trafik ist, und schlägt damit die Tür auf. Überall schwarze Rauchschwaden. Die Passantin wagt sich hinein und erkennt eine dunkle Gestalt, die sich auf sie zubewegt. Nadine ist noch selbst aufgestanden und Richtung Ausgang gewankt. Die Passantin stützt das Opfer, aber als die beiden sich dem Tageslicht nähern, erschrickt die Frau. Erst jetzt sieht sie, in welchem Zustand Nadine ist. Sie lässt sie wieder los, aus Angst, ihr durch den Druck Schmerzen zuzufügen. Nadine stützt sich am Rahmen der Tür, als sie ins Freie tritt. Die Endorphine, die ihr Körper im Schockzustand produziert, geben ihr noch die letzte Kraft, sich nach draußen zu retten. Ihre kurzen braunen Haare sind weg, sie ist komplett schwarz. Das Weiß der Augen sticht hervor, als sie sich noch an dem Einkaufswagen festhält, mit dem der Passant zuvor die Tür eingeschlagen hatte. Kurze Zeit später setzt die Brandwirkung ein. Nadine ringt um Luft, Rauch kommt aus ihrem Mund. Dann bricht sie zusammen.

Zufällig ist ein Rettungswagen in der Nähe, der sofort zur Hilfe eilt. Einer der Sanitäter wird nachher vor Gericht sagen, dass er solche Verletzungen noch nie zuvor gesehen hat. Nadines Oberhaut ist weg, die Unterhaut komplett verbrannt. Auch die Polizei trifft kurz darauf ein. Nadine sagt nun ihre allerletzten Worte. "Das war mein Ex-Freund." Sie schafft es noch, Ashrafs vollen Namen zu buchstabieren. Dann flüstert sie: "Ich sterbe."

Nadine wird auf die Brandintensivstation des Allgemeinen Krankenhauses gebracht. 75 Prozent ihrer Haut sind zerstört. Bei der Einlieferung wird eine Überlebenschance von nur fünf Prozent kalkuliert. Umgehend erhält sie künstliche Beatmung, Flüssigkeit und Entlastungsschnitte. Die Haut im Oberschenkel ist bis in die Tiefe gerissen, weil die Verbrennungen so massiv sind. Überall großflächige Läsionen. Verbrannte Areale müssen entfernt und mit einer Spezialhaut und Folie abgedeckt werden. Nadines Atemwege sind voller Ruß. Vier Wochen lang kämpft sie noch. Ihr müssen ein Arm und ein Bein amputiert werden. Nadine musste, trotz zahlreicher Medikamente, bis zu ihrem Tod unter unvorstellbaren Qualen leiden. Am 03. April 2021 stirbt sie an einem Multiorganversagen. Sie wird nur 35 Jahre alt.

Fünf Monate später erscheint Ashraf als Angeklagter vor dem Wiener Landesgericht. Der Saal ist bis auf den letzten Platz gefüllt. Unter Blitzlichtgewitter wird er von den Justizwachebeamten in Handschellen hereingeführt. Ein kleiner korpulenter Mann mit kahlem Hinterkopf. Die Staatsanwältin trägt mit zittriger Stimme den Tathergang vor, sie ringt mit den Worten. Ashraf fällt sehr bald durch sein ruppiges Verhalten auf, die Richterin muss ihn mehrmals ermahnen, ruhig zu sein. Ständig unterbricht er die Verhandlung und wird dabei ausfallend. Aber er macht vor allem eines: Ashraf gibt Nadine die Schuld. Sie habe ihn regelrecht zu der Tat provoziert. Sie hätte zu viel mit anderen Männern geredet und sie wäre sehr eifersüchtig gewesen. Ashraf sucht die Schuld ausnahmslos im Außen.

Da die Trafik mit einer Überwachungskamera ausgestattet war, wird vor Gericht die Videoaufnahme der Tat abgespielt. Trotz der Schädigung durch den Brand konnten die Bilder wiederhergestellt werden. Nadines Angehörige, die gesondert oben in der Galerie sitzen, verlassen davor den Saal. Sie wollen Nadine nicht so in Erinnerung behalten, die Tat ist für sie bereits jetzt kaum zu ertragen. Die Geschworenen hingegen müssen den Gewaltakt sehen. Auf den Bildern der Aufzeichnung sieht man ohne Zweifel wie Ashraf mit Fäusten auf Nadine einschlägt, versucht sie zu erdrosseln, sie mit Benzin übergießt und anzündet. Als er sich als „nicht schuldig" bekennt, geht ein Raunen durch den Saal.

Im Laufe der Verhandlung wird bekannt, dass Ashraf bereits seiner Ex-Frau gegenüber gewalttätig war. Auch ihr wirft er vor, Kontakt mit anderen Männern gehabt zu haben. Als die Richterin ihn fragt, warum er Nadine nicht einfach verlassen hat, wenn sie so ein furchtbarer Mensch gewesen sein soll, entgegnet er, dass Liebe blind macht. Bei einer der vorangegangenen Vernehmungen hatte er der Polizei gesagt, er musste seine Ehre retten. Nachdem das Video gezeigt wurde, versucht er dennoch weiter, seine Tat herunterzuspielen. Er wollte ihr nur ein bisschen Angst machen. Er wollte, dass sie nur ein bisschen leidet. Er wusste nicht, dass sie so schnell brennt. Auf die Frage der Richterin, was er denn dachte, was geschieht, wenn er sie schlägt, drosselt, anzündet und dann auch noch die Tür zusperrt, kontert er, dass sie doch einen Schlüssel hatte. Sie hätte die Tür doch wieder aufsperren können. Erneut ein Raunen.

Nicht wenige im Gerichtssaal fragen sich, wie aus einem Menschen solch ein Monster wird. Sie erhoffen sich die Antwort vom psychiatrischen Gutachten. Nach der Ausführung des Sachverständigen war Ashraf nicht berauscht, er war zurechnungsfähig. Und er wusste, was er tat. Dem Angeklagten werden völlige Entfremdung von Empathie, hohe Kränkbarkeit und eine starke Neigung zum Narzissmus attestiert. Was Ashraf Nadine angetan hat, beschreibt er als "inszenierte Hinrichtung". Das erste Gespräch führten der Gutachter und Ashraf knapp vier Wochen nach der Tat. "Der Angeklagte meinte damals, Nadine W. sei zu einem gewissen Grad selbst an allem Schuld, es tue ihm nicht leid", sagt er. Zwei Monate später, bei einem erneuten Gespräch zwischen den beiden, korrigiert Ashraf das zuerst Gesagte. "Er meinte dann, nur ein bisschen Leiden im Spital hätte sie verdient, sprach aber später dennoch von Auslöschung. Der Angeklagte sieht sich in jeglicher Hinsicht als Opfer." Nachdem der Experte seine Rede beendet hat, ergreift Ashraf ungefragt das Wort. "Sie hat unsere Beziehung mit Füßen getreten." Dann folgt ein Wortschwall der Empörung und Rechtfertigung, in dem er sich weiterhin herablassend über Nadine äußert. Das Gericht rügt ihn.

Ashraf wird wegen Mordes und Brandstiftung zu lebenslanger Haft verurteilt und in eine Anstalt für geistig abnorme Rechtsbrecher eingewiesen. Der Schuldspruch der Geschworenen fällt einstimmig aus und ergeht nach äußerst kurzer Beratungszeit. Die Höchststrafe sei in diesem Fall "einzig und allein die richtige Strafe", hält die Richterin in der Urteilsbegründung fest. In diesem Saal seien schon viele furchtbare Verbrechen verhandelt worden, „aber das ist ein Mord, der heraussticht, der an Grausamkeit nicht zu überbieten ist.“ Sie blickt Ashraf an und fügt nach einer kurzen Pause hinzu: „Sie haben alles getan, damit das Opfer nicht überlebt.“

Boulevardmedien bezeichnen Ashraf am Tag nach der Urteilsverkündigung als "eiskalten Killer ohne Reue". Und ganz Österreich ist schockiert. Der

Mord an Nadine ist ein Femizid, also ein Mord aufgrund des weiblichen Geschlechts. Würde sie noch leben, wäre sie keine Frau? Ja. Laut der Weltgesundheitsorganisation (WHO) ist Männergewalt eines der größten Gesundheitsrisiken für Frauen. Femizide sind ein globales Verbrechen, überall auf der Welt ist einer der gefährlichsten Orte für Frauen das eigene Zuhause, also die Beziehung, in der sie leben. Im Jahr 2020 wurden einer UN-Erhebung zufolge rund 47.000 Frauen und Mädchen von ihren Intimpartnern oder anderen männlichen Familienmitgliedern ermordet. Alle elf Minuten gibt es eine Tote.

Oft stecken patriarchale Denkmuster hinter diesen Taten, meist auch mangelnde Impulskontrolle und unterschiedliche Persönlichkeitsstörungen. Körperliche Gewalt geht Femiziden oft voraus, doch nicht immer. Aber enorme psychische Gewalt spielt in diesen Beziehungen fast immer eine enorme Rolle. Frauen werden als Besitz angesehen und stark kontrolliert, Eifersucht ist eines der häufigsten Symptome. Auch Stalking ist vor einem Femizid oft zu beobachten - Ashraf hat dies durch das Installieren des Abhörgeräts intensiv betrieben. Wenn ich sie nicht haben kann, dann soll sie auch kein anderer haben - diesen Satz hört man von vielen Tätern im Nachhinein. Trennungen sind für die Frauen in solchen Beziehungen die gefährlichsten Phasen. 80 Prozent der Femizide in Europa sind Trennungstötungen.

Einige Zeit nach der grausamen Tat schreibt Nadines Cousine einen sehr persönlichen Gastkommentar in der *Wiener Zeitung*. „Nichts liegt mir ferner, als Nadine als Opfer zu betrachten. Bis zuletzt hat sie um ihr Leben gekämpft: ein Leben, das sie sich ohne fremde Hilfe ganz allein aufgebaut hatte. Ein Leben, in dem sie erfolgreiche Geschäftsfrau und Unternehmerin war. Ein Leben, in dem sie wie alle jungen Frauen Freunde hatte, eine Familie, Hobbys, einen Hund - bis einer kam, um ihr das alles wegzunehmen." Auf der einen

Seite gebe es einen grausamen Täter, gesund und wohlbehalten in Haft. „Auf der anderen Seite eine Familie, die plötzlich vor dem Scherbenhaufen steht, der einmal das Leben ihrer Schwester, Tochter, Cousine, Nichte war."

Ashrafs Familie hat sich zurückgezogen. Niemand wollte in die Öffentlichkeit treten und ein Statement abgeben. Aus seiner ersten Ehe hat er eine mittlerweile 13-jährige Tochter.

»Der Verbrecher von gestern ist der Held von heute.«

- Fritz Bauer (1903–1968) Jurist, Remigrant, jüdischer Intellektueller, Sozialdemokrat -

KAPITEL 4

Henkersknoten

Es ist nicht das erste Mal, dass der junge Mann in die von Angst geweiteten Augen einer wehrlosen Frau blickt. Er ballt seine rechte Hand und spannt seinen muskulösen Arm an. Die Faust des 24-Jährigen saust durch die Luft und trifft das nackte Mädchen am Kopf. Immer und immer wieder schlägt er nun auf die 18-Jährige ein. Mit den gefesselten Händen hinter dem Rücken ist sie ihrem Peiniger hilflos ausgeliefert. Margret S. liegt wimmernd auf dem gefrorenen und mit zartem Schnee bedeckten Waldboden, als ihr Angreifer beginnt, mit einer Stahlstange weiter auf sie einzudreschen. Wie von Sinnen prügelt der Mann mit der Waffe auf sein wehrloses Opfer ein, bis dessen Schmerzenslaute gänzlich verstummen. Erst dann legt sich die Ruhe der Dunkelheit wieder über das einsame Waldstück. Nur die gelegentlichen Rufe eines Waldkauz-Männchens unterbrechen die Stille der eiskalten Winternacht an diesem 12. Dezember des Jahres 1974. Keuchend blickt der junge Mann auf die am Boden liegende Frau herab. Achtlos wirft er die Stange in den Schnee, bevor er sich zwischen die gespreizten Beine des Mädchens kniet und die Bewusstlose vergewaltigt. Während er sich in ihr ergießt, packt er mit seinen großen Händen an Margrets zarten Hals und drückt zu - immer fester und fester. Der Mörder löst seinen tödlichen Griff erst wieder, als er spürt, wie ihr Zungenbein bricht und keine Nebelwölkchen kalter Atemluft mehr aus der Kehle seines Opfers entweichen. Dann schleift er den geschändeten Körper des Mädchens zu einem Baum. Um sicher zu gehen, dass Margret auch wirklich tot ist, greift er nach ihrem BH, der neben ihr im nassen Schnee liegt. Er knüpft einen Knoten, schlingt der Frau ihr Wäschestück um den blutunterlaufenen Hals und zieht zu. Dann bedeckt er den Körper seines Opfers notdürftig mit Laub und Erde, bevor er sich in die Nacht davonstiehlt.

Johann Unterweger, der von allen nur Jack genannt wird, kommt am 16. August 1950 als unehelicher Sohn in der Stadtgemeinde Judenberg zur Welt. Mutter Theresia ist nicht in der Lage, sich um die Erziehung ihres Nachkömmlings zu kümmern und so wächst Jack bei seinem Großvater in Kärnten auf. Dort nimmt der alte Mann, der von seinen Mitmenschen als „rauer Geselle" betitelt wird, keinen guten Einfluss auf die Entwicklung seines Enkels. Regelmäßig nimmt er seinen Enkel auf Raubtouren mit, auf denen sie Nutztiere aller Art stehlen. Ein Gericht verdonnert Unterweger mit 16 Jahren das erste Mal wegen Diebstahls zu einer dreitägigen, bedingten Haftstrafe. Im Anschluss kommt es zu einer Einweisung in die Bundesanstalt für Erziehungsbedürftige; ein Jahr später folgt die Entlassung - jedoch ohne, dass sich das Denken und Verhalten von Jack auch nur im Ansatz geändert hätte. Der Vater von Jack, ein US-amerikanischer Soldat, kümmert sich nicht um das Wohlergehen seines Kindes und wird sich nie zu seinem Sohn bekennen. Der Teenager verdient seinen Lebensunterhalt als Kellner und bessert seine Finanzen weiter mit Diebstählen und Einbrüchen auf. Im Bestreben, noch mehr Geld zu scheffeln, betätigt der junge Mann sich bald auch als Zuhälter.

Es ist das Jahr 1968, als der jetzt 18-Jährige erneut vor Gericht zu erscheinen hat. Wegen seiner Raubtouren wird er zu einer sechsmonatigen

Haftstrafe verurteilt. Geläutert ist der rebellische junge Mann damit aber nicht: nur ein Jahr später muss er wegen des gleichen Deliktes erneut für vier Monate in Haft. Wiederum ein Jahr später folgt eine Verurteilung zu einer viermonatigen Haftstrafe wegen eines Einbruchdiebstahls in einen Kiosk. 1970 lernt Unterweger ein 19 Jahre altes Mädchen kennen. Da ihre Eltern jedoch gegen die Beziehung zu dem Kriminellen sind, entscheiden sich die Verliebten, unterzutauchen. Als die Mutter des Mädchens herausfindet, dass ihre Tochter für Unterweger anschaffen geht, erstattet sie Anzeige gegen den mittlerweile 20-Jährigen. Mit Erfolg: Ein Gericht verurteilt Jack, wegen Entführung einer Minderjährigen, zu einer erneuten Haftstrafe von sieben Monaten. Denn von 1973 bis 2001 galten Jugendliche bis zur Vollendung ihres 19. Lebensjahres als Minderjährige.

Kaum entlassen, bricht der junge Ganove abermals das Gesetz und wandert wegen Autodiebstahls und illegalen Grenzübertrittes erneut für 15 Monate hinter schwedische Gardinen. Nachdem Unterweger seine Haftstrafe abgesessen hat, erreichen seine Straftaten einen vorläufigen, traurigen Höhepunkt. Am 13. Mai 1971 lockt Unterweger die Prostituierte Monika H. in Salzburg in sein Auto. Er fesselt die Frau und vergewaltigt sie mit einer Stahlrute, während er sich selbst befriedigt. Vorbeikommende Passanten ist es zu verdanken, dass die geschundene Frau vor ihrem Peiniger fliehen kann.

Von Mitte April bis Anfang Mai des Jahres 1974 nötigt er seine Lebensgefährtin Elisabeth L. wiederholt zum Geschlechtsverkehr. Um sie gefügig zu machen, droht er der verängstigten Frau, er werde ihr das Gesicht mit Rasierklingen zerschneiden und ihr geliebtes Kind entführen.

Im Juli 1974 schlägt Unterweger, blind vor Wut, auf zwei Frauen ein. Die Opfer erleiden Prellungen und Blutergüsse. Der 24 Jahre alte Jack vergeht sich noch an zwei weiteren Frauen, bevor er zu einer dreijährigen

Haftstrafe verurteilt wird. Noch während der Straftäter seine Haftzeit absitzt, gelingt es den Ermittlern, ihm den Mord an Margret S. nachzuweisen. Es ist der Oktober des Jahres 1976, als das Landgericht Salzburg den nun 26-jährigen Angeklagten zu einer lebenslangen Haftstrafe wegen Mordes an der 18-Jährigen verurteilt. Das Gericht nimmt einen Sexualmord an, der Angeklagte hingegen behauptet, er habe das sexuelle Motiv nur vorgetäuscht, um einen missglückten Raub zu verdecken. Ein Blick in das Vorstrafenregister des jungen Mannes offenbart dem Gericht seinen Hang zum delinquenten Verhalten: sechzehn Mal ist er schon mit dem Gesetz in Konflikt geraten und verurteilt worden. Diebstahl, Einbruch, illegaler Grenzübertritt, Entführung, Zuhälterei, Nötigung, Vergewaltigung. Der vorläufige Höhepunkt seiner Täterkarriere ist nun der brutale Mord an Margret. Auch der Mord an der Prostituierten Marcia H. im April des Jahres 1973, geschehen in Salzburg, scheint die Handschrift des Angeklagten zu tragen. Doch nachweisen kann man ihm das Verbrechen nicht. Die Behörden stellen weitere Ermittlungen wegen der bereits verhängten lebenslangen Haftstrafe ein. Der verurteilte Mörder wird, wegen seiner angenommenen Gefährlichkeit, in den Hochsicherheitstrakt der Justizvollzugsanstalt Stein überstellt.

Johann Unterweger verfolgt von Tag eins seines Haftbeginns an nur ein Ziel: er will wieder in Freiheit kommen. Der verurteilte Mörder erweist sich als geläuterter Musterhäftling, der sein bis dahin verkorkstes Leben nun in geregelte Bahnen lenken will. Bis dahin kann der junge Sträfling kaum Lesen und Schreiben, doch diese Fertigkeiten eignet er sich nun an, um mit der Außenwelt zu kommunizieren und seinen Hauptschulabschluss im Gefängnis nachzuholen.

Zudem lernt Jack während seiner Haftzeit über Umwege die Journalistin und Schriftstellerin Sonja von E. kennen. Er bittet die junge Frau, seine Biografie zu verfassen; doch nachdem der Häftling ihr eines seiner Gedichte zukommen lässt, ermuntert ihn die Schriftstellerin, ob seines scheinbaren Talentes, seine Lebensgeschichte selbst zu verfassen. Was Sonja von E. jedoch nicht bemerkt: das angeblich selbst verfasste Gedicht des Knastpoeten ist ein Plagiat des berühmten Schriftstellers Hermann Hesse aus dem Jahre 1929.

Unterweger macht sich, trotz der zu Unrecht geernteten Lorbeeren, ans Schreiben. Druckreif ist sein erster autobiografischer Versuch zwar nicht, doch Sonja von E. fühlt sich ermutigt das Talent des Häftlings weiter zu fördern. Immerhin steht auch ein ehrenwertes Ziel hinter der Veröffentlichung: Unterweger schreibt der Journalistin in einem Brief, dass er den überwiegenden Teil des Erlöses an ein SOS-Kinderdorf spenden möchte. Davon weiß er später allerdings nichts mehr.

Sonja und Jack verbindet schon bald nicht nur die Leidenschaft des Schreibens, sondern auch eine innige Freundschaft. Die Schriftstellerin sorgt dafür, dass Unterweger einen Schreibmaschinenkurs belegen und den Fernlehrgang „Technik der Erzählkunst" absolvieren kann, woraufhin der Knastpoet brauchbare Fortschritte macht. Vier Jahre lang arbeiten Unterweger und von E. zusammen; feilen an seinem Schreibtalent. Doch dann kommt es zum Zerwürfnis zwischen den Freunden. Jack reichte die geschriebenen Märchen von Sonja, die sie ihm eigentlich nur als Lernhilfen zur Verfügung gestellt hat, bei der Schriftstellerin Marga F. ein und gab die Texte als die seinen aus. Frau F., Leiterin des Kinderfunks im ORF, war so begeistert von Unterwegers angeblich selbst verfassten Geschichten, dass sie ihm den Weg in die Öffentlichkeit ebnet. Nicht weniger als 30 Texte verfasst der Frauenmörder für das Radioformat „Das Traummännlein kommt" des ORFs.

Fortan beginnt Unterweger weitere Texte und Geschichten zu publizieren. Mit Erfolg, er setzt sich literarisch mit seiner dunklen Vergangenheit auseinander und dichtet sich seine Schuld von der Seele, um als geläuterter Mensch in die Zukunft schauen zu können. Vor allem sein Buch „Fegefeuer oder die Reise ins Zuchthaus“ bringt ihm viele Sympathisanten und wird 1988 sogar verfilmt. Am Drehbuch seiner mutmaßlichen Biografie wirkt Unterweger sogar mit.

Im Buch beschreibt sich der Mörder als „Opfer einer brutalen Kindheit unter einem versoffenen, herumhurenden Großvater“ und erzählt, dass seine Mutter der Prostitution nachgegangen sei. Für die Medien ist Jack fortan eine große Story und er macht sich mit all seinen Veröffentlichungen als Knastpoet einen Namen - sogar bis nach Übersee, wo er „Jack The Writer“ (zu Deutsch: „Jack, der Schreiber“) genannt wird.

Auch hochrangige Literaturinteressierte werden auf den schreibenden Frauenmörder aufmerksam. Einige von ihnen besuchen ihn sogar in der Justizvollzugsanstalt Stein, um sich einen persönlichen Eindruck von dem geläuterten Häftling zu machen. Es ist ein langer, steiniger Weg, doch gemeinsam mit seinen Unterstützern schafft es Jack Unterweger, am 23. Mai 1990 seine Entlassung auf Bewährung, ohne weitere Auflagen, bei den Behörden durchzusetzen.

Von nun an gehört Jack, der sich gerne im schneeweißen Seidenanzug mit einer schwarzen Fliege um den Hals in der Öffentlichkeit zeigt, zur österreichischen Schickeria und ist ein gefragter Interview- und Gesprächspartner. Er lässt sich auch für diverse Magazine, unter anderem mit freiem Oberkörper und lasziven Blick, ablichten. Ein kometenhafter Aufstieg und eine ebenso schnelle Karriere folgen. Der 39-Jährige gilt als Paradebeispiel für eine gelungene Resozialisierung und genießt die neu gewonnene Freiheit in vollen Zügen. Auf Frauen wirkt der entlassene Straftäter charmant und anziehend. Anders, als auf seine männlichen Mitmenschen. Irgendetwas strahlt Unterweger aus, dass sie dazu bewegt, den Schriftsteller zu meiden.

Während der resozialisierte Straftäter, der nun ein gefeierter Starjournalist ist, in Saus und Braus lebt, bleibt der Polizei schon bald keine Zeit mehr zum Durchschnaufen. Im Oktober 1990 verschwindet Brunhilde M. in Wien spurlos. Drei Monate später entdecken Spaziergänger die Leiche der Prostituierten in einem Waldgebiet. Nur wenige Tage später wird die Leiche von Heide H. gefunden - auch sie wurde ermordet. Im weiteren Verlauf des Jahres 1991 kommen noch sieben weitere Frauen unter ähnlichen Umständen ums Leben. Schon bald ist den Ermittlern klar, dass sie es mit einem Serienmörder zu tun haben, denn neben der Tatsache, dass alle Opfer weiblich sind und der Straßenprostitution nachgingen, weisen die Mordfälle alle Gemeinsamkeiten auf: die getöteten Frauen wurden halbnackt oder gänzlich entblößt von Passanten aufgefunden. Der Mörder hatte einen seltenen Henkersknoten in die Büstenhalter seiner Opfer geknüpft, bevor er ihnen die daraus entstandene Schlinge um den Hals legte und so fest zuzog, wie er konnte.

Derweil betätigt sich Jack Unterweger nicht nur als Schriftsteller, sondern auch als Reporter. Für den ORF arbeitet der Journalist an einer Reportage über die verschwundenen Prostituierten mit. So interviewt er zum Beispiel den leitenden Mordermittler und informiert sich über den aktuellen Ermittlungsstand. Noch haben die Behörden keine Ahnung, wer der gesuchte Prostituiertenmörder sein könnte.

Im Sommer 1991 beordert eine Wiener Illustrierte Unterweger in die USA. Dort soll der Reporter mit Milieuerfahrung für einen Bericht in der Drogen- und Prostitutionsszene in Los Angeles recherchieren. Dabei bekommt Unterweger die Gelegenheit, die Polizisten in der kalifornischen

Stadt auf Streife zu begleiten. So kann sich der Reporter einen tiefen Einblick in die Szenen verschaffen. Während Unterweger recherchiert, sehen sich die Polizisten dort schon bald mit einer brutalen Tötungsserie konfrontiert: binnen kürzester Zeit fallen drei Prostituierte einem grausamen Mörder zum Opfer. Alle drei Frauen wurden mit ihrer Unterwäsche erdrosselt. Den Behörden ist schnell klar, dass sie es mit einem Serienmörder zu tun haben. Auch dieses Mal ist Unterweger bei den Ermittlungen hautnah dabei; schaut den Polizisten bei ihrer Arbeit über die Schulter und lauscht ihren Vermutungen, wer der Täter sein könnte. Doch so plötzlich, wie die Mordserie begann, so abrupt endet sie auch. Zwischenzeitlich ist Unterweger wieder in Europa.

Als 1993 in Tschechien die Prostituierte Blancka B. ermordet wird - genau zu der Zeit, als Unterweger in Prag zu Recherchezwecken unterwegs ist, sind sich die österreichischen Ermittlungsbehörden sicher, wer der Prostituiertenmörder ist. Das angebliche Paradebeispiel der Resozialisierung Jack Unterweger. Die Art und Weise, wie der Täter vorgeht, ist identisch mit den Morden in Österreich und Amerika. Zudem befand sich der Starjournalist an den Tattagen immer vor Ort.

In Österreich sickern die Ermittlungsergebnisse durch und als ein Reporter von der anstehenden Verhaftung des Medienstars Wind bekommt, gibt er ohne behördliche Bestätigung den Artikel in den Druck. Es ist eine folgenschwere Entscheidung. Am kommenden Tag erscheint die Sensationsnachricht. Unterweger, der mittlerweile mit einem minderjährigen Mädchen liiert ist, flieht nämlich nun gemeinsam mit seiner Freundin über die Schweiz und Frankreich in die USA. Hier fühlt er sich vor einer Verhaftung durch die österreichischen Behörden sicher. Dem Mädchen beteuert er seine Unschuld: die Polizei hätte es auf ihn abgesehen, sie könnten es nicht ertragen, dass er in Freiheit sei. Alte Fehden. Nun wollen sie ihm die

Morde anhängen, um ihn wieder hinter Gitter zu bringen. Er habe es gar nicht nötig, sich Sex bei Prostituierten zu holen. Doch die Ermittler finden zahlreiche Frauen, die bestätigen, dass Unterweger nach seiner Entlassung sehr wohl einer ihrer Kunden war.

Das ungleiche Paar taucht in Miami unter. Um den Lebensunterhalt zu bestreiten, verdingt sich Unterweger wieder als Reporter. Es ist der 27. Februar 1992, als er sich bei einem seiner Auftraggeber einen Vorschuss holen will. Er ahnt nicht, dass er schon längst in das Visier des FBIs geraten ist. Noch bevor Unterweger sein Geld kassieren kann, schlagen die Ermittler zu und nehmen den Flüchtigen fest.

Unterweger kommt, bis zu seiner Auslieferung nach Österreich, in Haft. Vehement bestreitet der 43-Jährige, der gesuchte Serienmörder zu sein. Das Gebaren der österreichischen Behörden käme einer sozialen Hinrichtung gleich. Unterweger ist der Ansicht, Opfer der leitenden Ermittler zu sein, die mehr an seinem Untergang als an einer Aufklärung der Mordserie interessiert seien. Doch all sein Gezeter nützt nichts - Unterweger wird nach seiner Auslieferung nach Österreich, im April des Jahres 1994, der Prozess vor einem Grazer Geschworenengericht gemacht. Seine minderjährige Freundin wendet sich an die deutsche Botschaft in Miami und kommt wohlbehalten zu ihrer Familie zurück.

Die Verhandlung erregt großes mediales Interesse. Unterweger, stets in einem schicken Anzug gekleidet, lächelt siegessicher in die Kameras der Fotografen und sonnt sich im Blitzlichtgewitter, das über den Gerichtssaal hereinbricht, sobald er den Raum betritt. Der Angeklagte weiß: er muss die Geschworenen von seiner Unschuld überzeugen, und so richtet er in seinem Plädoyer das Wort vertrauensvoll an die Auserwählten: „Meine Damen und Herren Geschworenen, wir sind jetzt für die nächsten zwei Monate zusammen, und ich möchte kein steriler Schauspieler sein. Ich möchte es mit Ihnen so haben wie im Kaffeehaus. Falls Sie Fragen haben, stellen Sie sie bitte, und ich werde Ihnen auf alles, wirklich alles, Antwort geben. Sehen Sie, ich habe den großen Vorteil, dass ich nichts zu verbergen habe, da ich nicht der Mörder bin. Wenn Sie mich bei einer Lüge erwischen, dann verurteilen Sie mich."

Doch die Indizien gegen den Angeklagten wiegen schwer: so fand die Spurensicherung auf dem Sitz seines BMWs ein Haar, dass zweifelsfrei dem letzten Opfer der Mordserie, Blancka B., mittels einer DNA-Analyse, zugeordnet werden kann. Es ist das erste Mal in der österreichischen Justizgeschichte, dass ein DNA-Gutachten vor Gericht als Beweismittel dienen darf. An den Kleidungsstücken einer anderen getöteten Frau konnten Fasern sichergestellt werden, die identisch mit den Fasern von Unterwegers langem, roten Schal sind. Zudem tragen die Ermittler vor, dass Unterweger sich bei allen ereigneten Morden nachweislich in der Nähe der Tatorte aufgehalten hatte - und das, obwohl alle elf Tatorte geografisch weit auseinander liegen und sogar in drei unterschiedlichen Ländern passiert sind.

Als eine Knotengutachterin aus den USA in den Zeugenstand gerufen wird und ihre Ergebnisse präsentiert, ist es so ruhig im Gerichtssaal, dass man eine Stecknadel fallen hören könnte. Die Expertin führt aus, dass sie die Knoten in der Unterwäsche aller getöteten Frauen genau analysiert habe. Der geknüpfte Henkersknoten sei so einzigartig, doch bei allen Unterwäschestücken gleich: „Finden Sie denjenigen, der diesen Knoten so knüpfen kann, dann haben Sie auch den Mörder der Frauen", schließt sie ihre Aussage. Nun scheint auch Unterweger langsam zu begreifen, dass es um seinen gewünschten Freispruch schlecht bestellt ist.

Am 29. Juni 1994 fällt das Geschworenengericht sein Urteil: Jack Unterweger ist schuldig des neunfachen Mordes - darunter auch die drei Morde in Los Angeles und die Tötung von Blancka B. in Tschechien. Der Angeklagte soll erneut eine lebenslange Haftstrafe verbüßen - diesmal jedoch ohne die Möglichkeit einer vorzeitigen Entlassung auf Bewährung. Bei zwei Morden konnten die Experten keine verwertbaren Spuren an den Leichen sichern, sodass ihm diese Tötungen nicht zur Last gelegt werden können.

In der Nacht nach der Ankündigung des Strafmaßes findet ein Justizbeamter Jack Unterweger tot in seiner Zelle. Mit der Kordel seiner Jogginghose um den Hals, in die er zuvor einen Henkersknoten geknüpft hatte, wird der 43-Jährige erhängt in seiner Zelle gefunden. Es ist der gleiche Spezialknoten, der in der Unterwäsche all der ermordeten Frauen gefunden wurde.

Heute gilt es auch als gesichert, dass Unterweger sich viele Passagen seiner Lebensschilderung in seiner autobiografischen Erzählung „Fegefeuer oder die Reise ins Zuchthaus“ ausgedacht hat. Seine Mutter war unter anderem keine Prostituierte. 1995 wird die Kindersendung „das Traummännlein kommt“ des ORFs, für die auch Unterweger geschrieben hat, eingestellt.

Da das Urteil des Gerichtes vor dem Ableben des Mörders nicht rechtskräftig werden konnte, geht Jack Unterweger als Österreichs einziger „mutmaßlicher“ Serienmörder in die Justizgeschichte ein.

»Die Hölle kennt keine Wut wie die einer verschmähten Frau.«

- William Congreve (1670–1729), englischer Dramatiker und Dichter –

KAPITEL 5

Eiskalt

(Von Alexander Apeitos/ Podcast Wahre Verbrechen)

Goidsargi Estibaliz Carranza-Zabala, auch Esti genannt, ist am 06. September 1978 in Mexiko-Stadt, der Hauptstadt von Mexiko geboren. Nur wenige Jahre nach ihrer Geburt verschlägt es ihre Familie nach Spanien.

Gute Arbeitsbedingungen, vielversprechende Chancen und eine bessere Zukunft zogen die Familie in die katalanische Hauptstadt Barcelona, die zweitgrößte Stadt Spaniens.

Estis Vater Armando Carranza ist Schriftsteller und in Spanien kann er endlich erste Erfolge mit seinen Werken über Esoterik, Schamanismus und das Leben der Mayas, Inkas und Azteken feiern. Ihre Mutter ist Hausfrau, kümmert sich um sie und ihren jüngeren Bruder und das Wohlbefinden ihres Ehemannes.

Auf Wunsch von Armando studiert Esti an der Universität von Barcelona Wirtschaftswissenschaften, ihr großer Traum war dies nicht, dennoch sollte das Studium ihr dabei helfen, sich endlich von ihrem Elternhaus zu befreien.

Familienoberhaupt Armando ist ein sehr aufbrausender, cholerischer Mensch, der es sich zur Gewohnheit gemacht hat, seinen Stress und Ärger an seiner Familie auszulassen.

Die Hoffnung, in den Augen ihres Vaters etwas richtig machen zu können, hatte Esti schon in jungen Jahren verloren und so wartete sie irgendwann nur noch auf den richtigen Moment, um zu gehen.

Hals über Kopf verliebt Esti sich in einen Mann, mit dem sie sich kurz nach dem Kennenlernen verlobt. Doch anstatt der großen Liebe und Freiheit, findet Esti dasselbe Leben wie schon in ihrem Elternhaus. Aus ihrem Geliebten, wird ein Mann, der sie als sein Eigentum betrachtet. Vorschriften, Verbote und Gewalt.

Esti lebt in ihrer persönlichen Hölle. Trotzdem liebt sie ihn.

Nachdem sie ihr Studium, mit Bravour beendet, trennt sich ihr Verlobter nach fünf Jahren Beziehung von ihr, weil er sich ein gemeinsames Leben mit Esti nicht mehr vorstellen kann. Doch statt Erleichterung darüber, endlich von ihrem gewalttätigen Verlobten befreit zu sein, fällt die junge Frau in ein tiefes Loch der Depression. Sie kämpft um ihre verflossene Beziehung, wirft all ihre Träume und Wünsche über Bord, nur um sich wieder geliebt zu fühlen. Vergebens. So muss sich die hübsche junge Frau mit dem schüchternen Blick und den lockigen Haaren, mit der Realität auseinandersetzen. Emotional scheint es ihr fast unmöglich sich von ihrer, so wie sie damals dachte, einzig wahren Liebe zu trennen. Aber sie schaffte es letztlich, indem sie wilde Mordfantasien gegenüber ihrem Ex-Verlobten spinnt.

Um ihrer tiefen Trauer und der Welt zu entkommen, in der sie alles an glücklichere Tage erinnert, entscheidet Esti sich dazu, Spanien zu verlassen und nach Deutschland auszuwandern.

Ihr erstes Ziel ist die bayerische Landeshauptstadt München, wo sie als Au-pair für eine befreundete Familie arbeitet.

Bereits in der Grundschule lernte Esti die deutsche Sprache, weshalb sie durch ihren Umzug nach Deutschland wenig Schwierigkeiten hat sich einzuleben. In München findet sie ein Stück weit wieder zurück zu sich selbst und zu der Erkenntnis, dass sie sich nie wieder so fühlen und behandeln lassen möchte, wie in ihrem früheren Leben, welches sie in Spanien zurückgelassen hat.

Nach ihrer Au-pair Tätigkeit zieht Esti nach Nürnberg und verdient sich ihren Lebensunterhalt als Verkäuferin in einem Eisladen. Ein Job, der ihr Spaß macht, jedoch nicht gut bezahlt ist. Aber das Geld reicht, um ihren Lebensunterhalt zu finanzieren. Doch was viel wichtiger war: ihre neue Aufgabe brachte ihr einen neuen Mann in ihr Leben, in den sie sich verlieben konnte. Holger Holz.

Holger Holz ist zu diesem Zeitpunkt Verkäufer von Kühlgeräten, 14 Jahre älter als Esti und von dem Augenblick, als er die junge Eisverkäuferin zum ersten Mal sieht, unsterblich in sie verliebt. Er nimmt eines Tages all seinen Mut zusammen und bittet Esti um ein Date. Tatsächlich willigt die schöne Eisverkäuferin ein und nur wenige Wochen nach ihrem allerersten Treffen, wird sie ihm zuliebe Mitglied bei den Hare Krishna, um anschließend mit Holger vor den Traualtar zu treten.

Es ist das Jahr 2002 und schon bald nach ihrer Hochzeit, zieht das Ehepaar gemeinsam in Holgers Heimatstadt Berlin.

Dort angekommen, findet Esti einen Job als Verkäuferin in einer beliebten Eisdiele. Mit Eiscreme kennt sie sich aus und das Bedienen der Kundschaft bringt ihr Freude. Dennoch fühlt sie sich in ihrer neuen Arbeitsstelle alles andere als wohl. Ihr Chef ist ein kontrollsüchtiger Choleriker, der ihr sogar verbietet, während ihrer Schicht auf die Toilette zu gehen. Zu lange Gespräche mit Kunden oder ihren Arbeitskollegen sind ebenfalls Tabu.

Doch nicht nur in ihrem Arbeitsleben läuft es nicht so, wie es sich Esti erhofft hat, auch privat ändert sich plötzlich alles.

Holger wird immer kontrollierender. In seiner Eifersucht geht er ihr nach, um zu sehen, ob sie auch wirklich zur Arbeit geht. Wenn sie nach Hause kommt, muss sie ihr hart verdientes Geld bei Holger abgeben. Als sie ihm damit drohte ihn zu verlassen und nach Spanien zurückzugehen, nimmt er ihr den Reisepass ab und weigert sich ihr das Dokument zurückzugeben. Auch verbal und physisch sieht sie sich Holgers Wutattacken ausgesetzt. Er prügelt sie, sperrt sie zu Hause ein und misshandelt sie psychisch.

Sich aber von ihrem Ehemann zu trennen schafft Esti nicht, stattdessen verliert sie sich in ihren Gedanken. Rachegedanken darüber, wie sie den Eisladen samt ihrem Chef niederbrennen würde und wie sie Holger ermorden könnte, ohne dass es jemand mitbekommen würde.

Im Jahr 2005, drei Jahre nach ihrer Hochzeit, fassen Holger und Esti den Entschluss, nach Österreich auszuwandern. Die Hauptstadt Wien soll ihr neues Zuhause werden und mit ihrem eigenen kleinen Eisladen soll auch das Eheglück endlich wieder zurückkommen.

So mieten Esti und Holger einen Eissalon in der Oswaldgasse im Bezirk Meidling und nach nur wenigen Wochen, die vergangen waren, seitdem sie sich in Wien niedergelassen haben, eröffnen sie gemeinsam die „Schleckeria".

Ein Traum, der für Esti in Erfüllung gegangen ist. Chefin ihres eigenen Eissalons. Doch das Geschäft läuft mittelmäßig. In den warmen

Sommermonaten kann das Paar mehr Umsatz generieren, im Winter jedoch kämpfen sie um jeden Cent. Zudem flaut privat die erste Euphorie über ihren Neuanfang in Wien schon bald ab.

Esti und Holger wohnen in einer 1-Zimmer-Wohnung, die zu ihrem Eissalon gehört. Sie arbeiten tagsüber zusammen im Geschäft und am Abend hocken sie in ihrer Wohnung aufeinander.

In diesen Monaten entwickelt Holger ein reges Interesse an Waffen. Bereits in Deutschland haben es ihm die verschiedensten Schießeisen angetan, nun in Wien verfolgt er seinen Wunsch selbst Schusswaffen zu besitzen, eindringlicher.

Er tritt einem Schieß-Club bei, macht einen Waffenschein und besitzt nun auch selbst Pistolen unter anderem eine Beretta, Kaliber 22. Immer öfter verliert er sich im Ego-Shooter-Spielen.

Bereits kurz nach Eröffnung der „Schleckeria“ lernt Esti den Eismaschinenverkäufer Manfred Hinterberger kennen. Er kommt immer wieder mal vorbei, wartet die Eismaschinen und bleibt auf ein nettes Gespräch und eine Kugel Eis.

Innerhalb der nächsten zwei Jahre, in ihrer Ehe läuft es von Tag zu Tag schlechter, beginnt Esti eine Affäre mit einem Mann, der ihr wieder das Gefühl gibt, liebenswert zu sein. Von Holger lässt sie sich scheiden und trifft zum ersten Mal in Bezug auf ihr Liebesleben eine Entscheidung für sich selbst.

Doch Holger lässt sich nicht so einfach abschütteln. Er weigert sich aus der Wohnung auszuziehen und den Eissalon aufzugeben, denn schließlich hat er viel Geld in das Geschäft investiert. Esti zieht deshalb vorübergehend zu ihrem neuen Freund, dann zu einer Freundin und dann wieder zurück in ihre Wohnung, wo sie weiterhin mit ihrem Ex-Mann Holger konfrontiert ist. Obwohl die Stimmung auf einem Tiefpunkt ist, müssen trotzdem das gemeinsame Geschäft betrieben und die Kunden bedient werden.

Es ist der 27. April 2008 als Esti nach einem langen Arbeitstag im Eissalon auf direktem Weg in ihre Wohnung geht. Dort angekommen würdigt sie Holger keines Blickes, der wieder einmal Stunden am Computer verbracht hatte, stattdessen begrüßte er sie mit Schikanen und Beleidigungen.

Es vergehen Stunden, in denen ihr Ex-Ehemann sie anschreit und beschimpft bis Esti einen folgenschweren Entschluss trifft.

In Rachegedanken verloren, sitzt sie irgendwann nur noch da und erlebt Holgers Erniedrigungen in Gedanken immer und immer wieder. So oft war sie schon hier, an ihrem Zufluchtsort der Gedanken. Immer dann, wenn sie sich von den Männern schlecht behandelt fühlte. Diese Welt gehörte nur ihr, denn hier hatte sie die Kontrolle über alles was passiert. Hier hatte sie die Oberhand und trug ganz allein die Entscheidung. Eine Entscheidung, zu der sich just in diesem Moment die Frage stellte, wie sie sich ihres verhassten Ehemannes entledigen kann, ohne dass es jemand mitbekommt?

Plötzlich wie in Trance steht die damals 30-jährige Frau auf, geht zur Kommode, zieht eine Schublade auf und greift sich die geladene Beretta Kaliber 22, die vor ihr liegt. Sie streckt ihren rechten Arm aus, zielt mit der Pistole direkt auf Holgers Hinterkopf und nähert sich ihm langsamen Schrittes.

Auch Holger ist in seiner eigenen Welt. Er konzentriert sich auf das Computerspiel vor ihm. Außerdem trägt er ein Headset und nimmt seine Umgebung umso weniger wahr.

Einmal kurz durchatmen, die Augen schließen

‚1, 2, 3, …'

und dann knallt es!

Zwei Patronen der Beretta treffen Holger in den Hinterkopf. Die dritte in die Schläfe.

Er sackt auf seinem Bürostuhl zusammen und ist umgehend tot.

Später wird Estibaliz zu Protokoll geben: „Ich war absolut hilflos, ich dachte, ich kriege mein Leben nie mehr zurück."

Holger Holz war tot und seine Ex-Ehefrau Estibaliz Carranza seine Mörderin! *Es heißt: „ein Mord zu begehen sei leicht, doch eine Leiche für immer verschwinden zu lassen ist ein Wunder…"* Und genau vor diesem unerfüllten Wunder steht Esti in der verhängnisvollen Nacht des 27. April 2008 nach einem vollen Arbeitstag. Wie um alles in der Welt sollte sie Holgers Leiche jetzt verschwinden lassen?

Im ersten Affekt greift sie sich eine Flasche hochprozentigen Alkohols, schüttet diesen über die Leiche des Mannes, den sie einst liebte und zündet sie an. Es ist eine Szene wie aus einem Krimi-Film, nur brachte dies nicht den gewünschten Effekt. Nach nur wenigen Minuten kommt es zu einer alarmierenden Rauchentwicklung, die nun Estis Nachbarn auf den Plan ruft und innerhalb weniger Minuten steht die Feuerwehr vor der Tür.

Die zierliche Frau, mit ihrem lockigen braunen Haar und den großen dunklen Rehaugen, nimmt all ihren Mut zusammen, öffnet die Tür und schafft es, die vor ihr stehenden Feuerwehrleute davon zu überzeugen, dass sie eben etwas gekocht hatte und ihr das Öl angebrannt ist. Mittlerweile, so versicherte sie, sei aber alles gelöscht und es besteht keine Gefahr mehr.

Direkt hinter ihr, in der 1-Zimmer-Wohnung, liegt die Leiche von Holger Holz. Hätte Esti die Wohnungstür nur noch einen Spalt weiter geöffnet, hätten die Feuerwehrleute freie Sicht auf den angebrannten Leichnam des Ermordeten gehabt. Doch die Einsatzkräfte geben sich mit Estis Erklärung zufrieden, schauen nicht weiter nach und verabschieden sich von der sichtlich aufgewühlten Frau.

Diese Situation hätte alles, was von jetzt an noch kommen sollte verändern können, doch für diesen Augenblick war Esti davongekommen.

Ihre Tat realisiert Esti in diesem Moment nicht. Nachdem die Feuerwehr sich verabschiedet, packt sie eilig ein paar Sachen zusammen und verlässt fluchtartig ihr Zuhause um für ein paar Tage, bei ihrem damaligen Freund unterzukommen.

Später erzählt Esti, dass sie versucht habe zu verdrängen, was in ihrer Wohnung auf sie wartete.

Nach drei Tagen kehrt sie nach Hause zurück. Bereits im Hausflur bemerkte sie einen seltsamen Geruch. Als sie dann noch von ihrer Nachbarin im Treppenhaus auf den Gestank angesprochen wird, welcher aus ihrer Wohnung zu kommen scheint, antwortet die Eisdielenbesitzerin: „Ich habe Fisch gekocht und der Geruch will nicht so richtig abziehen. Ich kümmere mich jetzt darum“.

Als sie ihre Wohnungstür aufschließt und wieder zurück zum Ort des Geschehens kommt, steht sie vor dem, was sie ernsthaft versucht hatte zu verdrängen. Der Fußboden ist von einer Mischung aus Blut und

Leichenflüssigkeit getränkt, ein süßlich beißender Gestank schlägt ihr entgegen und Holger Holz liegt noch immer zusammengesackt auf dem Schreibtisch.

Es war an der Zeit, Holger loszuwerden. Aber wie? Der Leichnam ist viel zu schwer, als dass die zierliche Esti ihn hätte transportieren können. Eine Lösung muss aber schnellstmöglich her, da der Verwesungsgeruch bereits die Nachbarn alarmiert hatte. Und so entschließt sie sich, die Leiche zu zerstückeln.

Sie fährt in einen nahegelegenen Baumarkt und lässt sich im Umgang mit einer Kettensäge schulen. Wieder Zuhause angekommen, beginnt sie sofort damit den Leichnam ihres Ex-Ehemannes zu zersägen und die Einzelteile in einer großen Gefriertruhe zu verstauen. Dann lebt Estibaliz Carranza ihr Leben ganz normal weiter. Morgens öffnet sie den Eissalon und kehrt erst am Abend wieder in ihre Wohnung zurück. Auf Fragen, wo denn Holger sei, antwortet sie zu dieser Zeit gekonnt, er sei wieder in Deutschland oder habe sich nach Indien abgesetzt, wo er sich vielleicht den Hare Krishnas angeschlossen habe.

Selbst Holgers Familie glaubt der jungen Frau ihre Geschichte, denn Holger selbst hatte immer wieder darüber gesprochen sich den Hare Krishnas in Indien anschließen zu wollen. Nun war der Zeitpunkt wohl gekommen und Holger hatte sich nicht einmal verabschiedet.

Erst im Herbst desselben Jahres sieht die 30-Jährige sich erneut der Gefahr ausgesetzt als Mörderin entlarvt zu werden, als ihr die Wohnung überraschend gekündigt wird. Um unentdeckt zu bleiben, entnimmt sie daher die Leichenteile aus der großen Gefriertruhe in ihrer Küche und verpackt sie in Müllbeutel und steckt sie in kleine Plastikwannen, welche sie dann mit Beton übergießt. Da der Schädel ihres Opfers so fest an den

Boden der Gefriertruhe gefroren war, tut sie dasselbe auch mit dieser. Anschließend besorgt sie sich Hilfe von zwei unwissenden Bekannten und lässt die Gefriertruhe und die mit Beton übergossenen Wannen im Keller ihres Eissalons verstauen.

Ab diesem Zeitpunkt lebt Esti bei ihrem neuen Freund Alex. Dieser beendet die Beziehung jedoch bereits im Frühjahr 2009, vorrangig aufgrund ihres Kinderwunsches, welchem er nicht nachkommen wollte. Lange bleibt Esti aber nicht alleine. Weiterhin kommt der charmante Eismaschinenverkäufer Manfred Hinterberger in ihren Eissalon, um mit der attraktiven Besitzerin zu flirten.

Sie lässt sich auf ihn ein, beginnt mit ihm eine Beziehung und zieht kurzerhand zu ihm. Das Glück währt aber auch dieses Mal nicht lange, denn Manfred ist seiner Freundin untreu. Oft ist er schlecht gelaunt und lässt seinen Frust in erster Linie an Esti aus.

Ihren sehnlichen Kinderwunsch will auch er nicht erfüllen, denn er hat bereits erwachsene Kinder und auch auf allen anderen Linien ihrer Beziehung wird Manfred Hinterberger nicht der Mann sein, der Esti das erhoffte Glück schenkt. Schon bald beginnt er sie zu schikanieren und zu beleidigen.

Und Esti? Sie verfällt in das gleiche Muster, welches sie schon zu gut kannte und versucht alles, um Manfred glücklich zu machen. Er findet ihre Lippen zu schmal, sie lässt sie sich aufspritzen. Er findet ihre Nase zu groß, sie lässt sie sich auf eigene Kosten verkleinern, er findet sie hat zu viele Falten im Gesicht, sie lässt sich unterspritzen.

Esti lässt sich für Manfred einen Pony schneiden, zieht für Manfred knappe Kleider und Röcke an und besorgt sich für Manfred erotische Nachtwäsche.

Doch ihm ist all dies nicht genug. Sie ist ihm nicht genug und so betrügt er sie weiterhin mit anderen Frauen.

Während dieser Zeit verliebt Esti sich in einen neuen Mann, schafft es aber nicht, sich von dem Tyrannen zu trennen. Somit erträgt sie Manfreds schlechten Umgang ihr gegenüber noch einige Zeit weiter.

Insgeheim, wenn sie frustriert und gedemütigt in ihrem Bett liegt, verliert sie sich wieder in Rache- und Mordgedanken.

Die Traumwelt, in der sie sich mächtig fühlt. Die Traumwelt, in der sie sich frei fühlt. Es ist aber auch eine Welt, die allmählich mit ihrer Realität verschwimmt.

Doch dieses Mal wird sie sich nicht von der Tat überraschen lassen, nein! Dieses Mal wird sie besser vorbereitet sein.

> *„Das ist so, als ob Sie ein Plastiksackerl über dem Kopf haben. Da müssen Sie einfach raus, in dem Moment müssen Sie einfach raus."*
>
> *– Estibaliz Carranza*

So beginnt Esti Übungsstunden am Schießstand zu nehmen, um ihre Treffsicherheit zu trainieren. Dann, am Abend des 21. November 2010 besorgt sie sich Malerfolie aus Plastik und kleidet das gemeinsame Schlafzimmer damit aus. Wände, Böden und Möbel, alles verschwindet unter der milchigen Folie.

Als sie sich kurz darauf mit Manfred zum Abendessen trifft, trinkt dieser viel, beginnt vor Esti Frauen anzusprechen und mit ihnen zu flirten. Das Paar kommt am frühen Morgen des 22. Novembers nach Hause. Erneut geraten sie dabei in eine ihrer vielen Streitereien und als Esti von Manfred wissen möchte, ob er ihr jemals treu sein wird, antwortet er mit einem klaren „Nein!“. Auf seine Frage, wieso das Schlafzimmer mit Malerfolie eingedeckt ist, antwortet sie, dass sie vorhabe das Zimmer zu streichen. Manfred ist so angetrunken, dass er sich nicht einmal mehr umzieht. Er legt sich hin und schläft ein.

Für Esti bedeutet dies, dass der Moment gekommen ist.

Sie zieht die vorbereitete Beretta unter der Matratze hervor, stellt sich in sicherem Stand hin und streckt den Arm, in dem sie die Pistole hält, ruhig und gerade aus. Es gibt kein Zurück mehr. Zumindest sieht sie keinen Ausweg in diesem Moment. Sie zielt direkt auf Manfreds Hinterkopf, dann gibt Esti vier Schüsse ab.

Sie alle treffen und der Mann, der ihr kurz davor Untreue geschworen hatte, ist sofort tot.

Esti lässt den reglosen Körper eine Weile auf dem Bett liegen, dann holt sie die Kettensäge, mit der sie schon den Leichnam ihres ersten Opfers zerstückelt hatte.

Auch Manfreds Leichnam sägt sie in viele Einzelteile, welche sie dann nach und nach in einer Tiefkühltruhe im Keller ihres Eissalons verstaut und einbetoniert.

Vier Tage nach dem Mord an Manfred Hinterberger meldet Esti ihn bei der Polizei als vermisst, denn die Fragenden, die sich stets und ständig nach Manfred erkundigten, konnte sie dieses Mal nicht so leicht befriedigen wie bei ihrem ersten Mord.

Im Dezember 2010 wird die Beziehung zwischen ihr und ihrer Affäre und zukünftigen Ehemann Roland R. fest und offiziell.

Sie zieht zu ihm, betreibt weiterhin die „Schleckeria“ und wird schwanger.

Endlich soll sich ihr Leben in die richtigen Bahnen fügen. Endlich würden sie eine Familie sein. Esti war angekommen. Roland liebt sie und gemeinsam erwarten sie nun einen Sohn.

Doch dann ging alles ganz schnell.

Am 06. Juni 2011 beauftragte der Besitzer des Friseursalons, welcher sich direkt neben der „Schleckeria“ befindet, aufgrund eines Wasserschadens ein Handwerkerunternehmen. Während der Arbeiten im Kellerabteil 6 stemmten die Handwerker Teile der Wände auf, um die Ursache für den gemeldeten Wasserschaden zu finden, doch stießen sie dabei nicht auf das Leck im Wasserrohr, sondern auf eine Sammlung von Waffen und Zielfernrohren.

Auch fördern sie vier langgezogene einbetonierte Plastikwannen, und zwei große Gefriertruhen, ebenfalls einbetoniert, zu Tage. Dabei erfüllt ein strenger Geruch den nur schwach beleuchteten Raum, der einen der Arbeiter an Verwesung erinnert.

So alarmieren die Handwerker daher umgehend die Polizei. Was ihnen zu diesem Zeitpunkt sicher noch nicht bewusst ist; unwissentlich bringen sie damit, den Stein der Ermittlungen gegen Estibaliz Carranzas ins Rollen.

Als die Beamten der Wiener Polizei die Plastikwannen von dem betonierten Inhalt lösen, entdecken sie so das erste von vielen weiteren Leichenteilen: Ein von über dem Knie an abgetrenntes Bein.

Zunächst gehen die Beamten von nur einer Leiche aus, weil sie nur einen Schädel gefunden haben, doch dieser Umstand ändert sich schon bald, nachdem sie die Gefriertruhen geöffnet hatten.

Neben den Leichenteilen finden die Beamten aber auch Handys und eine Tasche, welche später sowohl den beiden Opfern als auch Esti, der Besitzerin des Eissalons, zu welchem der Keller gehört, zugeordnet werden können.

Bis es aber dazu kommt, beendet Esti am 06. Juni 2011 ihre Schicht in der „Schleckeria“ ganz normal. Sie hat zwar mitbekommen, dass Handwerker im Keller arbeiten und dass sogar die Polizei vor Ort ist. Doch dass sie kurz davor war, wegen ihrer Taten gefasst zu werden, verdrängt sie.

Als wäre nichts geschehen geht sie auch an diesem Tag nach Hause, kocht für sich und Roland etwas zu essen und ruht sich aus. Erst als sie am nächsten Tag von dem Besitzer des Friseursalons erfährt, dass die Polizei Leichenteile im Keller gefunden hat, realisiert sie die Situation.

Sofort schließt Esti die „Schleckeria“, löst bei der Bank ihr Sparbuch auf und lässt sich 10.000 EUR in bar auszahlen. Zudem entnimmt sie ihren ganzen Schmuck aus ihrem Schließfach.

Anschließend besorgt sie sich ein Flugticket nach Spanien, tritt den Flug aber nicht an, da sie Angst hat am Flughafen von der Polizei festgenommen zu werden.

So steigt sie in Wien in ein Taxi und beginnt eine Flucht, die von einigen im Nachhinein als spektakulär bezeichnet werden wird.

Esti bittet den Taxifahrer sie nach Hause zu fahren. Dort angekommen schafft sie es, ihn dazu zu bringen ihren Pass aus ihrer Wohnung zu holen.

Ihr erstes Ziel ist die österreichische Region Kärnten, welche etwa dreieinhalb Stunden vom Wiener Stadtzentrum entfernt liegt. Der Fahrer des Taxis fragt nicht viel, auch dann nicht, als Esti ihn kurz darauf bittet, sie nach Italien zu bringen. Während der knapp eineinhalbstündigen Fahrt von Kärnten nach Tolmezzo, beginnt Esti dann dem Taxifahrer zu erzählen, dass sie Ärger mit der Polizei hat und erst einmal untertauchen muss. Doch was sie getan hat, verrät sie ihm nicht.

In Tolmezzo angekommen, bucht der Fahrer ihr ein Hotelzimmer und am nächsten Morgen steigt Esti in einen Bus, der sie ins 50 Kilometer entfernte Udine bringt. Wie knapp sie der italienischen Polizei dabei entkommt, ahnt sie zu diesem Zeitpunkt nicht. In Udine angekommen, kommt sie in Kontakt mit einem jungen Straßenmusiker, der ihr anbietet bei ihm zu übernachten.

Es ist die Entscheidung, die der Mörderin zum Verhängnis wird!

Der Straßenmusiker findet die unbekannte Frau und die Geschichten, die sie ihm erzählt, merkwürdig. Esti ist dem Mann nicht geheuer, er befürchtet hinter der vertrauensvollen Fassade Schlimmes, und so geht er zur Polizei.

Nach nur drei Tagen auf der Flucht wird Estibaliz Carranza am 10. Juni 2011 von der italienischen Polizei festgenommen und zwei Wochen später an die österreichische Justiz überstellt.

Im Januar 2012 kommt ihr Sohn im Krankenhaus in Wien auf die Welt und wird dem Vater übergeben, da seine Mutter weiterhin in Untersuchungshaft ist. Roland R. heiratet Esti zwei Monate nach der Geburt des gemeinsamen Sohnes, während sie in Untersuchungshaft sitzt.

Im November desselben Jahres steht die ehemalige Eisverkäuferin vor Gericht und wird am 22.11.2012 wegen der Morde an Holger Holz und

Manfred Hinterberger zu lebenslanger Haft in einem Schwerpunktgefängnis mit anschließender Sicherheitsverwahrung verurteilt. Obwohl die Mörderin Berufung einlegt, wird das Urteil mit der Bestätigung des Oberlandesgericht Wien im März 2013 rechtskräftig.

Zunächst wird sie in der Justizanstalt Schwarzau untergebracht, dann aber aufgrund der gerichtlichen Auflagen in die Justizanstalt und forensische Psychiatrie Asten verlegt, wo sie sehr wahrscheinlich den Rest ihres Lebens verbringen wird.

Im Jahr 2015 werden in der österreichischen Presse Informationen über die Scheidung von Roland R. und Estibaliz bekannt, sowie über den Wunsch von Esti in ein spanisches Gefängnis verlegt zu werden.

Estibaliz Carranza ist bis heute eine der bekanntesten Frauen in einem österreichischen Gefängnis und das Interesse an der von der Presse getauften „Eislady" lässt nicht nach.

Im Jahr 2018 fliegt die Beziehung zwischen ihr und einem Häftling des Männertrakts auf. Das Liebespaar wird getrennt, bleibt aber über Briefe in Kontakt.

Die Liebesgeschichte der beiden wird in dem Buch: „Zelle 14: Die wahre Geschichte der Liebe zwischen der Mörderin Estibaliz Carranza, bekannt als Eislady, und einem Mithäftling" von Bernhard Salomon behandelt.

In ihrem Buch: „Meine Zwei Leben", welches Estibaliz Carranza gemeinsam mit der renommierten Journalistin Martina Prewein geschrieben hat, berichtet sie aus ihrer ganz eigenen Perspektive von ihrem Leben vor und nach den Morden an ihren Ex-Männern.

Estibaliz Carranza wurde zur Mörderin ihrer zwei Partner, weil diese sie schlecht behandelt haben. Verloren in einer Welt aus Rache- und Mordfantasien, fand die junge Frau keinen anderen Ausweg aus ihrer persönlichen Misere, als die Männer zu erschießen, ihre Leichen zu zersägen und in ihrer Gefriertruhe zu verstecken.

Ihr Sohn, das Stück Familie, dass sie sich immer gewünscht hatte, musste ohne seine Mutter aufwachsen und irgendwann war er auch alt genug, um zu verstehen wieso. Er lebt seit dem Urteil bei ihren Eltern in Barcelona: Esti sah ihn selten, hatte aber die Möglichkeit ihm Videobotschaften zu senden. Ob der Kontakt zwischen Mutter und Sohn auch heute noch, lange nach ihrer Verurteilung besteht, ist nicht bekannt.

»Deine Mutter kennt dich, aber du kennst nicht sie.«

- Paul Ernst (1866-1933), deutscher Schriftsteller und Journalist

KAPITEL 6

Tödliche Stille

(Von Silvana Guanziroli / Crime Schweiz)

Es ist kalt in dieser Nacht auf Heiligabend im Dezember 2007. Die Temperaturen liegen deutlich unter dem Gefrierpunkt. Seit Tagen hat sich der Reif fest um die Äste der blätterlosen Bäume in der Mehrfamilienhaussiedlung gelegt. Die Gegend ist beliebt, mit Wohnungen für die Mittelklasse, viel Umschwung und schönen Spielplätzen. Das Quartier in Horgen liegt am linken Ufer des Zürichsees, rund 30 Kilometer von Zürich entfernt. Eine scheinbar heile Welt, perfekt für eine Familie mit kleinen Kindern.

In dieser Nacht ist kaum noch jemand auf den Straßen unterwegs. Es ist nach Mitternacht. Dunkelheit und Kälte haben den Ort in dumpfe Stille gehüllt. Hier und da sieht man noch ein Licht aus dem Stubenfenster schimmern. Sind hier die letzten Vorbereitungen für das Weihnachtsfest im Gange?

In einer 5-1/2-Zimmer-Wohnung am Rande der Siedlung ist von dieser weihnachtlichen Stimmung nichts zu spüren. Im Gegenteil. In diesem

Moment spitzt sich hier die Situation dramatisch zu und es passiert etwas, das die Fassade der vermeintlich heilen Vorstadtwelt mit voller Wucht einreißen wird.

2.22 Uhr. Notrufzentrale der Kantonspolizei Zürich. Ein Mann meldet sich am anderen Ende der Leitung. Er gibt an: Seine Kinder - siebenjährige Zwillinge - seien getötet worden. Vermutlich von Einbrechern.

Vorbei ist es mit der Stille in dem Wohngebiet. Nur kurz nach dem Notruf trifft die erste Polizeipatrouille, wenig später der Krankenwagen ein. Drehendes Blaulicht macht die Nacht zum Tag. Der Vater führt den Polizisten in die Wohnung, zuerst in Marios Zimmer. „Der Bub lag in einem hellblauen Pyjama auf dem Bett, das Gesicht zur Wand gedreht. Im linken Arm ein Plüschtier“, wird später bei der Gerichtsverhandlung aus der Niederschrift des Polizisten zitiert. Und weiter: „Ein Puls war nicht mehr spürbar.“ Auch im Zimmer gleich daneben trifft der Polizist auf ein lebloses Kind. Die Zwillingsschwester Céline. Doch die Kleine hat noch Puls. Verzweifelt versuchen Polizei und Notärzte das Mädchen zu retten, aber auch sie stirbt nur Minuten später in ihrem Kinderbett.

Noch in der Nacht laufen die Ermittlungen an. Polizisten befragen die Eltern. Den Vater, Franz (39) und die Mutter, Bianca (34). Sie geben erneut an, die Kinder seien von einem Einbrecher getötet worden. Der erste Eindruck am Tatort passt zu dieser Schilderung. Kleider liegen verstreut auf dem Boden, die Handtasche der Mutter ist ausgeleert. Ein Fenster steht offen.

In der Wohnung ist es eiskalt. Doch nicht nur wegen des offenen Fensters. Die Polizisten sichern Fußspuren und Fingerabdrücke. Da bekommt das gezeichnete Bild des Einbruchs Risse. Ein erster Verdacht nimmt Formen an. Schließlich lässt die Auswertung der Beweismittel wenig später nur einen

Schluss zu: In dieser Nacht war keine fremde Person in der Wohnung. Der Tatort ist fingiert.

Zuerst schweigen die Eltern, dann beschuldigen sie sich gegenseitig. Beide kommen in Untersuchungshaft. Als die Weihnachtsferien vorüber sind und die Stühle im Klassenzimmer von Céline und Mario leer bleiben, steht das Dorf längst unter kollektivem Schock. Jetzt berichtet die gesamte Schweizer Medienlandschaft über den Zwillingsmord von Horgen. Journalisten fallen ein, sprechen mit Nachbarn. „Die Familie wirkte intakt", heißt es immer wieder. „Diese Tat war nicht vorhersehbar."

Die Obduktion bestätigt: die Kinder wurden erstickt. Jeweils mit einem Kissen aus ihrem Kinderbett. Unklar bleibt, wer es getan hat.

Nach einigen Wochen kommt Bewegung in den Fall. Der Vater wird entlassen, die Mutter bleibt in Haft. War sie es? Hat Bianca ihre beiden Kinder erstickt? Wer ist diese Frau, die zu so einer Tat fähig sein soll?

1993

Im österreichischen Skiort Sölden läuft die Skisaison auf Hochtouren. Bianca ist in diesem Winter 20 Jahre alt. Hier im Dorf, im Ötztal ist sie aufgewachsen, hier lebt sie mit ihren Eltern und zwei Brüdern. „Ich hatte eine schwere Kindheit in Tirol", sagt sie Jahre später im Gerichtsprozess. Sie habe unter der Gewalt ihres alkoholkranken Vaters gelitten. Grundlos habe er zugeschlagen, auch bei der Mutter und sogar bei der Großmutter.

Bianca verpasst es, nach der obligatorischen Schulzeit eine Ausbildung zu absolvieren. Sie nimmt einen schlecht bezahlten Job in der Tourismusbranche an und bleibt finanziell von den Eltern abhängig. Sie kann es sich schlicht nicht leisten auszuziehen. Dabei hat sie zu dieser Zeit nur einen Wunsch:

Sie will weg, dieses Elternhaus hinter sich lassen. In Sölden fühlt sie sich gefangen. Auf 2800 Metern über dem Meer trifft sie schließlich auf die Person, die ihr, wie sie später sagt, die Flucht ermöglicht. Bianca arbeitet an diesem Tag am Tiefenbachgletscher im Selbstbedienungsrestaurant an der Kasse.

Der 25-jährige Franz, Bauer und Baggerfahrer aus der Schweiz, ist in Sölden in den Skiferien. Den ganzen Vormittag ist er auf den Pisten rund um den Ort unterwegs. Es scheint zwar die Sonne, doch es ist eiskalt. Er muss sich aufwärmen und er ist hungrig. Beim Tiefenbachgletscher betritt er deshalb das Restaurant, stellt sich an der Kasse an, rückt vor und trifft auf die junge Frau. Bianca, schwarzes schulterlanges Haar, schlank. Sie gefällt ihm. Franz fragt, wann sie frei hat und ob sie ihn mal treffen wolle. Es bleibt nicht bei einem Treffen. Die beiden verlieben sich. Zwei Jahre später zieht Bianca in die Schweiz nach Reichenburg im Kanton Schwyz. 1996 heiratet das Paar.

Der Weggang der Tochter führt zum endgültigen Bruch mit den Eltern. So sagt es ihr Bruder kurz nach Biancas Verhaftung 2007 in einem Zeitungsinterview. „Danach sahen wir uns kaum noch. Meine Eltern wollten von ihrem neuen Schwiegersohn nichts wissen.“ Und weiter: „Darunter hat sie sehr gelitten.“ Auf die Frage der Journalistin, ob sie zu dieser Tat denn fähig sei, schluckt er und gibt zur Antwort: „Schwester, ich fasse es nicht.“

2010

Zwischenzeitlich sind Céline und Mario seit 2 Jahren und drei Monaten tot. Noch immer ist nicht geklärt, wer ihnen in der Nacht auf Heiligabend 2007 das Leben nimmt. Wer ihnen mit Gewalt ein Kissen auf das Gesicht drückt, bis sie leblos liegenbleiben.

Die Züricher Staatsanwaltschaft für Gewaltdelikte ist sich jedoch sicher. Sie klagt die Frau aus Sölden an und zieht vor Gericht. Die Anklageschrift stützt Staatsanwalt Markus Oertle mit Beweisen, Zeugenaussagen, Fotos und Expertenberichten. 20 Bundesordner füllt das gesammelte Material. Der Prozess vor dem Züricher Geschworenengericht beginnt am 10. März, einem Mittwoch.

Von Polizisten begleitet, betritt Bianca an diesem Tag den Gerichtssaal. Das Interesse ist gewaltig. Wegen der beschränkten Platzverhältnisse muss der Mordprozess per Videoschalte auf eine Großleinwand in einen Saal des Züricher Hallenstadions übertragen werden. Nur so finden alle Medienvertreter und Besucher Platz.

Bianca ist mittlerweile 36 Jahre alt. In ihren schwarzen Turnschuhen, blauen Jeans, einem weißen T-Shirt und einer roten Kapuzenjacke wirkt sie jünger als sie wirklich ist. Seit der Mordnacht sitzt sie in Untersuchungshaft. Und seither streitet sie vehement ab, etwas mit dem Tod ihrer Kinder zu tun zu haben. Auch Franz nimmt am Prozess teil – als Zeuge. Wenige Wochen nach seiner Verhaftung stellen Behörden die Untersuchungen gegen ihn ein. Er habe nichts mit der Tat zu tun, sind die Ermittler sicher. An diesem 10. März 2010 sind Bianca und Franz bereits geschieden. Er erkenne diese Frau nicht mehr wieder, sagt er vor Gericht.

Franz meint damit das Lügenkonstrukt, das Bianca über all die Jahre aufgebaut hat. Wie sie sich bei den Ermittlern und der Staatsanwaltschaft in Widersprüche verstrickt. „Ich habe mehrere Lügengeschichten erzählt, mehrfach gelogen.“, gibt sie im Prozess zu.

Auch über ihre außerehelichen Beziehungen. „Ich wollte nicht, dass diese ans Licht kommen“, sagt sie. Aber sie habe die Ehe nicht mehr ausgehalten. Ihr Leben sei zunehmend eintönig gewesen. In einem Café in Horgen, in dem sie kellnert, lernt sie zwei Männer kennen. Im November 2007 beginnt sie mit beiden ein Verhältnis. Sie lügt, sie habe sich von ihrem Mann getrennt, sagt sie dem einen. Dem anderen, dass ihr Mann sie betrüge.

Am 21. Dezember 2007 hat sie mit beiden Männern sexuellen Kontakt, mit dem einen vormittags, mit dem anderen am Abend. Und nur Stunden vor der Tat am 23. Dezember schreibt sie einem der Liebhaber per SMS: „Ich wünsche dir ganz viel Glück und Liebe, die ich dir gerne geben würde. Ich hoffe, dass ich dich morgen höre. Ich vermisse deine Wärme. Schlaf gut. Ich hab dich lieb und schicke dir ganz viele Küsse."

Trotz des fehlenden Geständnisses folgen die Geschworenen der Staatsanwaltschaft und verurteilen Bianca wegen mehrfachen Mordes zu einer lebenslangen Freiheitsstrafe. Ein Urteil, das sie nicht akzeptiert. Bianca geht in Berufung – und bekommt in nächster Instanz Recht. Das Kassationsgericht hebt das Urteil auf, weil sie von ihrer Pflichtverteidigerin ungenügend verteidigt wurde, so die Begründung. Der Fall muss damit erneut vor Gericht. Bei all dem Hickhack bleibt eine Frage juristisch weiterhin unbeantwortet: Wer hat die Kinder getötet?

1999

Bianca und Franz sind seit drei Jahren verheiratet. Er hat sich in der Tiefbau-Branche selbstständig gemacht, sie hat eine Weiterbildung absolviert und hilft ihm bei der Buchhaltung und im Büro. Zeugen sagen später, sie hätten glücklich gewirkt. Sie seien damit beschäftigt gewesen, eine gemeinsame Zukunft aufzubauen.

1998 zieht das Paar um, in die Mehrfamilienhaussiedlung in Horgen. Und am 18. Mai 1999 kann das Paar sein Glück kaum fassen. Ihr erstes

Kind, Töchterchen Lisa, erblickt das Licht der Welt. „Sie war für mich ein absolutes Wunschkind“, sagt Bianca später vor Gericht.

Ihr Glück währt aber nur kurz, es wird abrupt zerstört. Nur sieben Wochen nach der Geburt hört Lisa einfach auf zu atmen. Plötzlicher Kindstod heißt es damals. In der Gerichtsverhandlung 2010 sagt Bianca: „Diesen Verlust habe ich bis heute nicht verarbeitet.“

Dann der nächste Schock, wie sie sagt. Nur wenige Wochen nach der Beerdigung stellt sie fest: Sie ist wieder schwanger. Mit Zwillingen. Es sei ihr schwergefallen, sich über die erneute Schwangerschaft zu freuen. Zu sehr habe sie noch um das verlorene Kind getrauert. Doch bei der Geburt von Céline und Mario sei sie glücklich gewesen.

Bianca verändert sich danach stark. Sie schottet sich und die Kinder ab. Sie nimmt zu, wiegt irgendwann fast 100 Kilogramm. Ist das ein Zeichen dafür, dass sich in ihr etwas aufstaut? 2005 nimmt sie durch eine Magenbandoperation zwar fast 30 Kilogramm ab, doch sie ist gesundheitlich angeschlagen. Sie leidet an Krampfadern, muss Operationen an der Gallenblase und am Steißbein vornehmen lassen.

Staatsanwalt Markus Oertle sieht im Prozess 2010 in der sich „zuspitzenden Belastung“ im Privatleben dann auch ein Motiv für den Mord an den Zwillingen. Einerseits wegen der gesundheitlichen Probleme, andererseits wegen der Befürchtung, die außerehelichen Beziehungen könnten ans Licht kommen.

2012

Es ist der 12. Dezember, ein Mittwoch. Draußen ist es eiskalt, in der Nacht hat es bis ins Flachland geschneit. An diesem Morgen liegen weite

Teile der Schweiz unter einer Schneedecke. Der Wetterdienst spricht von Temperaturen, die deutlich tiefer liegen als die Durchschnittswerte.

Bianca steht erneut vor Gericht. Noch immer wird sie beschuldigt, ihre siebenjährigen Zwillinge ermordet zu haben. Der Prozess findet am Bezirksgericht in Horgen statt. In 11 Tagen jährt sich der Tod der Kinder zum fünften Mal.

Was viele Beobachter zu diesem Zeitpunkt noch nicht wissen: Es ist ein Morgen in diesem Gerichtssaal, der alles ändern soll. Bianca macht reinen Tisch. „Ich war es", gesteht sie die Morde. Dann erzählt sie die erschütternde Wahrheit. Sie erzählt, was sich in der verhängnisvollen Nacht wirklich zugetragen hat. Damals als alle schon längst schlafen, geht sie zuerst in Marios Zimmer. Sie nimmt sein Kissen, legt es ihm auf den Kopf, setzt sich auf ihn und drückt zu. Er habe sich kaum gewehrt. Nur mit den Händen und nicht so stark, sagt sie. Den Druck lockert sie erst als sich der Bub nicht mehr bewegt.

Sie steht auf, geht ins nächste Zimmer zu Céline. Sie habe sich mit dem Kopf, den Händen, den Beinen gewehrt. Weil Céline kämpft, rutscht das Kissen immer wieder weg, Bianca muss es fortwährend neu platzieren. Der Überlebenskampf des Mädchens dauert mehrere Minuten. Sie habe nicht aufhören können. Erst als sich das Mädchen nicht mehr bewegt, lässt sie von ihr ab.

Bianca erzählt auch, wie sie in Panik gerät. Als sie ihre Kinder tot daliegen sieht, sei ihr erst das Ausmaß ihrer Tat bewusst geworden. Einen Ausweg suchend, plant sie einen Einbruch vorzutäuschen. Dabei öffnet Bianca das Fenster, verstreut die Kleider auf dem Boden, leert ihre Handtasche. Dann weckt sie Franz. Sie sagt ihm, dass sie komische Geräusche höre, dass jemand in der Wohnung sei.

Als er dann kurz darauf die Kinder tot in ihren Betten findet, wählt er sofort den Notruf. Er geht wirklich davon aus, dass ein Fremder seine Zwillinge umgebracht hat. Es trifft ihn wie ein Schlag, sagt er später, als ihn seine Frau während den Untersuchungen des Mordes beschuldigt. Und noch viel mehr als er realisiert, dass sie die Täterin ist.

Ein erschreckendes Geständnis, eines das den Anwesenden durch Mark und Bein geht. Doch Bianca ist noch nicht fertig. Sie lässt eine weitere Bombe platzen. Céline und Mario waren nicht ihre ersten Opfer. Sie hat schon davor getötet. Lisa, ihr erst sieben Wochen altes Mädchen. Auch sie stirbt, weil Bianca das so entschieden hat.

„Ich wollte einfach, dass sie mal ruhig ist", sagt sie vor Gericht. Ihr Mann habe an diesem Tag gegen sechs Uhr morgens die Wohnung verlassen und sei zur Arbeit gefahren. Danach will sie duschen. Doch Lisa schreit und schreit, will nicht still sein. Bianca, damals 26 Jahre alt, hält ihr mit der Hand den Mund zu. Das Kind wehrt sich, schreit noch lauter und so drückte die Mutter noch fester zu. Bis Lisa ruhig ist.

Danach geht Bianca duschen. Als sie wieder herauskam, sei es extrem still gewesen, erinnert sie sich. Sie geht zu Lisas Bettchen und sieht ihre blauen Lippen. Sie habe sofort gewusst, dass das Kind tot ist.

Das Geständnis bringt Klarheit über die Täterin und den Ablauf, doch das Motiv bleibt vage. Mit Tränen in den Augen sagt Bianca: „Ich habe drei Kinder zur Welt gebracht und habe ihnen allen das Leben genommen." Sie könne nicht sagen, weshalb sie das getan habe. Nur, dass sie keine der Taten geplant habe.

Und dann gewährt sie einen Einblick in ihre Gedankenwelt. Sie sei auf die Zwillinge eifersüchtig gewesen. Seit Céline und Mario auf der Welt waren, hätten ihre Eltern wieder Kontakt zu ihr gesucht. Sie, die von ihrem Vater geschlagen und verprügelt und von ihrer Mutter ignoriert worden war, sei dabei aber nicht im Mittelpunkt gestanden. Stattdessen wandten sich die Eltern liebevoll den Enkelkindern zu. Das habe sie nicht ertragen.

Bianca erklärt auch, warum sie die letzten fünf Jahre alles abgestritten hat. Sie habe sich eingeredet, die Morde nicht begangen zu haben. Nur so hätte sie weitermachen können. „Nun kann ich mit dieser Schuld aber nicht mehr leben", sagt sie. Und: sie sehe sich selber als Monster. An diesem Prozesstag fehlt Franz im Gerichtssaal. Sein Anwalt erklärt später, er hätte es nicht verkraftet, die grausamen Details der Tatnacht mitanzuhören.

29. Januar 2013, ein Dienstag. Das Bezirksgericht in Horgen verkündet das Urteil. „Die Kinder hatten keine Chance", eröffnet der Gerichtspräsident. Die Beschuldigte habe ihre Vertrauensstellung als Mutter missbraucht. Sie habe die ahnungslosen und wehrlosen Kinder, die sich auf Weihnachten freuten, im Schlaf überrascht. Die Taten habe sie mit erschreckender Entschlossenheit verübt und dabei eine außerordentliche Grausamkeit an den Tag gelegt. Das lasse nur ein Ergebnis zu: Ein Schuldspruch wegen mehrfachen Mordes und eine lebenslängliche Freiheitsstrafe.

Es ist die höchste Strafe im Schweizer Strafrecht. Nach frühestens 15, in speziellen Fällen nach 10 Jahren, kann eine bedingte Entlassung beantragt werden. Der Richter verfügt zudem eine ambulante Therapie für Bianca. Ein Gutachten attestiert der Zwillingsmörderin eine deutliche Persönlichkeitsstörung.

Das Gutachten stammt vom damals führenden Schweizer Gerichtspsychiater, Frank Urbaniok. Anlässlich des ersten Prozesses 2010 sagt er in einem Interview mit dem Schweizer Fernsehen: „Die Frau leidet an einem instabilen Realitätsbezug." Betroffene fühlten sich wenig der Realität verpflichtet. „Die Koppelung zwischen Wahrnehmung, Gedankenwelt und Emotionen ist für sie frei kombinierbar.“ Realität sei das, was sich für sie subjektiv gut anfühle. „In einem solchen Ökosystem hat auch der unglaubliche Gedanke Platz, dass es ein Vorteil ist, die eigenen Kinder umzubringen“, führt er den Befund aus.

Und auch bezüglich des Motivs findet Urbaniok eine Erklärung: „Sie hat die Komplexität ihres Lebens reduziert. Sie dachte, ein Leben ohne die Kinder wäre einfacher. Sie sagte wiederholt, dass sie die Kinder grundsätzlich ablehnte und ein gewisser Neid vorhanden war.“

Lebenslange Haft. Das erschreckt Bianca. Sie zieht ihren Fall erneut weiter. Ihr Anwalt setzt auf die Persönlichkeitsstörung, er will die ambulante Maßnahme in eine stationäre umwandeln. Dafür hat er gute Gründe. Eine stationäre Maßnahme bringt Bianca in eine geschlossene psychiatrische Einrichtung. Zeigt sie sich dort therapiewillig und wird sie als nicht mehr rückfallgefährdet eingestuft, ist die Entlassung schon nach fünf Jahren möglich. Die Freiheitsstrafe wird dann nicht mehr vollzogen.

2015

Es ist Frühling. Seit etwas mehr als sieben Jahren sind Céline und Mario tot. Und noch immer gibt es in ihrem Mordfall kein rechtsgültiges Urteil. Bianca hat den Fall bis ans Bundesgericht, der höchsten Schweizer Instanz, weitergezogen. Noch ist der Verhandlungstermin ausstehend.

Und dann ist plötzlich alles vorbei. Bianca gibt auf. Am 27. April zieht sie ihren Antrag zurück. Das Urteil wird damit rechtskräftig. Zwei Jahre nach dem Geständnis und sieben Jahre nach dem Mord an Céline und Mario ist juristisch abschließend geklärt, wer die Tat begangen hat. Die eigene Mutter.

2022

Die Jahre sind ins Land gezogen. Der Zwillingsmord von Horgen findet sporadisch in der Öffentlichkeit Erwähnung. Immer dann, wenn es um die schlimmsten Verbrechen der Schweizer Kriminalgeschichte geht. Im Dezember ist es 15 Jahre her, seit die Kinder ihr Leben verloren haben.

Und genau so lange sitzt die Österreicherin nun in Haft. Einen großen Teil davon in der Justizvollzugsanstalt Hindelbank im Kanton Bern. Es ist die einzige Frauenhaftanstalt der Deutschschweiz. Mit dunkler Geschichte. In den alten Gemäuern wurden Frauen bis in die frühen 1980er Jahren ohne Urteil administrativ versorgt. Sie wurden weggesperrt, weil ihnen der Staat Arbeitsscheu, Müßiggang oder einen liederlichen Lebenswandel vorwarf. Sie mussten Zwangsarbeit leisten, das Entlassungsdatum war ungewiss.

Bei Bianca ist die Freiheit nun in greifbare Nähe gerückt. Nach 15 Jahren ist bei einer lebenslänglichen Freiheitsstrafe ein Antrag auf bedingte Entlassung möglich. Doch wie geht ihr Leben dann weiter? Was tut eine Frau nach ihrer Freilassung, die sich während des Prozesses als „Monster" bezeichnet? Bleibt sie in der Schweiz, wo sie keine Familie mehr hat? Geht sie zurück nach Österreich? Wird sie die Gräber ihrer Kinder besuchen?

Céline und Mario wären heute 22, Lisa 23 Jahre alt. Sie hätten eine Lehre oder das Gymnasium absolviert und würden ihr weiteres Leben planen. Ein Leben, vielleicht sogar mit eigene Kinder. Ein Leben, das vor vielen Jahren ein jähes Ende fand.

»Gleich wie Feuer nicht Feuer löscht, so kann Böses nicht Böses ersticken.«

- Lew Nikolajewitsch Tolstoi (1852–1910),
russischer Schriftsteller –

KAPITEL 7

Terror

(Von Lisa Bielec / Podcast Mordgeflüster)

Wien. Eine Metropole. Österreichs Hauptstadt. Glänzend, elegant und historisch. Hier, wo einst die wilde Kaiserin, Beethoven, Mozart und Sigmund Freud gewohnt haben und die Donau an vielen Orten zum Sitzen und Entspannen einlädt. Egal wo man hinsieht, überall kann man prunkvolle Gebäude betrachten und die unzähligen Sehenswürdigkeiten bestaunen, die sich in der wunderschönen Großstadt befinden. Schlendert man durch Schloss Schönbrunn, fühlt man sich wie Sissi und steht man oben an der Gloriette, hat man einen atemberaubenden Blick über die ganze Stadt. Nicht nur Touristen, sondern auch die Wiener selbst lieben ihre Stadt. Während im Sommer das Leben überwiegend draußen stattfindet, lädt Wien im Winter auf Weihnachtsmärkten oder in gemütlichen Restaurants und Bars zum Kakao- und Glühwein-Trinken ein.

Im Jahr 2020 ist nicht nur Wien, sondern die ganze Welt im Ausnahmezustand. Die COVID -19 Pandemie hat das Leben aller im Griff. So soll am 03. November 2020 auch in Wien ein erneuter Lockdown stattfinden. Wieder wird das Leben der Österreicher lahmgelegt. Wieder heißt es zu Hause ausharren und hoffen, dass irgendwann wieder Normalität und der Alltag einkehren.

Am 02. November wollen deswegen alle noch einmal das machen, was ihnen Spaß bereitet. Raus gehen, mit Freunden etwas trinken und die Gemeinschaft spüren. Sich noch einmal so fühlen, als gäbe es das vermaledeite Virus nicht. Denn wer weiß, wann man dies alles wieder erleben kann.

So sind die Straßen an diesem Tag ungewohnt voll. Menschen besuchen die noch geöffneten Bars oder essen in den verschiedenen Restaurants. Da es für einen Abend im November sehr mild ist, sieht man hier und da auch Menschen auf den bestuhlten Terrassen vor den Restaurants sitzen. Die Stimmung ist ausgelassen. Man hört lachende Menschen und Gläserklirren. Hier und da vernimmt man die aktuellen Charts, die aus den Lokalen schallen.

Gegen kurz vor 20 Uhr kann man noch ein weiteres Geräusch hören. Was ist das? Zündet da etwa jemand Böller? Bis die Menschen realisieren, dass es sich nicht um Feuerwerkskörper handelt, bahnt sich ein junger, in weiß gekleideter Mann seinen Weg durch Wiens beliebtes Lokalviertel am Bermudadreieck.

Was er in der Hand hält, ist allerdings kein Böller, sondern ein Sturmgewehr, vergleichbar mit einer Kalaschnikow. Es ist eine der tödlichsten Waffen der Welt, da sie aufgrund ihrer Vollautomatisierung etliche Schüsse in der Sekunde abgeben kann. Außerdem führt der Mann, auf den sich nun alle Augen richten, eine Faustfeuerwaffe und eine Machete mit sich. Er ist bereit. Bereit zu töten. Den Plan dazu, hat er lange Zeit gehegt und heute wird er ihn in die Tat umsetzen. Er will Menschenleben zerstören, gegen die westliche Kultur kämpfen und einen Weg der Verwüstung hinterlassen, koste es was es wolle.

...Am Ende erwarten ihn Ruhm und Ehre. Über ihn und über seine Glaubensansätze sollen alle Bescheid wissen und auch im Jenseits wird er nicht zu den Verlierern gezählt werden, sondern eine ewige Belohnung erhalten, darunter 72 Jungfrauen. So wurde es ihm vorab versprochen und der 20-Jährige glaubt es. Hier angekommen macht sein Leben endlich Sinn. Er sieht sich als Gotteskrieger auf heiliger Mission, in einem heiligen Krieg gegen gottlose Ungläubige.

Der Weg führt den selbsternannten Gotteskrieger vom Friedmann-Platz in Richtung Fleischmarkt. Dort erschießt er eine 21-jährige Österreicherin. Wie alle noch folgenden Opfer, trifft es sie unerwartet. In einem Moment, in dem man sich sicher fühlt. Während sie alle nichtsahnend mit ihren Freunden unterwegs sind oder arbeiten.

In der Judengasse angekommen, schießt der Attentäter wahllos auf die umliegenden Lokale. Das Szenario gleicht dem Terroranschlag in Paris. Wo in einem Moment Gemütlichkeit herrscht und sich im nächsten Moment ein Bild der Verwüstung zeigt. Hier wird eine 24-jährige deutsche Frau getötet, die aufgrund ihres Studiums Wien zu ihrer Wahlheimat gemacht hat.

Von dort aus geht er in die Seitenstettengasse, wo er auf eine 44-jährige Österreicherin schießt. An der Ecke Rabensteig, kehrt der Täter um und läuft zurück in Richtung Judengasse und schießt erneut auf die bereits am Boden liegende 44-Jährige. Sie wird noch in ein umliegendes Krankenhaus gebracht, erliegt dort allerdings wenig später ihren schweren Verletzungen.

In den darauffolgenden Minuten bleibt er in der Seitenstettengasse und wechselt wiederholt seine Richtung. Aus diesem Grund lässt sich in der Tatrekonstruktion der Weg rückwirkend nicht genau rekonstruieren.

Es ist 20 Uhr als der erste Notruf abgesetzt wird. Umgehend werden alle erreichbaren Einsatzkräfte in Richtung Innenstadt gesandt. Martinshörner und Blaulichter bahnen sich kurz darauf den Weg in die Innenstadt.

Da der Terror in der Vergangenheit bereits immer näher an die Großstadt gekommen war, hatte man die Polizeibeamten bestmöglich auf einen solchen Fall vorbereiten wollen. Im Zuge der zuvor absolvierten Übungen haben die Polizisten gelernt, nach einer vorgegebenen Strategie zu handeln. Demnach ist es wichtig, einen Täter unmittelbar zu bekämpfen, um sein weiteres Handeln einzuschränken.

Bereits um 20:03 Uhr kann der Angreifer das erste Mal vor einem Lokal von Polizeibeamten gesichtet werden. Es kommt zu einem Schusswechsel. Dabei gerät ein 39-jähriger Österreicher unter Beschuss und wird dabei tödlich verletzt. Auch ein 28-jähriger Polizist wird bei diesem Gefecht schwer getroffen.

Doch dem Angreifer gelingt es, sich aus dem Sichtfeld der Polizei zu bewegen und seinen Weg weiter in Richtung Morzinplatz fortzusetzen. Von da aus bewegt er sich in Richtung Ruprechtplatz.

Nachdem dann die Sondereinheit WEGA eintrifft, kommt es zu fünf weiteren Schussgefechten, bis der selbsternannte Gotteskrieger um 20:09 Uhr von Beamten der Sondereinheit durch einen tödlichen Schuss gestoppt wird.

Gerade einmal neun Minuten haben ausgereicht, um eine Großstadt in nackte Panik zu versetzen. Neun Minuten brauchte der Täter um vier Menschen zu töten und etliche teilweise schwer zu verletzen. Neun Minuten reichten aus, um eine belebte Stadt in Angst und Terror zu versetzen.

Dennoch ist auf den Straßen einiges los. Passanten versuchen den Verletzten Erste Hilfe zu leisten, oder eilen nach Hause, aus Angst auch in die Schussbahn des Täters zu geraten. Wieder andere verstecken sich in den umliegenden Lokalen.

Wie ein Lauffeuer verbreitet sich die Nachricht über die Schüsse in der Innenstadt. Menschen werden panisch. Sie haben Angst, dass ihre Liebsten betroffen sein könnten. Die Facebook-Funktion, in der man sich in Sicherheit melden kann, wird eröffnet. Aber auch etliche Anrufe gehen bei der Polizei ein.

Die gesamte Situation ist unübersichtlich. Die Polizeibeamten gehen von weiteren Tätern aus. Sie riegeln die gesamte Stadt ab. Der öffentliche Nahverkehr wird umgehend eingestellt und auch der Luftraum über der Bundeshauptstadt gesperrt. Über den Dächern der Wiener Innenstadt kreisen in der Nacht drei mit Nachtsichttechnik ausgestattete Hubschrauber. Alle verfügbaren Einsatzkräfte werden angefordert, sodass in der Nacht rund 1000 Beamte im Einsatz sind. Auch das Bundesheer ist vor Ort, um die Stadt und seine Bewohner zu schützen. Die Bevölkerung wird indes gebeten in ihren Häusern zu bleiben, bis Entwarnung gegeben werden kann. Es gleicht einem apokalyptischen Szenario. Stunden nach dem Anschlag, ist die sonst so lebenshungrige Stadt wie ausgestorben. Kaum ein Zivilist befindet sich noch auf den Straßen. So sind fast die einzigen Geräusche, die man vernimmt, die wummernden Rotorblätter der umherkreisenden Hubschrauber und Sirenen der Einsatzfahrzeuge.

Nach den tödlichen Schüssen liegt der Täter regungslos am Boden. Da dieser jedoch augenscheinlich einen Sprengstoffgürtel trägt, wird umgehend ein Team aus Sprengstoffexperten angefordert, welche mit einem Kameraroboter anrücken. Die Spezialisten können dann nach einer Begutachtung aus nächster Nähe Entwarnung geben. Bei dem Sprengstoffgürtel handelt es sich um eine Attrappe. Der Roboter macht außerdem Gesichtsaufnahmen des Mannes. Nach der Entwarnung können Beamte Fingerabdrücke des Attentäters nehmen, sodass er bereits vier Stunden später identifiziert ist.

Umgehend fahren Polizeibeamte zu der Wohnung des Täters, um diese mit Spurentechnik zu untersuchen. Mit Hochdruck wird ermittelt und so gibt es nach der Tat mehrere Hausdurchsuchungen. Nicht nur in Wien, sondern auch in den Nachbarländern Deutschland und Schweiz werden Menschen aufgesucht, die mit dem Anschlag in Verbindung stehen könnten. Es kommt zu einigen Festnahmen.

Der Täter ist den Behörden nicht unbekannt. Ganz im Gegenteil werden immer mehr Stimmen laut, dass die Tat vorab hätte verhindert werden können. Chancen hierfür gab es genug.

Der Attentäter ist ein 20-jähriger Österreicher namens Kujtim Fejzulai, der im Jahr 2000 in Niederösterreich geboren wurde. Da seine Eltern zur albanischen Minderheit in Nordmazedonien gehören, besaß er neben der österreichischen- auch eine nordmazedonische Staatsangehörigkeit. Ende 2016 gerät der noch Minderjährige in das Fadenkreuz von salafistischen Rekrutierern der Terrororganisation „Islamischer Staat" (IS), die sich in der Moschee des Jugendlichen aufhalten. Er radikalisiert sich. Von da an, werden die schulischen Leistungen des Hauptschülers deutlich schlechter. Er besucht eine Fachmittelschule und daraufhin eine Höhere Technische Lernanstalt (HTL) in Wien.

Während dieser Zeit verändert sich der junge Mann. Das merkt auch sein Umfeld. Seine neuen Glaubensansätze führen zu häufigen Streitigkeiten zwischen ihm und seiner Familie, bei der er auch noch zum Zeitpunkt des

Anschlages wohnen sollte. Ebenso distanzieren sich immer mehr Freunde von ihm. Die Sympathie für das Terrorregime in Syrien, den sogenannten Islamischen Staat, lebt er auch in den sozialen Medien offenkundig aus.

Am 22. August 2018 will Kujtim Fejzulai seinen Überzeugungen Taten folgen lassen und nach Afghanistan ausreisen, aber er wird zurückgewiesen, da ihm ein Visum fehlt. Bereits am 01. September 2018 versucht er sein Vorhaben erneut in die Tat umzusetzen. Über die Türkei will er nach Syrien einreisen. Dort wird er jedoch von den türkischen Behörden festgenommen. Er kommt in Abschiebungshaft und der Islamist wird am 10. Januar 2019 zurück nach Österreich geflogen und direkt von den Sicherheitsbehörden in Empfang genommen. Der Haftrichter verurteilt den jungen Mann zu einer 22-monatigen Haftstrafe. Zu diesem Zeitpunkt ist er 18 Jahre alt und zählt zu den rund 90 österreichischen Islamisten, die nach Syrien ausreisen wollen, um den IS im Kampf um einen eigenen Islamischen Staat zu unterstützen. Kujtim wird zudem der Reisepass entzogen.

Vor dem Jugendgericht hatte der Angeklagte IS-Sympathisant wiederholt behauptet, dass er den Idealen der Terrororganisation abgeschworen habe. Ein Gutachter gewährt ihm eine gute Sozialprognose. Dies hat zur Folge, dass man ihn bereits nach einem Drittel seiner Haftzeit entlassen kann.

Am 05. Dezember 2019 kommt er als 19-Jähriger bedingt frei. „Bedingt frei“ bedeutet, dass man einige gerichtlich festgelegte Auflagen erfüllen muss. Dazu zählt, dass er an einem Deradikalisierungsprogramm teilnimmt und sich regelmäßig bei den Behörden zu melden hat. Seinen Reisepass erhält der junge Mann nicht zurück. Ein Versuch ersatzweise an andere Ausweisdokumente zu kommen, misslingt. Niemand scheint zu ahnen, dass er nur den Geläuterten spielt. Der Terrororganisation abgeschworen hat er nicht. Ganz im Gegenteil. Bereits drei Monate nach seiner Entlassung versucht er über seinen Instagram Account eine Waffe zu kaufen. Zudem nimmt er immer wieder an Dschihadisten-Treffen teil. Das letzte Treffen besucht er nur eine Woche vor seiner Tat.

Während er an einem Tag an den vorgegebenen Deradikalisierungsprogammen teilnimmt, hält er sich am nächsten bei einschlägigen Treffen der Gefährderszene auf.

Am 16. Juli 2020 holt Fejzulai zwei Personen vom Wiener Flughafen ab. Beide sind ebenfalls Sympathisanten des IS. Eine der beiden Personen ist Zielperson des deutschen Staatschutzes.

Als dies bekannt wird, fordern die deutschen Behörden Österreich auf, Fejzulai zu observieren. Der Aufforderung kommen die österreichischen Behörden auch nach.

Zu dieser Zeit wohnen die drei Zielpersonen dann in der Wohnung des späteren Täters und verbringen sehr viel Zeit miteinander. Sie gehen essen, besuchen einige Sehenswürdigkeiten. Darunter den Prater, der ein ganzjähriger Jahrmarkt ist. Außerdem besuchen sie immer wieder die einschlägige Moschee Wiens. Dabei verlieren die österreichischen Behörden die Gruppe wiederholt aus den Augen. Beispielsweise fahren die drei Männer über eine rote Ampel und hängen somit ihre Beobachter ab. Sie tauchen drei Stunden ab. Drei Stunden, in denen niemand weiß, wo sich die Gefährder aufhalten und was sie planen.

Am Tag, als die zwei deutschen Dschihadisten wieder abreisen, verlieren die Behörden früh den Sichtkontakt. Vermutlich halten sich die Männer bei einem Schlüsselmann auf, um dort gemeinsam die Tat zu planen. Dafür, dass alle drei amtlich bekannt sind, ist ihre Risikobewertung zu gering eingestuft.

Aufgrund dieser Tatsache werden sie nicht so ausgiebig beobachtet, wie mit einer höheren Gefährdungseinschätzung. Ein fataler Fehler.

Fejzulai reist nach der gemeinsamen Zeit mit den Gefährdern allein in die Slowakei, um Munition zu besorgen. Sein Vorhaben scheitert aber und die slowakischen Behörden, melden Österreich den Vorfall.

Beim Verfassungsschutz bleiben die Akten allerdings liegen, da zunächst keine Zuständigkeit innerhalb des Amtes geklärt werden kann. Dadurch verzögert sich die Aufklärung enorm. So enorm, dass man den Terroristen hätte stoppen können, bevor es zu einer Tat kommt. Denn niemand weiß, dass es sich bei dem Munitionskäufer um den bereits bekannten Dschihadisten handelt und noch weniger weiß man, welche Gefahr von ihm ausgeht. Ein Sachbearbeiter erkennt den jungen Mann und meldet seine Entdeckung der Behörde. Diese wollen abwarten, bis die Slowakei die Identität zweifelsfrei klärt, bevor sie einschreiten. Doch dazu wird es nicht mehr kommen. Denn die Waffe, die er für seine Tat verwendet, besorgte sich Fejzulai gleich nach seiner Haftentlassung, bei einem Kindheitsfreund. Am Ende erhält er auch von diesem Freund die benötigte Munition.

Am Tag seiner Tat hat Kujtim Fejzulai diverse Inhalte auf seinem Instagram-Account gepostet. Zu sehen sind ein Treuegelöbnis an den Anführer des Islamischen Staates und Bilder von sich selbst, auf denen er sich stolz mit seinen Tatwaffen präsentiert. Dann setzt er sein Vorhaben um.

Viele Chancen auf eine Aufklärung wurden vorab verpasst, weil das Vorgehen der Behörden zu unorganisiert war. Auch die Zusammenarbeit mit anderen Stellen war nicht ausreichend und dauerte zu lange. Seit Jahren wird über eine gemeinsame Datenbank diskutiert, die gerade in diesem Fall von großer Bedeutung gewesen wäre.

All die vorangegangen Versäumnisse tragen dazu bei, dass das passieren konnte, was letztlich passiert ist. Von allen Seiten wird die Schuld einer anderen Stelle zugeschrieben. Während der Innenminister die Schuld auf die Justiz schiebt und den Fehler darin sieht, dass der Täter viel zu schnell entlassen wurde, entgegnet die Justiz, dass das Problem in der Rehabilitation liege.

Sie erklären außerdem, wie wichtig es sei, Insassen weiterhin früher zu entlassen, da man zu diesem Zeitpunkt einen besseren Einfluss auf sie nehmen kann. Anders sei es nach Haftende, da dann die Möglichkeiten weitgehend ausgeschöpft seien. Letztendlich kann man in diesem Fall nicht nur einen Schuldigen ausmachen, da am Ende alle Stellen versagt und Fehler gemacht haben. Fraglich bleibt, wie es dem Täter gelingen konnte alle Experten zu täuschen. Wenn die Fachleute diesen jungen Gefährder falsch eingeschätzt haben, könnte es dann noch weitere Personen geben, deren Gefährdungspotenzial zu gering eingestuft wurde?

Der Aufschrei der Bevölkerung ist im Anschluss an die Tat groß. Die Opfer und ihre Hinterbliebenen fühlen sich von der Politik im Stich gelassen und Österreich, welches eh unter einem Rechtsruck leidet, bangt vor einem rassistischen Ausufern. Stimmen, dass Kinder und Jugendliche sinnvoll geschult werden müssen, damit sie gar nicht in die Spirale der Radikalisierung geraten, werden lauter. Radikalisierung soll verstanden werden. Auch Eltern und Angehörige brauchen Wissen, wie man sich im Fall der Fälle verhalten kann. Denn genau auf Jugendliche, die ihre Meinung noch nicht gefestigt haben, die auf der Suche nach Sinn und Bestimmung sind, bauen die Terrormilizen. Die meist salafistischen Prediger wissen, welche Knöpfe es zu drücken gilt, um junge Menschen zu überzeugen. Ein ernsthafter und ausführlicher religiöser Diskurs darüber, dass Gewalt gegen Andersgläubige von vielen Muslimen und deren Gelehrten weltweit als Sünde verurteilt wird, findet nicht statt.

Kurz nach dem Anschlag, taucht ein Video im Netz auf. Jemand filmt von seiner Wohnung in der Wiener Innenstadt, runter auf die Straße. Man sieht den Attentäter, der Schüsse von sich gibt. Nach dem letzten Schuss hört man ein „Schleich di, du Oaschloch“ aus dem Fenster. Dieser Spruch geht viral. Er wird über die ganze Welt hinaus geteilt. Überall bedanken sich Nutzer für den Mut und teilen den Satz als Solidaritätsbekundung im Netz. Mit Aussagen wie „Du bist kein Terrorist, du bist ein Arschloch“, soll der Täter degradiert werden und nicht das bekommen, was er sich gewünscht hat. Er soll nirgends als Held gefeiert werden.

Nach dem Terroranschlag werden Blumen niedergelegt und in mehrere Veranstaltungen, wird der Opfer gedacht. Neben vielen Wienern besuchen auch die Regierungsspitze und einige führende Politiker diese Veranstaltung, um ihr Mitgefühl auszudrücken.

Wien mag vielleicht an diesem Novemberabend getroffen worden sein, doch ist es stärker geworden, als es je zuvor war. Der Täter dachte, dass er als Held in die Geschichte eingehen wird. Für die Wiener bleibt er allerdings für immer nur das „Oaschloch“, das am 03. November 2020 vier unschuldige Menschen getötet hat.

»Wer als Junge ein Vogelnest zerstört, der brennt im Alter Dörfer nieder.«

- Schwedisches Sprichwort -

KAPITEL 8

Ich habe es tun müssen

(Von Dave Grunewald / Musiker / Influencer)

Das kalte Wasser frisst sich rasend schnell in die Poren ihrer nackten Haut. Während sich unter der Wasseroberfläche panisch ihr Schrei nach Hilfe fortsetzt, dringt unaufhaltsam Wasser in ihre Lunge, sodass sie das Gefühl hat, ihr Brustkorb würde dem enormen Druck nicht mehr standhalten können und jeden Moment bersten.

Sie weiß, dass die Situation ausweglos ist. Zum einen werden ihre Klagelaute von niemandem gehört werden, zum anderen sorgt der schwere Betonring an ihren mit Kabelbindern gefesselten Füßen dafür, dass sie immer weiter ins Nichts hinabgezogen wird. Alles, was der jungen Frau vor ihrem drohenden Ende bleibt, ist die vage Hoffnung, dass sich vielleicht doch noch alles zum Guten wendet – dass auf der anderen Seite vielleicht doch irgendjemand ihre verzweifelten Schreie gehört und die Polizei alarmiert hat.

Immer wieder spielt sich in ihrem Kopf der gleiche Film ab: mehrere Streifenwagen kommen schlitternd am steinigen Flussufer zum Stehen. Nach und nach öffnen sich die Türen und es stürzen uniformierte Beamte aus dem Inneren der Fahrzeuge. Der zufriedene Ausdruck auf dem Gesicht des Monsters, welches ihren erbitterten Todeskampf die gesamte Zeit über gebannt verfolgt hatte, erstarrt in pure Ungläubigkeit. Während die Handschellen klickend um seine Handgelenke einrasten, stürzt sich ein selbstloser Polizist in die Fluten, packt sie und zieht sie aus dem eiskalten Wasser.

Ebenso eiskalt ist die bittere Realität, die sie in diesem Moment wieder einholt. Niemand wird in absehbarer Zeit herbeikommen und sie vor ihrem drohenden Schicksal bewahren. Selbst wenn, könnte es Stunden, vielleicht gar Tage dauern, bis ihr Traum zur Wirklichkeit wird. Bis dahin würde sie längst tot, und ihr Körper wie eine große Marionette mutterseelenallein auf den Grund des Flusses hinabgesunken, sein.

Ping. Ping.

Im Abstand von acht Sekunden sind zwei Pings eines Sonars zu hören; die allumfassende Schwärze geht langsam in einen grünen Schimmer über, der die gesamte Breite des konvexen Bildschirms einnimmt. Langsam sind die dunklen Umrisse eines Körpers zu erkennen, der immer näher zu kommen scheint. Es ist tropfenförmig und erinnert an den Kopf eines Pottwals – zu den Seiten ragen zwei flossenähnliche Objekte heraus.

Je näher das unbekannte Etwas kommt, desto lauter wird auch die bedrohlich anmutende Musik im Hintergrund. Etwa eine Minute nach Beginn der Szene wird das Bild schwarz und es werden dicke, grüne Lettern eingeblendet, die folgende zwei Worte formen: Das Boot.

Plötzlich wird die spannende Atmosphäre im Wohnzimmer Rudolf Wagners[4], Anwohner der Hochstraße in Liesing, dem 23. Gemeindebezirk

4 *Name geändert*

der Kaiserstadt Wien, jedoch unterbrochen. Aus der Ferne klingen an diesem lauen Sommerabend im Juni 1995 Klänge zu ihm herüber, die sich anhören wie Hilferufe. Wagner stellt seinen Fernseher über die Fernbedienung stumm und lauscht in den Sonnenuntergang hinein. Nichts Ungewöhnliches scheint sich weder draußen auf der Straße noch in einem der Nachbarhäuser abzuspielen. So denkt der Mann sich weiter nichts dabei und widmet sich wieder seinem Film.

Am nächsten Morgen, dem 14. Juni 1995, wird die Hochstraße vom Bild einer bizarren Szenerie geweckt: auf dem Balkon eines Wohnhauses kniet eine völlig nackte Frau, gefesselt an Händen und Füßen. Mit verbundenen Augen versucht sie lauthals, auf sich aufmerksam zu machen. Beunruhigt durch dieses Bild verständigen die Anwohner umgehend die Polizei, welche kurze Zeit später eintrifft.

Die völlig aufgelöste, 43-jährige Frau namens Hannelore Kröll[5], berichtet den Beamten, was vor wenigen Stunden geschehen war: Die Geschäftsfrau war nach einem langen Arbeitstag gerade vor ihrem Haus aus dem Auto gestiegen, da packte sie ein Mann von hinten und würgte sie so lange, bis sie ohnmächtig wurde.

Als sie eine gewisse Zeit später wieder zu Bewusstsein kam, bemerkte Kröll, dass ihre Hände auf dem Rücken mit Handschellen gefesselt waren und sie auf die geöffnete Klappe eines Kofferraums blickte. Der Täter zerrte sie gewaltsam aus selbigem und schleifte sie mit in sein Haus, wo er die 43-Jährige mehrfach vergewaltigte und unter Morddrohungen den Code ihrer Bankkarte sowie das Losungswort ihres Sparbuches erpresste. Daraufhin fesselte er ihre Füße ebenfalls mit Handschellen, verband die Fußfesseln mit denen an den Händen und klebte Kröll die Augen mit Klebeband ab.

5 *Name geändert*

Völlig wehrlos und auf dem Bauch liegend musste die Frau auf diese Weise die Nacht überstehen, ehe sie am nächsten Morgen über einen ihrer letzten verbliebenen Sinne, dem Gehör, mitbekam, wie ihr Peiniger das Haus verließ. Wohin genau er aufgebrochen war, kann sie nicht sagen. War er vielleicht nur schnell in den Keller gegangen, um grausame Folterinstrumente zu holen? Traf er sich mit einem Freund oder einem Familienmitglied? Oder wollte er schauen, wie weit er mit den von ihr erpressten Bankdaten kam?

Nichtsdestotrotz: Kröll sieht die Abwesenheit des Täters als Möglichkeit, irgendjemanden, vielleicht Nachbarn oder vorbeilaufende Passanten, auf ihre Situation aufmerksam zu machen. Das Vorhaben wird jedoch durch eine entscheidende Hürde gebremst: die Fesseln. Wie sollte sie Hilfe alarmieren, wenn sie sich keinen Zentimeter bewegen kann? Bliebe ihr überhaupt genug Zeit dafür? Was, wenn der Täter in wenigen Minuten zurückkommt? Gewiss würde er ihren Fluchtversuch nicht straffrei hinnehmen. Was also sollte sie tun? Hier liegen bleiben und hoffen, dass alles irgendwie glimpflich ausgeht und sie bereits morgen wieder zu Hause sein würde? Nein. Das Risiko ist zu groß und ihr Überlebenswille gestärkt. Sie muss diese eine, ihr auf einem Silbertablett servierte, Möglichkeit nutzen – vielleicht ist es sogar ihre einzige.

Unter größten Kraftanstrengungen schafft es die 43-Jährige, die Verbindung zwischen Fuß- und Handfesseln zu lösen und Zentimeter um Zentimeter vorwärts zu kriechen. Da ihr das Klebeband über den Augen noch immer das Tageslicht verwehrt, muss Kröll sich abermals auf ihr, mittlerweile stark ausgeprägtes, Gehör verlassen. Seltsam, wie der Körper die Wahrnehmung über die Ohren schärft, sobald essentielle Sinne, wie etwa das Sehen, blockiert werden.

Mithilfe der auditiven Wahrnehmung gelingt es der Gefesselten, klare Straßengeräusche ganz in ihrer Nähe zu registrieren. Hatte der Täter möglicherweise aus Versehen ein Fenster offenstehen lassen? Je mehr Kröll sich dem Lärm nähert, desto schneller wächst in ihr die Hoffnung auf baldige Rettung. Diese wird bestärkt, als sie bemerkt, dass ihr Peiniger nicht bloß ein Fenster hatte offenstehen lassen, sondern die Tür zu einem Balkon. Angetrieben von Glück und gestärktem Selbstbewusstsein, meistert Kröll die hohe Schwelle, kniet sich auf dem Balkon hin und beginnt, lauthals um Hilfe zu rufen.

Nach der Befragung des Opfers durchsucht die Polizei das Wohnhaus des mutmaßlichen Täters und stößt dabei auf Dinge, die die Entführung Hannelore Krölls in ein gänzlich neues Licht rücken: wenige Tage vor der Befreiung der 43-jährigen Geschäftsfrau wurde eine gewisse Sonja Svec als vermisst gemeldet. Während die Eltern der 23-Jährigen davon überzeugt sind, dass ihrer Tochter etwas zugestoßen ist, geht die Polizei zunächst von einer freiwilligen Abwesenheit aus, da mit Sonja auch der Videorekorder, die Stereoanlage, der Fernseher, der Staubsauger sowie ihre Perserkatze samt Käfig und Futter aus ihrer Wohnung verschwunden sind. Knapp zwei Wochen tappen die Ermittler im Dunkeln um den Verbleib der jungen Frau. Nun jedoch fallen den Beamten ebenjene verloren gegangenen Habseligkeiten der Vermissten in die Hände.

Hat der Besitzer des Hauses, welcher mutmaßlich Hannelore Kröll entführte, möglicherweise auch etwas mit dem Verschwinden Sonja Svecs zu tun? Befindet sie sich ebenfalls hier im Haus? Hat der Täter sie an einem anderen Ort versteckt oder getötet? Sofort leiten die Ermittler eine Großfahndung nach der Vermissten ein und beginnen damit, einige Hintergrundinformationen über den mutmaßlichen Entführer, einem gewissen Wolfgang Ott, zu sammeln.

Während Kröll erfolgreich aus dem Haus hatte befreit werden können, hebt der Täter 25.000 Schilling, umgerechnet etwa 1.800 Euro, von ihrem Konto ab. Anschließend macht er sich zurück auf den Weg zu dem Haus, wo er erstaunt feststellen muss, dass dort einige Einsatzfahrzeuge von Polizei, Rettungswagen und Feuerwehr parken. Da sein Opfer sicherlich bereits von der Polizei befragt wurde und es ihnen ein genaues Täterprofil hatte liefern können, ist der Mann kurzerhand dazu gezwungen, seine Pläne zu ändern, um nicht gefasst zu werden. Es gelingt ihm, seinen Privatwagen gegen einen weißen Peugeot 504 mit Campingaufbau sowie der Aufschrift „AustroTV", zu tauschen und sich unerkannt aus der Hochstraße zu entfernen.

Im Zuge weiterer Ermittlungen drängt sich mehr und mehr die Frage auf, ob der Täter möglicherweise ebenfalls etwas mit der als vermisst gemeldeten Karin Müller aus Bisamberg zu tun haben könnte. Am 10. Juni 1995 war die 19-Jährige gemeinsam mit Freunden im Ennstal, einem Gebiet des Gebirgsflusses Salza, Nebenfluss der Enns, zu einem Paddelausflug aufgebrochen. Der Plan des Trios: Karin fährt mit dem Auto vor und sammelt unterwegs ihre Freunde ein. Bei keinem der beiden ist die junge Frau mit den blonden Haaren je erschienen. Ihr Auto wird später an einem weit abgelegenen Ort ausfindig gemacht; von Karin Müller selbst fehlt jedoch jede Spur.

Bei der Befragung möglicher Zeugen stoßen die Beamten auf ein Mitglied eines Tauchclubs, welchem auch Wolfgang Ott angehört. Dem Zeugen zufolge sei der Filmemacher an jenem Samstag im Tauchclub im Ennstal aufgetaucht und war allein zur Salza gefahren. Befand sich der 38-Jährige möglicherweise abermals bloß zufällig in der Nähe eines Tatortes? Oder steckt doch mehr hinter seiner kleinen Exkursion?

All diese Fragen würde die Polizei gern vom Verdächtigen selbst beantwortet wissen. Das Problem: trotz der auf Hochtouren laufenden Fahndung, scheint Ott wie vom Erdboden verschwunden. Zu allem Überfluss gelingt es einem Unbekannten, unbemerkt in das Haus in der Hochstraße einzudringen und einige Kleidungsstücke sowie Geld zu entwenden.

Handelt es sich bei dem Eindringling möglicherweise um Wolfgang Ott? Wollte er Vorbereitungen für eine langfristige Flucht treffen? Oder hatte jemand anderes Wind von den Ermittlungen gegen den Filmemacher bekommen und die Gunst der Stunde genutzt, um sich an seinen Besitztümern zu bereichern? Da es die Polizei versäumte, das Haus nach der Befreiung Hannelore Krölls überwachen zu lassen, können die Ermittler in diesem Punkt vorerst bloß mutmaßen.

Klar ist jedenfalls, wie der Einbrecher es schaffte, ins Innere des Gebäudes zu gelangen: Da das Siegel der Polizei an der vorderen Tür nicht beschädigt ist, geht die Polizei davon aus, dass der Täter den ihm einzig verbliebenen Weg wählte: durch die Hintertür. Zudem war inzwischen das Schloss der Vordertür ausgetauscht worden. Der Eindringling hätte also ohnehin auf so etwas wie einen Dietrich zurückgreifen müssen.

Ein erschütterndes Ereignis jagt das Nächste und allmählich scheint den ratlosen Ermittlern der Fall aus den Händen zu gleiten. Das Ganze wird noch schlimmer, als einige Tage später erneut ein Vermisstenfall bekannt wird.

Die 23-jährige Gerda Aigner[6] unternimmt am 18. Juni 1995 gerade eine Wanderung am Attersee, einem See im oberösterreichischen Teil des Salzkammergutes, als sie plötzlich von einem Radfahrer überholt wird. Eigentlich nichts Ungewöhnliches, doch derselbe Mann überfällt und würgt

---

6 *Name geändert*

die junge Frau kurz darauf auf einem Parkplatz, als Aigner gerade im Begriff war ihre Wanderstiefel gegen Stadtschuhe zu tauschen.

Der Täter fesselt ihre Hände mit Handschellen, rammt ihr einen Knebel in den Mund und wirft sie in den Kofferraum seines Wagens, ein weißer Peugeot 504 mit Campingaufsatz, mit welchem er anschließend davonfährt. Rund 20 Minuten später kommt das Auto plötzlich zum Stillstand; Gerda hört ihren Peiniger aussteigen. Sekunden später öffnet sich der Kofferraum. Der Entführer zerrt Gerda aus dem Wagen und vergewaltigt sie. Nach dem Missbrauch löst er ihre Fesseln und versucht, die PIN ihrer Bankkarte sowie die Adresse ihres Freundes zu erpressen – diese will sein Opfer jedoch nicht preisgeben.

Stattdessen schafft Gerda es, trotz der physischen sowie psychischen Folter, den Mann mit einem Trick hinters Licht zu führen. Sie gibt vor, sich für ihn zu interessieren und behauptet, ihn näher kennenlernen zu wollen. Der Täter beißt an und beginnt, seinem Vergewaltigungsopfer allmählich Vertrauen zu schenken. Dies führt dazu, dass er Gerda Aigner zurück ins Auto verfrachtet und ihr während der Weiterfahrt seine gesamte Lebensgeschichte erzählt.

Wolfgang Christian Ott wird am 11. Februar 1957 in Österreich geboren. Da seine Eltern den Zeugen Jehovas angehören, werden Ott und seine Geschwister streng nach den Lehren der Glaubensgemeinschaft erzogen. Keine Geburtstage oder Feste wie Weihnachten, dafür aber Bibellehre und knallharte Prügelstrafen. Die raue und sektenartige Erziehung sorgt dafür, dass der Junge mit den dunklen Haaren schnell auffällig wird; im Alter von 10 Jahren würgt er einen Mitschüler auf dem Pausenhof so lange mit einer Schnur, bis ein Lehrer eingreift. Es ist nicht der letzte Vorfall. Auch im Laufe seiner Jugendjahre sammelt der Teenager zehn Einträge in sein Strafregister aufgrund sexueller Nötigungen in unregelmäßigen Abständen. Dafür wird er mit 16 Jahren zu einer 15-monatigen Haft auf Bewährung verurteilt. Darüber hinaus wird vom Gericht eine psychiatrische Behandlung verordnet, da ihm der Gerichtspsychologe eine Sexualneurose diagnostiziert. Trotz dessen lässt der junge Mann die Therapie ungesühnt sausen und widmet sich seiner großen Leidenschaft: der Filmerei. Sie ist der ausschlaggebende Grund dafür, dass Ott voller Tatendrang ist, um endlich etwas aus sich und seinem Leben zu machen.

Über die Jahre hinweg wird er in dieser Tätigkeit immer professioneller – kauft sich teures Equipment und dreht Werbe- und Dokumentarfilme, wie etwa eine Dokumentation über gebärende Wale an der australischen Westküste. Hinzu kommen auch Schlauchboottouren quer durch Alaska sowie Filmdrehs in Borneo und auf den Malediven. Es ist ein spannender Beruf, den Ott unter anderem auch für namhafte Arbeitgeber, wie verschiedene Weltkonzerne, Fluglinien oder dem österreichischen öffentlich-rechtlichen Fernsehsender ORF, ausübt.

So sehr Ott sich auch um ein anständiges Leben bemüht; tief in seinem Inneren schlummert weiterhin die dunkle Seite aus seiner Jugend. Dies führt dazu, dass der talentierte Filmemacher 1994, ein Jahr vor der Befreiung Hannelore Krölls, beschuldigt wird, die 22-jährige Saskia Gruber[7] überfallen und misshandelt zu haben. Laut Polizei soll er ihr einen Sack über den Kopf gezogen und erst dann von ihr abgelassen haben, als sie lauthals um Hilfe schrie. Die Angst, Passanten könnten auf die Tat aufmerksam werden, trieb den Täter schließlich in die Flucht; das zu Tode verängstigte Opfer ließ er zurück.

Ebenfalls zurück ließ der Täter sein Auto, das in unmittelbarer Nähe zum Tatort geparkt war. Eine Auswertung des Kennzeichens führt die Ermittler

7 *Name geändert*

schließlich zum Halter des Fahrzeugs: Wolfgang Ott. Bei der Vernehmung durch die Polizei bestreitet dieser jedoch, sich zur fraglichen Zeit in jener Umgebung aufgehalten zu haben. Seinen Wagen habe er bereits Stunden zuvor dort abgestellt.

Bei der Schuldfrage kommt dem Verdächtigen seine Kleidung zugute, denn bei der Festnahme trug Ott ein anderes Outfit als das vom Opfer beschriebene. War der Filmemacher also wirklich bloß zufällig zur falschen Zeit am falschen Ort?

Die Ermittler gehen den Aussagen des damals 37-Jährigen genauer auf den Grund und veranlassen eine Hausdurchsuchung. Dabei stoßen sie auf ein verschwitztes Oberteil, welches durchaus zur Beschreibung des Täters passt. Führte Otts Fluchtroute ihn möglicherweise an sein rund eineinhalb Kilometer entferntes Haus, wo er sich dann schnell umzog?

Das verschwitzte T-Shirt sowie sein Auto reichen jedoch nicht aus, um den Filmemacher als eindeutigen Täter zu identifizieren – beim darauf folgenden Prozess wird er aus Mangel an Beweisen freigesprochen.

Nach über 600 Kilometern und 19 zermürbenden Stunden findet die Höllenfahrt endlich ihr Ende – Gerda hatte ihren Entführer davon überzeugen können, sie freizulassen. Im Gegenzug verspricht sie ihm, sich irgendwann erneut mit ihm zu treffen. Wie haarscharf die junge Frau von weiteren Foltereien und ihrem möglichen Tod vorbeischrammte, wird sich erst später zeigen, denn Ott führte eine sogenannte „Garrotte“ mit sich – eine Würgschraube, mit welcher das Opfer mit dem Hals an einen Holzpfahl oder etwas Vergleichbarem gefesselt und zu Tode stranguliert wird.

Nach ihrer erfolgreichen Flucht steht Gerda so dermaßen unter Schock, dass sie sich erst einen Tag später ihrem Vater anvertrauen kann. Wolfgang

Ott unternimmt zur gleichen Zeit einen Ausflug nach Wien, kehrt am 20. Juni 1995 jedoch an den Attersee zurück. Dort wird sein weißer Peugeot 504 von der Polizei auf einem Parkplatz entdeckt und überwacht.

Zur gleichen Zeit ist eine Motorradstreife im wenige Kilometer vom Attersee entfernten Weißbachtal unterwegs. Gegen 17 Uhr fällt den Beamten eine in Jeans und schwarzem T-Shirt gekleidete Person ins Auge, welche ihnen verdächtig erscheint. Der Mann hat dunkelbraune Haare, braune Augen sowie eine große Nase; über seinen dicken Lippen wächst ein Schnauzer. Bei der anschließenden Überprüfung versucht der Vernommene, sich als deutscher Tourist auszugeben, doch sein starker österreichischer Dialekt lässt seine Tarnung auffliegen, noch ehe er sie richtig hatte ausschöpfen können.

Da den Motorradpolizisten der Mann nun noch suspekter erscheint, rufen sie Verstärkung und beginnen damit, ihn zu durchsuchen. Dabei finden die Beamten in seiner Jackentasche die Sparbücher der als vermisst gemeldeten Frauen, einen Ausweis sowie eine Garrotte in dessen Hosentasche. Dieser Fund lässt die Polizei nicht mehr an der Tatsache zweifeln, den seit Wochen gesuchten Entführer von Sonja Svec, Hannelore Kröll, Karin Müller sowie Gerda Aigner endlich gefasst zu haben. Auch ein Blick auf dessen Ausweis bestätigt den Verdacht: bei dem Radfahrer handelt es sich um Wolfgang Ott.

Der Filmemacher lässt sich widerstandslos festnehmen und gesteht relativ schnell, die 43-jährige Hannelore Kröll am 13., sowie die 23-jährige Gerda Aigner am 18. Juni 1995 entführt sowie vergewaltigt zu haben. Darüber hinaus legt Ott sogar ein Teilgeständnis zur vermissten Sonja Svec ab: So gibt er zu, die Bankangestellte am 30. Mai 1995 entführt zu haben. Laut eigener Aussage habe er sie vollständig entkleidet, ihre Hände mit Leukoplast, einem medizinischen Klebeband, gefesselt und sie mit einem Tuch geknebelt. Danach warf er die 23-Jährige mit den schulterlangen, lockigen Haaren und rehbraunen Augen in den Kofferraum ihres eigenen Autos und fuhr damit zu seinem Haus in die Hochstraße, wo er auch ihre Füße mit Klebeband umwickelte. Er durchlöcherte sie mit Fragen zu ihrem Leben und erpresste darüber hinaus auch die PIN für ihre Bankkarte. Dies sei jedoch alles, was er ihr angetan habe – sexuell habe er sie nicht angerührt, schwört er.

Unmittelbar nachdem Sonja ihm den Code ihrer EC-Karte unter Todesangst anvertraute, fuhr Ott zur Bank, wo er 5.000 Schilling, umgerechnet etwa 360 Euro, abhob. Der nächste Zwischenstopp war dann die Wohnung seines Opfers. Dort griff er wahllos nach ein paar Haushaltsgegenständen sowie ihrer Perserkatze. Vermutlich wollte er es so aussehen lassen, als habe sein Opfer sich Hals über Kopf aus dem Staub gemacht. Am nächsten Tag hob der Filmemacher weitere 5.000 Schilling von Sonjas Konto ab, ehe er ihren Wagen an einem abgelegenen Ort parkte, um anschließend in sein eigenes Auto zu steigen.

Mit diesem brachte Ott sein Opfer wenige Tage später, am 03. Juni 1995, zu einem Parkplatz an der A1 im rund 20 Kilometer von Liesing entfernten Pressbaum. Dort fesselte er sie an einen Baum – „nicht fest", wie er nachdrücklich betont – damit ihr die Möglichkeit bliebe, leicht freizukommen. Der 38-Jährige instruierte sie, langsam bis 1000 zu zählen – erst dann dürfe sie sich befreien.

Die Ermittler wollen ihm diese Geschichte nicht so recht abkaufen, hätte man Sonja Svec inzwischen doch längst finden müssen. Seltsamerweise gibt der Filmemacher bloß das zu, was man ihm auch nachweisen kann. Bei allen anderen Dingen stellt er sich ahnungslos.

Während Wolfgang Ott die Zeit bis zu seiner Gerichtsverhandlung in Untersuchungshaft verbringt und Tag ein, Tag aus auf eintönige Betonwände starrt, scheint die Polizei ihre Ermittlungen nun immer weiter vorantreiben zu können: Im Uferbereich der Salza wird am Donnerstag, den 22. Juni 1995, eine Frauenhandtasche gefunden, welche die Eltern der vermissten Sonja Svec zweifellos ihrer Tochter zuordnen. Den Beamten drängt sich sofort die Frage auf, wie das Beweisstück dorthin gelangt war und konfrontieren den Filmemacher mit dem Fund der Handtasche. Statt ein Geständnis abzulegen, bleibt dieser standhaft bei seiner Aussage, sein Opfer auf einem Parkplatz an der A1 nahe Pressbaum ausgesetzt zu haben. Von dort bis zur Salza sind es jedoch rund 150 Kilometer. Ist es möglich, dass Svec per Anhalter dorthin fuhr? Das würde allerdings noch immer nicht erklären, wie ihre Handtasche an den Fluss gelangt war, zumal Sonja komplett nackt gewesen war und dies bestimmt jemandem aufgefallen wäre. Hat Ott selbst die Tasche möglicherweise in der Gegend entsorgt, um Beweismittel zu vernichten?

Die Ermittler wollen der Geschichte des Filmemachers nicht so recht glauben und weiten die Suche nun auf das gesamte Gebiet rund um den Fundort der Handtasche aus, in der Hoffnung die wahrscheinlich zu Tode verängstigte junge Frau irgendwo im Wald aufspüren zu können.

Und tatsächlich: bereits einen Tag später, am 23. Juni 1995, machen die Ermittler eine grausame Entdeckung. In Landl, eine Gemeinde im Norden der Steiermark, wird eine weibliche Leiche gefunden. Schnell wird jedoch klar, dass es sich bei der Toten nicht um Sonja Svec, sondern um die 34-jährige, ebenfalls als vermisst gemeldete, Helga Lechner handelt. Bis heute ist nicht zweifelsfrei geklärt, ob Wolfgang Ott für dieses Verbrechen verantwortlich ist.

Nachdem bekannt wird, dass die Leiche aus dem Wald nicht Sonja ist, schöpfen alle Beteiligten, insbesondere ihre Eltern, wieder ein wenig Hoffnung, die 23-Jährige vielleicht doch noch lebend zu finden. Die Wahrscheinlichkeit schwindet allerdings von Tag zu Tag immer rascher, bis der Optimismus der Ermittler am 26. Juni 1995 mit der Wucht einer schweren, in Zement einschlagenden Abrisskugel in tausend Einzelteile zertrümmert wird:

Bei routinemäßigen Hochwassermessungen am Staubecken des Zusammenflusses von Salza und Enns in Krippau, wird erneut die Leiche einer Frau gefunden. Anders als bei der Entdeckung Helga Lechners drei Tage zuvor besteht nun kein Zweifel an der Identität der Toten: Sonja Svec.

Das Opfer ist vollständig entkleidet, ihr Körper mit dutzenden Schrammen und Wunden übersät und ihre Gliedmaßen fast vollständig gebrochen. Die Füße sind mit einem blauen Textilband gefesselt, am Hals findet die Spurensicherung mehrere Würgemale. Der Gerichtsmediziner stellt bei der späteren Obduktion fest, dass Sonja durch einen gewaltsamen Erstickungstod unter Wasser ums Leben gekommen ist, was bedeutet, dass sie noch gelebt haben muss, als der Täter sie ins Wasser stieß.

Dass die Vermisste einzig durch die Hand eines Fremden ums Leben gekommen sein konnte, steht für die Ermittler außer Frage, denn sie vermuten, dass der Leichnam der Toten mit irgendetwas, möglicherweise Beton, beschwert worden sein musste – andernfalls hätte man ihren geschundenen und an der Oberfläche flussabwärts treibenden Körper bereits viel früher entdecken müssen.

Einige Tage später bricht Wolfgang Ott sein Schweigen und gesteht, beim Tod Sonja Svecs vielleicht doch nicht ganz unschuldig zu sein. Jedoch erwähnt er zu keinem Zeitpunkt, sie tatsächlich ermordet zu haben, sondern erklärt ihr Ableben als eine Art Unfall. So schreibt er in seinem Tagebuch:

„Als wir am Parkplatz waren und ich Sonja erklärte, dass ich sie zurücklassen werde, hat sie zu heulen begonnen und fast wörtlich gesagt ‚lass mich bitte so

nicht hier zurück'. Ich war selbst total überrascht davon. Sie hat mich dann während der Fahrt sogar gefragt, wo wir jetzt hinfahren, und ich habe ihr gesagt, dass ich in der Steiermark paddeln wolle. Darauf sagte sie, dass sie das auch schon immer interessiert hätte. Ich habe nur vorgehabt, ein bisschen mit dem Boot herumzufahren.

Ich habe ihr den Kanalring an die Füße gebunden. Da Sonja nicht so stark paddeln konnte wie ich, sind wir immer weiter abgetrieben. Da wir so nicht weitergekommen wären, wollte ich mit ihr die Stelle wechseln und wir sind beide aufgestanden. Sonja ist zu Sturz gekommen und mit dem Oberkörper über dem Bootsrand gehangen. In diesem Moment habe ich dann plötzlich die Idee gehabt, dass ich den Ring ins Wasser werfe. Ich habe nur noch einen Platscher gehört, und sie ist dann eigentlich sofort untergegangen. Ich habe mir dabei eigentlich gar nichts gedacht."

Da sie bereits vorher davon ausgingen, dass Sonjas Körper an einem schweren Gegenstand befestigt ins Wasser befördert worden sein musste, beäugen die Ermittler die Version des Filmemachers mit Skepsis. Der Verdacht, dass Ott der Polizei eine Lüge nach der anderen auftischt, verhärtet sich, als sich der 38-Jährige bei einem Lokalaugenschein (Anm.: österreichisch für einen „Lokaltermin") am 14. Juli 1995 immer mehr in Widersprüche verstrickt.

So behauptet er bei dem Versuch, den „Unfall" zu rekonstruieren, dass sowohl Sonja als auch er in aufrechter Position unter einer Holzbrücke hindurchgetrieben seien. Dieser Behauptung steht der Fakt gegenüber, dass der Wasserstand zu besagtem Zeitpunkt um etwa eineinhalb Meter höher war als am Tag des Lokalaugenscheins. Beide hätten sich also mindestens bäuchlings im Boot hinlegen müssen, um unter dem gefährlich nahen Tragwerk der Brücke hindurchpaddeln zu können.

Die mutmaßlichen Falschaussagen sowie viele weitere Indizien, wie etwa die von Ott mitgeführte Garrotte am Tag seiner Verhaftung, ziehen Ende Juli 1996 eine Anklage wegen Mordes an Sonja Svec sowie Freiheitsentzug und Vergewaltigung an Frauen in zwei Fällen nach sich. Die 19-jährige Karin Müller, von welcher weiterhin jede Spur fehlt, wird in der Anklageschrift mit keinem Wort erwähnt. Zwar konnten die Ermittler zwei einzelne, blonde Strähnen im Auto des Filmemachers sicherstellen und sie mit einer Wahrscheinlichkeit von 99,8 Prozent der jungen Frau zuordnen, jedoch reicht dies nicht aus, um ihn zweifelsfrei auch mit diesem Vermisstenfall in Verbindung zu bringen.

Insgesamt drei Gutachter sprechen Wolfgang Ott zwar eine hochgradige Abnormität, also eine Krankhaftigkeit zu, laut ihnen sei er aber durchaus zurechnungsfähig. Demnach sei bei dem Filmemacher keine Bewusstseinsstörung nachweisbar, die im Sinne des Gesetzes einer Geisteskrankheit gleichkäme. Ott war durchaus dazu in der Lage, die durch seine Taten entstehenden Konsequenzen zu assoziieren und sich dementsprechend zu verhalten.

Im Zuge der Vorbereitungen auf den bevorstehenden Prozess versucht der Anwalt des Filmemachers, die Unschuld seines Mandanten der Staatsanwaltschaft mittels eines abstrus anmutenden Experiments zu beweisen:

Der Mann vollzieht eine private Tatrekonstruktion, für welche er sich einen 15 Kilogramm schweren Betonklotz an die Beine binden lässt und sich aus einem Zwei-Mann-Boot in die Alte Donau stürzt. Unter größten Kraftanstrengungen schafft es der Anwalt tatsächlich, das massiv an seinem Körper ziehende Gewicht zu bezwingen und sich an das etwa zehn Meter entfernte Ufer zu retten.

Das Problem: dieses Szenario gleicht nicht den Umständen, denen Sonja Svec ausgeliefert war. Zum einen sind die Fluten der Salza um einiges reißender als die der Alten Donau, zum anderen muss die junge Frau nach drei Tagen des Hungerns und Durstens sowie schrecklichen Misshandlungen keinerlei Kraft mehr übriggehabt haben, um sich eigenständig aus dem Wassergrab zu befreien. Nichtdestotrotz kann das Experiment zumindest theoretisch aufzeigen, dass Wolfgang Ott der Annahme war, sein Opfer würde es lebend aus dem Fluss schaffen – bei Gericht lässt sich davon jedoch niemand beeindrucken und schon gar nicht beeinflussen.

Ende September und Anfang Oktober des Jahres 1996 wird Ott schließlich der Prozess gemacht. Mit verzweifelter Miene und in ein violettes Kapuzensweatshirt gehüllt kauert er auf der Anklagebank und verfolgt das Spektakel. Während er selbst im Zeugenstand platznimmt, zerfließt der einst so gefragte Filmemacher förmlich im Selbstmitleid und beklagt sich über seine miserable Kindheit.

Nachdem die Schlussplädoyers am letzten Verhandlungstag verlesen sind, steht Ott das gängige Recht der letzten Worte zu. Während andere Angeklagte diese für Schuldeingeständnisse oder gar für Hohn und Spott gegenüber ihrer Opfer verwenden, finden bloß fünf Worte den Weg aus Wolfgang Otts Mund: „Ich hab es tun müssen“.

Am 03. Oktober 1996 wird der inzwischen 39-Jährige wegen Mordes an Sonja Svec sowie zwei Vergewaltigungen mit Freiheitsberaubung zu einer lebenslangen Freiheitsstrafe verurteilt. Zudem wird die Unterbringung in einer Anstalt für geistig abnorme Rechtsbrecher veranlasst.

Mit der Inhaftierung Otts hat der Fall jedoch noch lange nicht sein Ende gefunden. Viele Rätsel bleiben auch nach der Urteilsverkündung weitgehend ungelöst, wie etwa die Frage nach dem Verbleib der übrigen mutmaßlichen

Opfer des Filmemachers. Wurden sie möglicherweise ebenfalls den Hinrichtungsmethoden der italienischen Mafia gleich in einen Fluss geworfen, wo sie anschließend unter Todesqualen ertranken? Oder besteht vielleicht doch noch die geringe Chance, sie irgendwo lebend aufzuspüren?

Ein halbes Jahr nach der Gerichtsverhandlung, in der Nacht vom 05. auf den 06. Juni 1997, kommt allmählich Licht ins Dunkel. Ein Oberförster macht während der Reaktivierung eines alten Forstweges in einem Waldgebiet in Palfau, einer Kastralgemeinde im Steiermärkischen Bezirk Liezen, eine grausame Entdeckung: auf einem Streifzug durch das Dickicht stößt der Mann auf den skelettierten Schädel sowie den Oberschenkelknochen eines Menschen.

Die Ermittler gehen sofort davon aus, dass es sich bei dem Fund um die sterblichen Überreste der noch immer verschollenen Karin Müller handelt. Um die Identität des Skeletts zweifelsfrei zu klären, wird eine Technik angewandt, die sich bereits dutzende Male zuvor bei anderen Kriminalfällen bewährte: der Zahnabdruck des Gebisses wird mit denen früherer Zahnarztbesuche des mutmaßlichen Opfers abgeglichen. Kommt es zu einer Übereinstimmung, so sind sämtliche Daten des Toten in der Patientenakte gespeichert und führen so zur nahezu exakten Bestimmung der Identität. Das grausame in diesem Fall ist jedoch, dass dieses Unterfangen von niemand geringerem als von Karin Müllers Vater durchgeführt wird, der von Beruf Zahntechniker ist. Er identifiziert die sterblichen Überreste als seine eigene Tochter.

In der Zwischenzeit wird der Fundort Karin Müllers von der Polizei sorgfältig untersucht. Neben weiteren Knochenfragmenten können Stofffetzen einer Jeans sowie Ohrringe sichergestellt werden. Dort, wo sich vermutlich der Hals der 19-jährigen befand, kommen die mit Erde verdreckten Fetzen weißer Spitze zum Vorschein, der möglicherweise von einem BH stammt. Zu guter Letzt fällt den Ermittlern im Fußbereich ein zerfledderter Kajakgurt in die Hände.

Die Mordkommission schließt daraus, dass die junge Frau von ihrem Mörder mit dem Gurt an den Füßen gefesselt und anschließend mit einem BH zu Tode stranguliert wurde. Danach hat der Täter die Leiche notdürftig im Unterholz verscharrt.

Trotz der in seinem Auto gefundenen blonden Strähnen Karin Müllers, welche Wolfgang Ott zum Hauptverdächtigen auch in diesem Vermisstenfall werden lassen, grübelt die Staatsanwaltschaft, ob es überhaupt zu einer erneuten Anklage gegen den Filmemacher kommen soll. Einerseits ist es laut der österreichischen Justiz Mitte der Neunziger nach Verhängung der Höchststrafe – Lebenslänglich – ohnehin nicht erlaubt, noch einmal eine Strafe gegen den Verurteilten zu verhängen. Andererseits könnte der neuerliche Schuldspruch eine vorzeitige Entlassung Otts beeinflussen und so mögliche weitere Straftaten dieser Art verhindern.

Entgegen aller Vorschriften entscheidet sich die Staatsanwaltschaft letztlich für eine Anklage gegen Wolfgang Ott und zieht sogar eine Expertin des amerikanischen Federal Bureau of Investigation (FBI) zu Rate. Diese deckt auf, dass sowohl bei den Fesseln Karin Müllers sowie derer bei Sonja Svec dieselbe Knotentechnik angewandt wurde. Überdies wurden beide Opfer auf dieselbe Art ermordet, zuvor exakt gleich behandelt sowie vom Täter nach den gleichen Kriterien wie Haarfarbe, Größe, Figur und Alter ausgewählt.

Während des neuerlichen Prozesses vor dem Landgericht Leoben behauptet Ott weiterhin, nichts mit dem Verschwinden und dem Mord, an Karin Müller zu tun zu haben. Immer wieder beteuert er nachdrücklich:

„Ich habe mit ihrem Tod nichts zu tun. Bitte glauben Sie mir. Ich war es nicht."

Da die Geschworenen dem Filmemacher, aufgrund der erdrückenden Beweislast gegen ihn, die Geschichte nicht abkaufen, wird er am 24. Februar 1999 erneut zu lebenslanger Haft wegen des Mordes an Karin Müller verurteilt. Damit schwindet die Wahrscheinlichkeit, dass Wolfgang Ott das Gefängnis je lebend verlassen wird.

Während der wohl berüchtigtste Serienmörder der modernen Kriminalgeschichte Österreichs seine endlose Haftstrafe in der JVA Graz-Karlau absitzt, kommt es zu zwei Zwischenfällen, die zeigen, dass Ott keinen weiteren Tag mehr in Gefangenschaft verbringen will.

Am 01. Juli 2004 versteckt er sich während seiner Arbeit in der Tischlerei in einer mit Schnappscharnieren gesicherten Kiste und lässt sich von Mithäftlingen auf einen LKW laden. Dieser steuert als geplantes Reiseziel die Außenstelle des Gefängnisses „Lankowitz-Gutshof" in der Marktgemeinde Maria Lankowitz an.

Bei routinemäßigen Kontrollen des Frachtraums am Gittertor wird Ott jedoch von Gefängniswärtern entdeckt und verhaftet, was zur Folge hat, dass er nicht mehr in der Tischlerei arbeiten darf. Darüber hinaus muss er drei Wochen lang in Einzelhaft. Aufgrund dieses Fluchtversuchs wird die Sicherheitsanlage im Schleusenbereich des Gefängnisses nachgerüstet und um ein Pulsfrequenzmessgerät erweitert, welches blinde Passagiere in Fahrzeugen innerhalb weniger Minuten aufspüren soll.

Über die Gründe des Filmemachers, weshalb er aus der Justizvollzugsanstalt fliehen wollte, lässt sich bloß mutmaßen. Möglicherweise hatte er nach knapp acht Jahren einfach die Sehnsucht nach ein wenig Frischluft und

Abwechslung, vielleicht war der Serienmörder jedoch auch dem harten Gefängnisalltag, welcher von Macht und Gewalt durch Wärter und Mithäftlingen bestimmt ist, nicht gewachsen.

Unter Umständen ist es ebenjene psychische Belastung, die Wolfgang Ott fast dreizehn Jahre später, am 24. April 2017, zu einem weiteren Ausbruchsversuch verleitet. Im Haftraum der Justizanstalt Stein in Krems, in welche Ott Jahre zuvor verlegt worden war, wird der inzwischen 59-Jährige mit 20 Morphiumpflastern am Körper aufgefunden. Unter dem Verdacht des Medikamentenmissbrauchs liefert man Ott ins Kremser Krankenhaus ein, wo er nach drei Tagen des Komas, am 27. April 2017, wieder entlassen und zurück in die JVA gebracht wird. Weshalb genau der Filmemacher seinem Leben ein vorzeitiges Ende setzen wollte, ist nicht bekannt. Man geht jedoch davon aus, dass seine Krebserkrankung der Auslöser für den Suizidversuch war.

Seit diesem Vorfall im Jahr 2017 ist es still um Wolfgang Ott geworden. Nur so viel ist klar: einen weiteren Flucht- oder Suizidversuch unternahm er bisher nicht. Auch Informationen über seinen derzeitigen Gesundheitszustand gelangen nicht an die Öffentlichkeit – es bleibt also unklar, ob der inzwischen mit Anfang 60 sein Krebsleiden besiegen konnte.

Was bleibt sind die Erinnerungen an seine Opfer sowie die vielen, noch immer ungeklärten Fragen. Bei Serientätern versucht die Polizei üblicherweise, andere Leichenfunde mit den Erkenntnissen aus einem sich ähnlich zugetragenem Fall zu vergleichen. So ist es zum Beispiel im Fall der drei Tage vor Sonja Svec gefundenen Leiche Helga Lechners noch immer unklar, ob Wolfgang Ott bei ihr ebenfalls seine Finger im Spiel hatte. Experten schließen einen Suizid jedoch nicht aus.

Auch eine weitere Leiche bereitete der Polizei während der Untersuchungen Kopfschmerzen: Am 22. November 1986 wurde die Leiche der 17-jährigen Marina Hoffmann[8] am Ufer des Mondsees im oberösterreichischen Salzkammergut gefunden. Doch auch diese Tat konnte Wolfgang Ott bisher nicht nachgewiesen werden.

Es bleibt also abzuwarten, ob die Rätsel dieser Cold-Cases irgendwann gelöst werden – oder ob Österreichs Flüsse die Geheimnisse, tief verborgen in ihren reißenden Fluten, bereits tausende Kilometer weit mit sich fortgetragen haben.

---

8 Name geändert

»Etwas muss er sein Eigen nennen, oder der Mensch wird morden und brennen.«

- Friedrich von Schiller (1759-1805),
deutscher Dichter -

KAPITEL 9

Stärker als er

(Von Yvonne Widler / Dunkle Spuren Podcast / Kurier)

Jetzt oder nie. Das erste Mal seit 3096 Tagen ist er unvorsichtig. Sein Telefon hat gerade geläutet, er entfernt sich einige Meter und dreht ihr sogar kurz den Rücken zu, um das Gespräch in Ruhe entgegenzunehmen. Kurz zuvor hat er sie damit beauftragt, sein Auto gründlich zu reinigen, da er es verkaufen möchte. Acht Jahre hat er sie keine Sekunde aus den Augen gelassen. Auch der Lärm des Staubsaugers, mit dem sie hantiert, ist dermaßen laut, dass er sie nicht hören kann. Sie weiß genau, das könnte jetzt ihre letzte Chance sein. Vielleicht ist nun der Moment gekommen, auf den sie so sehr gehofft hatte. Jetzt oder nie. Dann tut sie es. Am Ende entscheiden vier Minuten über Gefangenschaft oder Freiheit, Leben oder Tod.

Acht Jahre zuvor. Es ist der frühe Morgen des 02. März 1998. Die zehnjährige Natascha Kampusch spaziert, vorbei an gesichtslosen Sozialwohnbauten, den Wiener Rennbahnweg entlang, in Richtung ihrer Schule. Ein pausbäckiges Mädchen mit kinnlangem, braunen Haar und einer viel zu groß anmutenden Schultasche auf dem Rücken. Gerade noch hatte sie einen Streit mit ihrer Mutter, weshalb sie etwas wütend, traurig und auch nachdenklich vor sich hin stapft. Sie erblickt einen Mann, der neben einem weißen Lieferwagen steht. Kurz überkommt das Mädchen ein unangenehmes Gefühl, es überlegt, ob es die Straßenseite wechseln soll. Natascha Kampusch schreibt dieses unangenehme Gefühl schließlich ihrer emotional aufgeladenen Stimmung zu und denkt sich, "der wird mich schon nicht beißen". Sie bleibt also auf dieser Seite der Straße und geht geradewegs weiter. Als sie auf seiner Höhe angelangt ist, packt der Mann sie brutal und zerrt sie in den Wagen. Natascha Kampusch versucht zu schreien, doch es will kein Laut aus ihr herauskommen. Alles passiert so furchtbar schnell; schon ist sie im Inneren des Wagens und er dreht den Zündschlüssel um. "Dir passiert nichts, wenn du tust, was ich dir sage", fährt es aus ihm heraus. "Ruhig sein, nicht rühren." Sie folgt seinen Anweisungen. Angst. Schock. Starre. Natascha Kampusch wird später in einem Interview sagen, dass sie zu diesem Zeitpunkt noch voller Hoffnung war, dass die Polizei sie bald finden und befreien würde.

Die Fahrt dauert nicht lange. Keine halbe Stunde vergeht, bis der Lieferwagen in der kleinen niederösterreichischen Ortschaft Strasshof vor einem unscheinbaren Einfamilienhaus mit Garten stehen bleibt. Knapp 10.000 Menschen leben hier, einer von ihnen ist der arbeitslose Nachrichtentechniker Wolfgang Priklopil, der gerade ein Kind entführt hat und es nun in ein Verlies sperren wird.

Eingewickelt in eine Decke liegt Natascha auf dem kalten Fußboden; es ist stockdunkel um sie herum. Lampen ohne Glühbirnen. Stickige Luft.

Währenddessen hängen überall in der Stadt Fotos von Natascha Kampusch und eine groß angelegte Suchaktion der Polizei startet. Eine Schülerin erzählt den Ermittlern, sie habe beobachtet, dass Kampusch in einen weißen Bus mit Gänserndorfer Kennzeichen gezerrt worden ist. Die Polizei gibt bekannt, 700 weiße Kleinbusse aus Wien und Umgebung zu überprüfen. Ein Großaufgebot sucht nach dem vermissten Mädchen: An Land, in der Luft und unter Wasser. Doch sie bleiben erfolglos.

Die ersten sechs Monate wird Natascha Kampusch ausschließlich in diesem kleinen Raum verbringen. Von der Garage aus geht eine mit Holzbrettern abgedeckte, steile Treppe hinab in einen Zwischenraum. An einer Wand steht ein großer, weißer Kasten, den Priklopil nur "den Tresor" nennt. Schiebt man den Tresor zur Seite, steht man vor einer kleinen schalldichten Tür aus Eisenbeton, sie wiegt 150 kg. Dahinter das Verlies. Fünf Quadratmeter klein. Fensterlos. Es gibt ein WC, ein Waschbecken und ein Lüftungssystem. Über die Jahre hinweg wird die Einrichtung von Priklopil erweitert, etwa durch ein Hochbett und einen Schreibtisch. Doch erst, als es sich das Mädchen verdient hat. "Ich war sehr verzweifelt und wütend auf mich, weil ich nicht die Straßenseite gewechselt habe. Es war furchtbar. Ich habe vor Ohnmacht geweint", sagt sie später in einem Interview. Vor allem das Geräusch des Ventilators macht sie fast wahnsinnig. Sie kann es kaum ertragen, bekommt klaustrophobische Zustände in dem Kellerverlies. Immer wieder schlägt sie mit den Fäusten gegen die Wand, schreit und hofft, dass sie jemand hört. Vergeblich. Sechs unerträglich lange Monate vergehen, eingesperrt dort unten. "Wenn er mich dann nicht hinauf ins Haus gelassen hätte, wäre ich wahnsinnig geworden", erzählt Kampusch rückblickend. Denn nach einem halben Jahr darf sie regelmäßig zum Waschen das Badezimmer des Hauses benutzen.

Aus Minuten werden Stunden, aus Stunden Tage und Monate. Die ersten zwei Jahre ist es Natascha Kampusch nicht erlaubt, irgendetwas von der Welt da draußen mitzubekommen. Keine Zeitungen, keine Magazine, keine Nachrichten. Priklopil erklärt dem Mädchen, das Weltgeschehen würde sie bloß aufregen. Dann, nach 24 Monaten Stille und absoluter Isolation, kauft er ihr ein Radio. Später darf sie ab und zu Wochenzeitungen lesen, irgendwann sogar Tageszeitungen. Penibel kontrolliert er danach allerdings jede einzelne Seite, ob seine Gefangene irgendwelche Notizen vermerkt hat. Auch ihren Körper und ihren Mund untersucht er, in der Angst, sie könnte Zettelchen versteckt haben. Und immer wieder flößt er dem Mädchen ein, dass es seinen Eltern egal ist, sie würden nicht einmal nach Natascha suchen. Der nur 172 cm große, hagere Mann genießt die Macht über seine "Sklavin", wie er sie nennt. Nataschas Pausbacken sind bald verschwunden, sie ist nun ein dürres Mädchen, das ständig Kreislaufbeschwerden und Konzentrationsschwierigkeiten hat. Nur noch zu den primitivsten Gedanken fähig, "jedes Geräusch schmerzt, jeder Gedanke quälte sich aus mir heraus", so beschreibt Natascha Kampusch die Tortur des Hungerns im Nachhinein. Denn hungern muss sie in den acht Jahren der Gefangenschaft sehr oft, weil Priklopil auch bei der Essensausgabe seine Macht ausspielt. Akkurat vermisst er jedes einzelne Körperteil von Natascha Kampusch, um sie anschließend als "fett" zu beschimpfen. Er befiehlt ihr, die Treppen auf und ab zu laufen, bis sie nicht mehr kann und vor Erschöpfung zusammenbricht. Sie muss Kniebeugen und Kopfstände machen. „Demütig gehorchen. Immer lieb sein", sagt er zu ihr. Und all das hält er auf einer Videokamera fest, mit der er sie sogar bis auf die Toilette verfolgt. Ständig gibt er ihr Anweisungen, wie sie sich zu verhalten hat. Zwischendurch zeigt er sich gnädig, um sie kurz darauf gleich wieder zu maßregeln. Purer Psychoterror. Um die totale Kontrolle zu haben, installiert Priklopil eine „Abhöranlage" im Verlies. Priklopil und seine Festung der Angst. Immer wieder erklärt er dem Mädchen, dass alle Fenster mit Sprengstoff gesichert seien. Würde sie eines davon öffnen, fliege sie in die Luft.

Sein Verhalten ändert sich dramatisch, als Natascha Kampusch zwölf Jahre alt wird und langsam in die Pubertät kommt. Er wird gewalttätig, 200 Schläge die Woche sind ab nun normal. Sexuelle Übergriffe kommen von nun an hinzu. Es ist Nataschas 14. Geburtstag, als sie das erste Mal eine Nacht oben im Haus verbringen soll. Sie liegt starr vor Angst auf seinem Bett, als er sich neben sie legt und seine Handgelenke mit Kabelbindern an ihren befestigt. Ihr Rücken, der grün und blau von all den Schlägen ist, tut ihr dermaßen weh, dass das bloße Liegen kaum auszuhalten ist. Die Kabelbinder schneiden in ihre Haut. "Aber wenn er mich so zu sich fesselte, in diesen vielen Nächten, dann ging es nicht um Sex. Der Mann, der mich schlug und in den Keller sperrte, wollte einfach etwas zum Kuscheln haben", schreibt sie später in einem ihrer Bücher. Aus Angst, die Polizei könnte einzelne Haare von Natascha finden, muss sie ihren Kopf ständig mit Plastiktüten bedecken. Deshalb beschließt sie eines Tages, sich die Haare mit einer Schere ganz kurz abzuschneiden. Priklopil rasiert ihr den Rest zu einer Glatze.

Als Natascha Kampusch 15 Jahre alt ist, wird alles noch schlimmer: Die Gewaltausbrüche ihres Peinigers werden immer häufiger und auch heftiger. Wiederholte Schläge gegen ihren Kopf, von denen ihr schlecht wird, sind an der Tagesordnung. Sie schreibt Tagebuch und notiert jede seiner Abartigkeiten. Nach fünf Jahren in Gefangenschaft wird ihr alles zu viel. Sie will so nicht mehr leben. Immer öfter denkt sie daran, sich zu töten. Sie versucht es auch mehrere Male, etwa durch Strangulieren mit Kleidungsstücken. Ebenso will sie ihre Handgelenke mit einer großen Nähnadel aufschlitzen. Ein anderes Mal stapelt sie Papier auf der Kochplatte im Verlies. Der kleine Raum solle sich mit Rauch füllen, sie würde dann sanft einschlafen. Doch als der scharfe Rauch ihre Lunge erreicht, holt sie tief Luft. Durch den starken Husten kommt der Lebenswille zurück. Immer wieder verlangt Priklopil von ihr, nackt oder nur leicht bekleidet herumzulaufen, er möchte die totale Unterwerfung seiner Sklavin.

Auf einem Video, von Priklopil aufgenommen, sieht man die 17-jährige Jugendliche nackt beim Ostereiersuchen. Überall im Haus hat er Eier versteckt, dirigiert sie mittels "Kälter, wärmer" umher und beobachtet sie dabei. Aber die gefundenen Eier durfte sie nicht essen.

Über die Jahre wird Natascha selbstbewusster, lehnt sich auf, stellt Forderungen. Sie durchschaut seine Defizite und lernt, wie sie ihn ein bisschen manipulieren kann. "Ich habe ihn dazu genötigt, etwa Geburtstage mit mir zu feiern, denn ich hatte das Gefühl, dass er mit der Zeit ein schlechtes Gewissen bekam und meine Wünsche als Entschädigung für die Gefangenschaft erfüllt hat", sagt sie rückblickend in ihrem ersten Interview in Freiheit. Natascha Kampusch bekommt auch mit, dass die Mutter ihres Entführers öfter zu Besuch ist. Kurz danach ist es immer sauber im Haus und vorgekochtes Essen steht in der Küche. Nie hätte Frau Priklopil geahnt, was sich im Keller unter dem Haus ihres ruhigen und unscheinbaren Sohnes in Wahrheit abgespielt hat.

Die Jahre vergehen, seine Fixierung auf das Mädchen steigt immer weiter. Sie soll nicht ausschließlich Sklavin sein, sondern auch seine Lebensgefährtin oberhalb der Welt des dunklen Kellers. Einmal lässt er sie im Pool der Nachbarn schwimmen, weil diese nicht anwesend sind. Er geht mit ihr einkaufen, sogar zum Skifahren nimmt er sie mit. Allerdings weicht er bei diesen Ausflügen nicht von ihrer Seite. Priklopil bekommt panikartige Zustände, wenn sie sich bloß drei Zentimeter von ihm entfernt, so beschreibt es Natascha Kampusch im Nachhinein. "Ich musste immer vor ihm gehen, damit er mich ständig im Blick hat. Er drohte, den Menschen etwas anzutun, wenn ich etwas sage. Das konnte ich nicht riskieren. Ich habe vielen Menschen versucht, Zeichen zu geben bei diesen Ausflügen, aber es hat nicht funktioniert. Es war nie genügend Zeit. Ein kleines Geräusch hätte gereicht, dann hätte er es gemerkt." Als die beiden einmal im Baumarkt sind und Kontakt mit einem netten Verkäufer haben, pocht Natascha Kampuschs Herz wie wild. Sie will ihn anschreien, anbetteln und sagen: "Ich bin es, die vermisste Natascha Kampusch!" Doch sie traut sich nicht. Stattdessen steht sie wie angewurzelt neben ihrem Entführer, während dieser mit dem Verkäufer plaudert. Sie kann sich nicht rühren, versucht aber, ein hilflos wirkendes Gesicht aufzusetzen und so zu lächeln, wie sie es früher auf Fotos getan hat. Vielleicht würde er sie erkennen, ohne dass sie etwas sagen muss. Doch es funktioniert nicht.

Bei dem Skiausflug nimmt sie schließlich all ihren Mut zusammen und spricht eine Frau auf der Damentoilette an, während Priklopil draußen wartet. „Aber alles, was aus meinem Mund kam, war ein leises Piepsen“, schreibt Kampusch später in ihrem Buch. „Die blonde Frau lächelte mich freundlich an, drehte sich um – und ging. Zum ersten Mal hatte ich jemanden angesprochen und es war wie in meinen schlimmsten Albträumen: Man hörte mich nicht. Ich war unsichtbar. Ich durfte nicht auf Hilfe hoffen.“

Doch die meiste Zeit verbringt sie mit ihm allein im Haus. Eine Szene, die sich fast jeden Tag abspielt: Priklopil sitzt in Unterhose und Unterhemd am Küchentisch, die Wand neben ihm ziert ein tapezierter Birkenwald. Die Jalousien sind immer unten. Seine Sklavin bereitet das Frühstück zu, er beobachtet sie dabei und schimpft umher.

Als Wolfgang Priklopil die zehnjährige Natascha Kampusch entführt, ist der arbeitslose Nachrichtentechniker knapp 36 Jahre alt. Sein Äußeres ist ihm immens wichtig, das dunkelbraune Haar ist stets perfekt frisiert. Kantiges Gesicht, volle Lippen. Sein Umfeld beschreibt ihn als nett, aber pingelig. Ein eher unauffälliger Mann, der Bankbeamter oder Busfahrer sein könnte. In der Rolle als Entführer fühlt er sich mehr als acht Jahre lang überlegen. "Ein Würstchen von einem Mann, das sich bei ihr mächtig fühlte", so beschreibt es der deutsche Journalist Peter Reichard, der auch ein Buch über den Fall Kampusch geschrieben hat.

Es ist mittags am 26. August 2006, als ihr Peiniger sich für ein Telefonat von seiner „Sklavin" entfernt. Aufgeregt sieht Natascha Kampusch ihre Chance und schlüpft durch die offene Gartentür ins Freie. Sie blickt nicht zurück. Dann rennt sie um ihr Leben. Dabei bleibt sie nicht bei den ersten Nachbarn stehen, aus Angst, er würde sie sehen und erwischen. Japsend erreicht die mittlerweile 18-Jährige eine etwas entferntere Kleingartensiedlung, wo sie eine Frau in einem kleinen Häuschen erblickt. Sie klopft an das Fenster und flüstert: "Bitte helfen Sie mir!" Verwundert lässt die Frau Natascha Kampusch herein und ruft die Polizei. Nach acht Jahren oder 3096 Tagen Gefangenschaft ist Natascha Kampusch schließlich die Flucht gelungen.

Pressefotos, die kurz danach entstehen, gehen in Windeseile um die Welt: Eine junge Polizistin, die Natascha Kampusch schützend den Arm um die Schultern legt, ist zu sehen. Kampusch selbst ist in eine dunkelblaue Decke gehüllt, die auch ihren Kopf verdeckt. Ein orangefarbener knielanger Rock blitzt darunter hervor, man sieht ihre Beine. Sie sind blass und übersät mit blauen Flecken und Blutergüssen. Zwei Wochen danach gibt sie ihr erstes Interview in Freiheit. Ein Fernsehauftritt auf ORF 2, den das ganze Land verfolgt. Der Moderator weist vorab darauf hin, dass Natascha Kampusch immer wieder ihre Augen schließen muss, weil sie so lichtempfindlich sind. Ihr behandelnder Psychologe sitzt auch im Studio, ganz nah bei ihr. Sie trägt Jeans, eine lila Bluse und ein lila Kopftuch, der Haaransatz ist zu erkennen. Um den Hals trägt sie eine Kette mit einem großen glitzernden Anhänger.

"Ich wusste, wenn nicht jetzt, dann vielleicht nie mehr wieder", sagt sie über ihre Flucht. Sie spricht langsam und bedacht, macht viele Pausen. Sie wirkt selbstbewusst und stark, ist eloquent in ihrer Ausdrucksweise. Ab und zu scherzt sie sogar. Der Moderator fragt sie nach Wolfgang Priklopil. "Ich habe ihm in den Monaten davor schon öfter gesagt, dass ich so nicht mehr leben kann. Ich wusste, wenn ich fliehe, beende ich auch sein Leben. Denn er hat immer mit Selbstmord gedroht", erzählt sie. Priklopil warf sich kurz nach ihrer Flucht vor einen Zug und suizidierte sich somit. "Ich finde, dass ich die Stärkere von uns beiden war, er war labil", sagt sie in dem TV-Interview, ohne dabei eine Miene zu verziehen.

Rückblickend meint Natascha Kampusch, dass sie in diesen vielen Jahren der Gefangenschaft im Herzen nie einsam war, stets dachte sie an ihre Familie.

"Ich habe mir geschworen, dass ich älter, stärker und kräftiger werde, um mich befreien zu können. Ich habe schon sehr früh mit meinem späteren Ich einen Pakt geschlossen. Ich hatte viele Gedanken darüber, was mir alles entgangen ist, etwa der erste Freund. Ich habe deshalb versucht, immer besser zu sein, als die Menschen draußen. So habe ich mir viel Wissen und Bildung angeeignet, damit ich diese Defizite ausgleiche. Auch das Stricken habe ich mir selbst beigebracht."

Der Fall Kampusch kommt bis heute nicht wirklich zur Ruhe. Immer wieder wurde über massive Ermittlungs- und Fahndungsfehler berichtet. So soll Wolfgang Priklopil bereits 1998 von Beamten des Sicherheitsbüros in dem Haus in Strasshof aufgesucht worden sein. Er hatte schließlich einen weißen Lieferwagen und wurde – wie viele andere Männer – deshalb überprüft. Priklopil behauptete, ihn für Bauarbeiten zu benutzen. Ein Alibi für die Tatzeit habe er nicht. Die Ermittler machen Fotos und fahren wieder nach Wien. Jahre später hieß es, er hätte doch ein Alibi gehabt. Außerdem geriet die Information in die Öffentlichkeit, dass ein Hundeführer der Wiener Polizei das Sicherheitsbüro zu einem späteren Zeitpunkt erneut auf den Entführer in Strasshof aufmerksam gemacht hätte und Priklopil als seltsamen Mann beschrieb. Dem sei man nicht weiter nachgegangen. Von Seiten der zuständigen Ermittler wurde das dementiert. Ebenso geistern Geschichten über einen eventuellen Zweittäter umher, der Priklopil geholfen haben soll.

Nachdem das Verbrechen ihres Sohnes bekannt geworden ist, flüchtet Priklopils Mutter in die Anonymität, sie nimmt einen anderen Namen an und zieht in eine fremde Ortschaft. Wenn sie dort jemand nach ihrem Leben oder ihrer Vergangenheit fragt, sagt sie nicht viel. Sie erklärt, dass sie einmal eine kleine Familie hatte, einen Mann und einen Sohn, und dass beide gestorben sind. Ein Leben zwischen Trauer um das Kind und Fassungslosigkeit über dessen Verbrechen.

Weil Natascha Kampusch sich weigert, fremdbestimmt zu leben und mutig an die Öffentlichkeit tritt, schlägt ihr viel Hass entgegen. Für viele war sie das „falsche Opfer", zu selbstbewusst, zu gebildet, zu frech. Sie ist nicht das kleine, gebrochene Mädchen, das die Welt erwartet hatte. Ihr Psychiater warnt schon früh vor einer zweiten Viktimisierung. Die junge Frau bleibt aber stark und verstummt nicht. Sie schreibt, mit Hilfe von Dritten, mehrere Bücher: „3096 Tage" über ihre Gefangenschaft, das verfilmt wird, „10 Jahre Freiheit" und schließlich „Cyberneider" über Hass im Internet.

Das unscheinbare Einfamilienhaus in Strasshof gehört heute Natascha Kampusch, sie hat es als Entschädigung zugesprochen bekommen. Niemand wohnt darin, für sie ist es ein Ort der Traumabewältigung. Nicht oft ist sie dort, ab und zu sieht sie nach dem Rechten. Das Kellerverlies wurde vor vielen Jahren zugeschüttet, es existiert nicht mehr. "Wem vertrauen Sie am meisten?", fragt sie der Moderator. "Am meisten vertraue ich auf mich selbst."

»Verderben, gehe deinen Gang«

- Friedrich von Schiller (1759-1805),
deutscher Dichter -

KAPITEL 10

Der Handschuh

(Von Maximilian Zemke / Podcast True Tension)

Es ist eigentlich nur ein Ton. 1 Sekunde lang auf 425 Hz. Ein Ton, den sie in den letzten Stunden wieder und wieder gehört hat. Und mit jedem weiteren Mal, wenn das Freizeichen des Telefons ertönt, wächst die dunkle Vorahnung, die sie umgibt.

Es ist ein lähmendes Gefühl, das Monika B. am 07. April 2010 veranlasst die Servicenummer der Wiener Polizeidienststelle zu wählen. In knappen Sätzen schildert Monika der diensthabenden Beamtin, dass sie seit Stunden versucht, ihre Tochter Julia zu erreichen. Seit der Geburt ihres Enkels Alex vor 7 Monaten, ist sie stets über den Aufenthaltsort ihrer Tochter informiert. Noch kein einziges Mal ist es seither vorgekommen, dass sie ihre Tochter über solch einen langen Zeitraum nicht erreichen kann.

Mit routinierten Worten gelingt es der Beamtin, die aufgebrachte Monika zu beruhigen. Nur wenige Minuten später begeben sich zwei Mitarbeiter der Wiener Polizei zur Wohnung von Julia B. Ihr Weg führt sie durch die malerische Hauptstadt Österreichs, die bei frühlingshaften Temperaturen all ihren Glanz zum Vorschein bringt. Der schrille Klang der Türklingel von Julias Wohnung hallt im Hausflur nach, in dem die Beamten vergeblich auf eine Reaktion warten. Eher beiläufig drückt einer der Polizisten gegen die Tür, die zu ihrer Verwunderung sofort nachgibt und den Blick in die Wohnung offenlegt.

„Frau B.? Sind Sie daheim? Wir sind Beamte der Wiener Polizei. Wir wurden gebeten nach Ihnen zu sehen." Stille. Von der wärmenden Frühlingsluft ist nichts mehr geblieben. Der Luftzug, der aus der Wohnung in den Hausflur dringt, hinterlässt neben einem eiskalten Schauer, auch den Klang von leisem Geplapper. Mit vorsichtigen Schritten betreten die beunruhigten Polizisten die Wohnung. Dem Klang folgend laufen sie den Flur entlang, der sie zum Ursprung des Geplappers, in die Küche, führt.

Dort angekommen könnte die Szenerie, die sich vor Ihren Augen abspielt, kaum surrealer sein. Ein kleiner Junge schaut die verwunderten Beamten aus seiner Wiege auf dem Küchentisch mit großen tränennassen Augen an. Es ist ein Anblick, der durchaus herzerwärmend sein könnte, wären da nicht die unzähligen Blutspritzer, die sich in der gesamten Küche verteilt haben und wäre da nicht der leblose Körper von Julia B., der neben dem Küchentisch auf dem Boden liegt.

Nur kurze Zeit später wird auch Monika informiert und aus ihrer dunklen Vorahnung wird traurige Gewissheit. So grausam, dass sie es sich kaum schlimmer hätte vorstellen können. Ihre Tochter Julia ist tot.

Das Einzige was ihr Trost schenkt, ist die körperliche Unversehrtheit ihres Enkels Alex, den die Ermittler behutsam aus der Wohnung tragen, bevor sich die Spurensicherung an die Arbeit macht.

Die erste Frage, die zwingend geklärt werden muss, ist die der Todesursache. Wie ist die attraktive 38-jährige Büroangestellte mit dem braun gelockten Haar zu Tode gekommen? Hat sich die junge Mutter vielleicht selbst das Leben genommen? Ihr Leichnam weist eine Schnittverletzung am Handgelenk auf. Doch eine genauere Betrachtung zeigt, dass kaum Blut aus der Wunde ausgetreten ist und auch keine großen Gefäße getroffen wurden. Somit kann die Schnittverletzung auch nicht zu ihrem Tod geführt haben und wurde ihr nach Ansicht des Gerichtsmediziners post mortem, also nach ihrem Tod, zugefügt.

Nach der Obduktion steht fest: Es sind die zahlreichen Kopfverletzungen, die zu Julias gewaltsamen Ableben geführt haben. Zugefügt, durch einen stabförmigen Gegenstand, was sich durch die Ausprägungen der Verletzungen deuten lässt. Der Täter muss demzufolge wieder und wieder ausgeholt und bestialisch auf sein Opfer eingeschlagen haben, wodurch die Blutspritzer, bis auf zwei Meter Höhe, in der Küche verteilt wurden. Der Versuch des Täters, Julias Ableben wie einen Selbstmord aussehen zu lassen, ist in Anbetracht des Tatorts vollkommen überflüssig. Julia B. wurde an diesem 07. April brutal in ihrer eigenen Wohnung ermordet. Ein Mord, der sich direkt vor den Augen ihres 7 Monate alten Sohnes zugetragen haben muss.

Chefinspektor Richard Jäger nimmt die Ermittlungen auf, um gemeinsam mit seinem Team der Frage auf den Grund zu gehen, wer für den grausigen Mord an Julia B. verantwortlich ist.

Jäger möchte keine Zeit verlieren und beginnt sofort nach potenziellen Zeugen zu suchen. Angefangen mit einer Nachbarin, die nicht fassen kann, was ihr da über Julia B. berichtet wird. Julia wurde, laut der Aussage der Nachbarin, zu einer guten Freundin, die es in den letzten Monaten alles andere als leicht gehabt hat.

Eine Einschätzung die auch Julias Mutter Monika teilt, die nicht ohne Grund so besorgt auf die plötzliche Funkstille reagiert hat. Julia B. hatte mit einer Vielzahl an Stalking-Attacken und Anfeindungen ihres Ex-Freundes Erik M. zu kämpfen, der zu allem Überfluss auch noch der Vater von Alex ist. Der 43-Jährige war alles andere als glücklich über die ungeplante Schwangerschaft und hat Julia mehrfach zur Abtreibung drängen wollen. Julia, die sich von seinen Einschüchterungsversuchen nicht verunsichern ließ, blieb bei ihrer Entscheidung, denn sie wollte unbedingt, dass ihr kleiner Sonnenschein das Licht der Welt erblickt.

Was drei Jahre zuvor so verheißungsvoll begann, endete mit der Geburt von Alex.

Der wohlhabende Prokurist einer Baufirma zieht seine Konsequenzen aus Julias Entscheidung.

Erik M. setzt ein Schreiben auf. Er verlangt von Julia, dass sie ihm sämtliche Geschenke, die er ihr in den vergangenen Jahren gemacht hat, zurückgibt und auch die anteiligen Kosten für ihre gemeinsamen Urlaube bezahlt. Trotz seiner emotionalen Distanzierung kommt er Julia fortan immer häufiger sehr viel näher als Julia es ertragen kann. Julias Leben wird von nun an durch Angst bestimmt. Angst vor Eriks unberechenbarem Handeln, wenn er ihr mal wieder vor ihrer Wohnungstür auflauert. Anscheinend will er Julia spüren lassen wie es sich anfühlt, wenn jemand einem von heut auf morgen das Leben zerstören will. Genauso wie sie es auch bei ihm versucht hat.

Neben den finanziellen Folgen, die die Schwangerschaft für Erik mit sich bringt, steht auch seine Ehe kurz davor Schiffbruch zu erleiden. Ihm bleibt keine andere Wahl, als seiner Frau Petra, mit der er seit 20 Jahren verheiratet ist, die Affäre mit Julia zu beichten. Darüber hinaus muss Petra bestürzt zur

Kenntnis nehmen, dass aus den Verfehlungen ihres Ehemannes resultierend, nun eine andere Frau ein Kind von ihrem Mann erwartet.

Chefinspektor Jäger erkennt darin eine vielversprechende Spur. Im Eilverfahren erwirkt er einen Haft- und Durchsuchungsbefehl. Noch am selben Abend wird Erik M. in seinem Haus festgenommen. Er ist sichtlich überrascht als ihm gesagt wird, dass er dringend tatverdächtig sei, seine Ex-Geliebte Julia ermordet zu haben. Ein Vorwurf, den er entschieden zurückweist.

Auch während des anschließenden Verhörs auf der Polizeidienststelle in Wien, ist seine Empörung noch deutlich zu spüren. Erik M. gibt zu Protokoll, dass er nichts mit dem Mord an Julia zu tun hat. Er könne es gar nicht gewesen sein, da er sich den gesamten Tag über auf mehreren Baustellen aufgehalten hat, die sich allesamt weit entfernt von Julias Wohnung befinden.

Zudem zeigt sich der Tatverdächtige kooperativ und schildert Richard Jäger detailliert, wann und wo er welche Baustellen angefahren hat. Zudem verweist er auch auf seinen Dienstwagen und das darin festverbaute Navigationsgerät, das sein Alibi beweisen kann.

Überzeugt von Erik M.s Schilderung, hält Richard Jäger die Ausführungen des Bauarbeiters für schlüssig und plausibel. Doch um den Wahrheitsgehalt der Aussage zu überprüfen, suchen sie seinen Vorgesetzten auf. Dieser kann neben einer Vielzahl an Lobpreisungen, auch das Alibi seines Mitarbeiters bestätigen.

Dank des eingebauten GPS-Chip im Dienstwagen von Erik, kann sein Chef die gefahrenen Touren von ihm, sowie seinen anderen Mitarbeitern, detailliert einsehen.

Jäger überprüft mit seinem Team die Navigationsprotokolle und kommt ebenfalls zu dem Schluss, dass die Aussage von Erik mit den Daten aus den Navigationsprotokollen übereinstimmt. Dennoch schließt er den Ex-Liebhaber des Opfers nicht als Verdächtigen aus und behält ihn vorerst weiterhin in Untersuchungshaft. Eine weitere Person, die für den Mord an Julia in Frage kommen könnte, liefert Erik M. gleich selbst während seines Verhörs.

Alles begann mit dem Besuch von seinem Schwager Paul vor einigen Jahren, erzählt Erik. Paul habe seiner Schwester Petra und seinem Schwager Erik, voller Stolz seine Freundin vorgestellt: Julia B..

Das war Eriks erste Begegnung mit Julia, erzählt er weiter und es sollte auch nicht die Letzte sein. Hinter dem Rücken von Petra und Paul, fingen Erik und Julia eine Affäre an. Nur kurze Zeit später trennte sich Julia von Paul, in der Hoffnung, dass Erik dasselbe für sie tun würde. Als Paul dann einige Zeit später von der Affäre sowie der Schwangerschaft erfahren hat, sei er unglaublich wütend auf Julia geworden. Aufgrund der glaubhaft dargelegten Ausführungen von Erik, befragt Jäger nun auch seinen Schwager Paul.

Es wäre nicht das erste Mal, dass solch ein Verbrechen aus Eifersucht begangen wird und so will Jäger von Paul wissen, wie sein Verhältnis zu Julia nach der Trennung war. Er habe auch weiterhin ein freundschaftliche Verbindung zu Julia gepflegt. Nur den Kontakt zu Erik hat er nach der Trennung abgebrochen. Auf die Frage, wo sich Paul zum Tatzeitpunkt aufgehalten hat, gibt er an, bei der Arbeit gewesen zu sein.

Während sein Alibi noch überprüft wird, befragt Jäger die letzte Person auf seiner Liste der Verdächtigen. Eriks Ehefrau Petra. Der Mordermittler möchte von ihr wissen, wie sich die Affäre von Erik auf ihre Ehe ausgewirkt hat. Aus der Stimmfarbe ihrer Antwort glaubt Jäger rauszuhören, wie verletzt Petra M. noch immer über die Verfehlungen ihres Mannes ist. Dennoch antwortet Petra, dass sie ihrem Mann verziehen hat und er seither immer mit allem ehrlich zu ihr war. Ihr Mann sei kein Heiliger und habe in seinem Leben bereits viele Entscheidungen getroffen, die andere Menschen verletzt haben. Einen Mord zu begehen ist jedoch etwas gänzlich anderes. Niemals wäre er zu solch einer Gräueltat in der Lage gewesen, sagt sie. Gegen Ende der Vernehmung gibt auch Petra an, für die Tatzeit ein Alibi zu haben. Nach einer gründlichen Überprüfung der Alibis, kann Richard Jäger die Geschwister Paul und Petra von seiner Liste streichen.

Jäger wird das Gefühl jedoch nicht los, dass er mit seinem Anfangsverdacht auf der richtigen Spur war. Vorerst bleibt ihm dennoch keine andere Wahl als Erik nach 48 Stunden aus der Haft zu entlassen, da er nichts gegen ihn in der Hand hat.

Weder auf Julias Kleidung noch auf der von Erik konnte man Spuren finden, die gegen Eriks Aussage sprechen. Auch sein Dienstwagen wurde auf Blutspuren untersucht. Die, selbst wenn sie noch so winzig sind und mit dem bloßen Auge nicht erkennbar, von der Spurensicherung nicht unentdeckt geblieben wären. Fehlanzeige; sie finden nichts. Keine Spur, die Erik als Täter enttarnt. Alles was man im Fahrzeug findet, ist ein Lottoschein sowie verschiedene Kaufbelege, die ihn für den Tatzeitraum nur noch mehr entlasten. Es ist einfach ein perfektes Alibi, wäre da nicht dieses 14-minütige Telefonat, das Jäger keine Ruhe lässt.

Am Morgen des 7. April, hat Erik um 10:30 Uhr von seinem Handy aus Julia angerufen. Das Telefonat muss, laut der Einschätzung des Gerichtsmediziners, kurz vor dem Mord an Julia stattgefunden haben. Jäger möchte von Erik wissen was der Anlass des Gesprächs war. Er antwortet kurz und knapp, dass es um familiäre Angelegenheiten ging.

Daraufhin bittet der Ermittler ihn doch etwas konkreter zu werden, woraufhin Erik behauptet, sich nicht genau erinnern zu können. Sicherlich irgendwas mit ihrem Sohn Alex. Keine wirklich plausible Antwort, denkt sich Jäger. Kein Gesprächsinhalt, der es nachvollziehbar erscheinen lässt, weshalb Erik und Julia solch ein verhältnismäßig langes Telefonat führen sollten. Wer telefoniert schon gern länger als nötig mit jemandem der einen, laut Aussage von Julias Mutter, ständig stalkt und bedroht.

Zu Jägers Enttäuschung ergibt die Funkzellenauswertung für Eriks Handynummer, dass sein Standort zum Zeitpunkt des Telefonats tatsächlich mit den Angaben der GPS-Daten seines Dienstwagens übereinstimmt.

Mittels einer Funkzellenauswertung kann der Standort eines Handys räumlich sowie zeitlich eingegrenzt werden, da es sich, wenn es eingeschaltet ist, mit dem nächstmöglichen Funkmast verbindet. Zudem kann Jäger eine Manipulation der GPS-Daten auf jeden Fall ausschließen.

Für ihn kommt nur eine einzige Möglichkeit in Betracht, wie Erik es dennoch geschafft haben könnte, die Mutter seines Sohnes zu ermorden, während der Dienstwagen die protokollierte Fahrstrecke mit seinem Handy an Board zurücklegt. Es war nicht er selbst, der an diesem Vormittag am Steuer des Wagens saß.

In der Zeit von 08:45 Uhr bis 12:30 Uhr war das Fahrzeug fast ausschließlich in Bewegung. Mitarbeiterbefragungen auf den Baustellen ergeben, dass der aus Polen stammende Bauarbeiter Adam K. seinen Vorgesetzten Erik um 14 Uhr auf der Baustelle gesehen hat. Damit hätte Erik ausreichend Zeit gehabt den Mord zu begehen und trotzdem um 14

Uhr auf der Baustelle zu erscheinen. Richard Jägers Theorie beinhaltet somit zwangsläufig, dass Erik einen Komplizen gehabt hat.

Doch wer würde sich dazu bereit erklären, ihn bei solch einem abscheulichen Vorhaben zu unterstützen?

Erneut greift Jäger auf die kriminalistische Maßnahme der Funkzellenauswertung zurück. Erik muss irgendwie mit seinem Komplizen kommuniziert haben, also lässt er sich eine Übersicht aller eingeloggten Handys im Umfeld des Tatorts, sowie entlang der Strecke, die der Dienstwagen zurückgelegt hat, erstellen.

Als Ergebnis kommen mehrere tausend Geräte zum Vorschein, die er nun zusätzlich auf Kommunikationen zwischen den beiden abgefragten Bereichen begrenzt. Was noch bleibt ist das 14-minütige Gespräch zwischen Erik und Julia, sowie noch ein zweites Gespräch, dass nur eine einzige Minute zuvor geführt wurde und nur wenige Sekunden lang war. Der Anrufer hat von einem Prepaid Handy, aus dem Umkreis des Tatorts, niemand geringeres als Erik angerufen.

Da es sich um eine Prepaid Nummer handelt, die vor der Verwendung mit Guthaben aufgeladen werden muss, kann die Identität des Handynutzers nicht ohne weiteres ermittelt werden. „Ist es möglich, dass Erik selbst von der Nummer seinen Komplizen auf seiner eigenen Nummer angerufen hat, der mit seinem Dienstwagen unterwegs war?", wundert sich Jäger. Deshalb fragt er sich durch Eriks Bekanntenkreis. Doch kann er niemanden ausfindig machen, der eine zweite Nummer von Erik hat.

Während Jäger versucht die Identität des Anrufers in Erfahrung zu bringen, stößt er auf noch ein weiteres Prepaid Handy, das ebenfalls im Umkreis von Julias Wohnung verwendet wurde.

Ihm fällt auf, dass dieses dritte Handy, den anonymen Nutzer des zweiten Handys angerufen hat. Ein wenig später wurde dann von dem dritten Handy, eine Rufnummer aus Polen angerufen. Jäger erinnert sich, dass ausgerechnet die Person, die angegeben hat, Erik um 14 Uhr auf der Baustelle gesehen zu haben, polnische Wurzeln hat. Der langjährige Mitarbeiter Adam K.

Auch er wird vorgeladen und genauer befragt. Nervös bestreitet Adam eine zweite Nummer seines Vorgesetzten Erik zu haben. Doch Jäger spürt, dass Adam nicht die Wahrheit sagt und konfrontiert ihn mit der polnischen Rufnummer, mit der Adam laut seiner Aussage nichts anfangen kann. Es ist die Frage nach Adams Handy und ob sich Jäger mal die Kontakte anschauen dürfte, die Adam gänzlich aus dem Konzept bringt. So gibt der Baustellenmitarbeiter zu, dass eine der gewählten Nummern auf der Anrufliste des Prepaid-Handys, die seines Vaters in Polen ist.

Er sagt aus, dass er von Erik beauftragt wurde in die Wohnung von Julia einzubrechen, um einen Laptop zu stehlen. Doch Adam weigerte sich, den Anweisungen von Erik Folge zu leisten, da ihm der Plan viel zu riskant vorkam.

Der Mordermittler ist überrascht über die Aussage von Adam K., denn es ist nur einen Tag her, dass er eine ähnliche Story zu hören bekommen hat. Ein ehemaliger Mitarbeiter der Baufirma hat angegeben, dass Erik bereits ein Jahr zuvor nach jemanden gesucht hat, der einen Laptop aus der Wohnung seiner Ex-Freundin Julia stiehlt.

„Am liebsten würde ich eine Handgranate in ihre Wohnung werfen!" soll Erik damals zu ihm gesagt haben.

Auf dem Laptop sollen sich sensible Daten befinden, die nicht nur ein schlechtes Licht auf Erik, sondern auch auf die Baufirma werfen würden, wenn jene Daten veröffentlicht werden. Julia soll ihn nach der Trennung mit den Daten erpresst haben, weshalb er auch ein großes Interesse daran hat, diesen Laptop wieder zurück in seinen Besitz zu nehmen.

Adam gesteht außerdem, sich während der Tatzeit in der Nähe des Tatorts aufgehalten zu haben. Aber nur um Erik ein Zeichen zu geben, sobald Julia die Wohnung verlässt. Als Julia am Morgen des 7. April samt Kinderwagen aus dem Gebäude kommt, hat er Erik mit dem Handy, das er ihm extra dafür gegeben hat, auf der besagten zweiten Nummer angerufen.

Anschließend soll er das Handy entsorgen, was Adam auch umsetzt, doch nicht ohne vorher noch das verbleibende Guthaben zu nutzen. Er ruft damit seinen Vater in Polen an und begeht damit einen entscheidenden Fehler. Adam schwört, dass das alles ist was er darüber aussagen kann und er nichts mit dem Mord zu tun hat.

Das Puzzle vor den Augen von Richard Jäger, setzt sich mehr und mehr zusammen, bis ihm die Auswertung der am Tatort sichergestellten Spuren, eines der letzten entscheidenden Teile liefert.

Ein Sitzkissen, das mit einem auffälligen Blutfleck auf dem Küchenstuhl lag, sowie ein Plastikknäuel direkt unter diesem Stuhl, das sich als Plastikhandschuh entpuppt. Auf der Außenseite des Handschuhs befinden sich DNA-Rückstände von Julia. Auf der Innenseite wiederum DNA-Spuren des mutmaßlichen Täters: Erik M.

Chefinspektor Jäger ist sich nun zu 100 Prozent sicher, dass Erik der Mörder von Julia ist. Allerdings ist die DNA allein noch nicht ausreichend um ihn ohne jeden Zweifel dingfest zu machen. Der Handschuh könnte dort auch schon länger liegen und muss nicht unbedingt vom Tattag stammen. Jäger muss nun unbedingt das letzte Teil finden, das alle anderen miteinander verbindet. Die Person, die zur Tatzeit mit seinem Dienstwagen unterwegs war.

Der Chefinspektor überprüft Eriks Bekanntenkreis sowie sein familiäres Umfeld. Dabei fällt ihm auf, dass Erik ausschließlich mit seiner Schwester Sabine im regen Austausch steht und auch am Tag vor der Tat mit ihr telefoniert hat.

Ausgerechnet im besagten Tatzeitraum ist das Handy von Sabine M. ausgeschaltet. Auch sie wird nun auf das Polizeirevier gebeten und mit dem Verdacht von Richard Jäger konfrontiert. Er wirft ihr vor, dass sie mit dem Dienstwagen unterwegs war, um ihrem Bruder ein Alibi zu verschaffen.

Nach kurzem Zögern wird Sabine bewusst, dass alle Versuche, die Anschuldigungen zurückzuweisen, höchstwahrscheinlich ins Leere laufen würden. Mit einem einzigen Satz liefert sie das noch fehlende Puzzleteil und macht damit das Bild des Tathergangs komplett.

„Er wollte doch nur seinen Laptop."

Sabine M. gibt zu Protokoll, dass alles seit langer Zeit geplant gewesen war. Am Morgen des 7. April hat sie sich mit Erik auf einem Parkplatz getroffen, wo sie die Fahrzeuge getauscht haben. Er hat ihr die Wegbeschreibung mit den einzelnen Stationen, die sie anfahren soll, ausgedruckt und sie mit dem Kauf von allerlei Kleinigkeiten beauftragt. Die Kaufbelege soll sie dann anschließend im Fahrzeug aufbewahren.

Später hat Erik mit seinem Zweithandy seine Schwester Sabine auf seiner eigenen Nummer angerufen und ihr in knappen Worten aufgetragen, dass sie nun den Anruf tätigen soll. Mit Eriks Handy ruft sie Julia an und lässt die Verbindung für 14 Minuten bestehen. Sabine hat während der gesamten

Fahrzeit Handschuhe getragen, um keine Fingerabdrücke im Dienstwagen zu hinterlassen. Erik habe ihr dann anschließend den besagten Laptop sowie das Prepaid Handy gegeben.

Den Laptop sollte sie dann für mehrere Minuten unter Wasser legen, bevor sie Laptop und Handy entsorgt. All das hat sie in dem Glauben getan, dass Erik nur seinen Laptop wieder an sich nehmen möchte, um sich vor den Anfeindungen seiner Ex-Freundin zu schützen. Es hätte nie den Plan gegeben, Julia zu ermorden.

Für Erik M. zieht sich die Schlinge nun weiter zu, während er von Jäger mit dem vollen Umfang der Tatrekonstruktion konfrontiert wird. Der Vater des sieben Monate alten Jungen hat sich Zugang zu Julias Wohnkomplex verschafft, nachdem sein Mitarbeiter Adam ihm ein Zeichen gegeben hat. Im Verborgenen hat er auf die Rückkehr von Julia gewartet und sich dann hinter ihr in die Wohnung geschlichen. Noch bevor Julia reagieren kann, wird sie mit einem gewaltigen Schlag auf den Kopf überwältigt, auf den noch 13 weitere Schläge folgen.

Wieder und wieder schlägt Erik M. vor den Augen seines Sohnes auf Julia ein, bis auch das letzte Lebenszeichen endgültig erloschen war. Erik legt die Tatwaffe auf dem Stuhl ab und hinterlässt so den Blutfleck auf dem Sitzkissen. Dann ruft er seine Schwester Sabine an, die von seinem Handy aus Julia anruft. Er nimmt den Anruf auf Julias Handy entgegen und verschafft sich somit ein fast perfektes Alibi.

Bevor er die Wohnung verlässt, versucht er mit einem Schnitt in Julias Handgelenk, die Szenerie wie einen tragischen Suizid aussehen zu lassen. Dann greift er sich die Tatwaffe, sowie einen der Handschuhe, die er während der Tat getragen hat und bemerkt dabei nicht, dass der andere Handschuh unter den Stuhl gefallen ist. Er hinterlässt damit das eine Beweisstück, das ihm nun zum Verhängnis wird. Die Tatwaffe, seine Kleidung, sowie den zweiten Handschuh entsorgt er anschließend, bevor er sich mit seiner Schwester trifft, um die Autos zurückzutauschen und ihr den Laptop sowie das Handy zu geben.

Es ist der Moment, in dem sich auch Erik M. eingestehen muss, dass die Ermittler ganze Arbeit geleistet haben. Das Einzige was ihm jetzt noch bleibt, ist der Versuch einer Mordanklage zu entgehen.

Erik M. gesteht, an dem besagten Tag in der Wohnung von Julia gewesen zu sein, jedoch nicht um sie zu ermorden, sondern weil er den Laptop stehlen wollte. Doch Julia habe ihn dabei auf frischer Tat ertappt und ihn mit weiteren Drohungen provoziert. Aus Reflex habe er dann auf sie eingeschlagen und sie dabei versehentlich umgebracht.

Kurz darauf schildert der Täter auch noch eine zweite Version der Ereignisse, nachdem Richard Jäger seine Zweifel an der ersten Version kundtut. Julia hätte mit einem Messer vor ihm gestanden und gedroht, seinem kleinen Jungen etwas anzutun. Er musste sie überwältigen, um die Gesundheit seines Sohnes nicht zu gefährden. Doch auch die zweite Version erscheint Jäger nicht glaubwürdig. Wenn ihm die Gesundheit seines Sohnes wirklich so am Herzen liegt, warum hat er ihn dann am Tatort zurückgelassen? Auf sich allein gestellt, mit der Leiche seiner Mutter neben sich. Hätte Julias Mutter erst später die Wiener Polizei verständigt, hätte sie ihre Sorgen erst später geteilt, hätte die Polizei nicht sofort reagiert - wer weiß, welch grausames Schicksal dem kleinen Alex dann noch ereilt hätte? Zusätzlich zu dem ohnehin schon schrecklichen Verlust seiner Mutter. Ein Verlust, der sich direkt vor seinen Augen abgespielt hat. Welche psychischen Spätfolgen sich daraus im schlimmsten Fall ergeben, wird die Zukunft zeigen.

Erik M. bleibt bis zuletzt bei seiner Aussage, seine Ex-Freundin nicht ermordet zu haben. Das ändert sich auch nicht in der darauffolgenden Gerichtsverhandlung. Der vorsitzende Richter sagt während der Urteilsverkündung: "Ihr Plan wäre vermutlich aufgegangen, wenn Sie am Tatort nicht den Handschuh vergessen hätten. Ich mach das auch schon lang, aber ich habe noch nie so ein kaltherziges Verbrechen gesehen."

Erik M. wird am 14. April 2011 im Wiener Straflandesgericht für den Mord an Julia B. für schuldig befunden und zu lebenslanger Haft verurteilt. Bestialisch umgebracht habe er sie, sagt der Richter in der Urteilsverkündung.

Noch am selben Tag schließt sich die schwere Tür der Haftanstalt hinter Erik M., begleitet von dem lauten Signalton der Türverrieglung.

Es ist eigentlich nur ein Ton. Ein Ton, den Erik M. in den kommenden Jahren wieder und wieder hören wird. Und mit jedem weiteren Mal, das er diesen Ton hört, sinkt seine Hoffnung diesen Ort jemals wieder verlassen zu können.

»Krankenhaus: ein Gebäude, wo Kranken im Allgemeinen zwei Arten von Behandlung zuteil werden - medizinische vom Arzt und menschliche vom Personal.«

- Ambrose Gwinnett Bierce (1842-1914),
amerikanischer Journalist und Satiriker -

KAPITEL 11

Gratisbett beim lieben Gott

(von Marie van den Boom / Mordgeflüster)

Am 18. Dezember 1988 gegen fünf Uhr morgens fiebert Irene Leidolf dem Ende ihrer Nachtschicht entgegen. Sie kann das ständige Klingeln der ungeduldigen Patienten und Patientinnen nicht mehr ertragen. Auf ihrem Rundgang hält sie dann am Bett von Juliane P. an. Die liegt seit zehn Tagen bereits auf Station D im Pavillon V des größten Wiener Krankenhauses. Früher war Juliane P. einmal Primaballerina des Staatsopernballetts gewesen, doch seit eine Thrombose ihre Halsschlagader verstopft hat, ist sie halbseitig gelähmt und musste gezwungenermaßen ihren Traum von einer Ballettkarriere aufgeben. Die Schwester hält inne und überlegt, hat Mitleid mit der gescheiterten Frau, die alles verloren hat, wofür sie jahrelang so eisern trainiert hat. Kurzerhand stoppt die Nachtschwester die Infusion an Juliane P.s Vene, zieht eine Spritze auf und injiziert der Patientin den Inhalt per Katheter. Um sieben Uhr beginnt Irene Leidolfs wohlverdienter Feierabend und sie verlässt erschöpft, aber zufrieden das Krankenhaus. Kurz nach Mitternacht ist Juliane P. tot.

Österreichs Hauptstadt Wien liegt im Osten des Landes. Direkt an der Donau gelegen, verzaubert die Stadt nicht nur die Einheimischen, sondern auch zahlreiche Besucher jedes Jahr aufs Neue. Ihr künstlerisches und intellektuelles Erbe wurde von ihren berühmten Bewohnern wie Sigmund Freud, Mozart und Beethoven geprägt. Das Stadtbild zieren kaiserliche Paläste wie beispielsweise das Schloss Schönbrunn, die Sommerresidenz der Habsburger, oder die historischen Kopfsteinpflasterstraßen zwischen hohen gotischen Gebäuden über die tagein tagaus, die Hufe der bekannten Kutschpferde klackern.

Auch kulinarisch hat Wien einiges zu bieten. Egal ob beim weltberühmten Wiener Schnitzel, einem Stück köstlicher Sachertorte mit Schlagobers oder im Kaffeehaus bei einer duftenden Melange - die Bewohner zelebrieren die Tradition und lassen sich durch nichts und niemanden aus ihrer Wiener Gemütlichkeit herausbringen.

Wien gliedert sich in 23 Gemeindebezirke. Die einzelnen Bezirke sind so vielfältig wie die Stadt selbst. Die inneren Bezirke, rund um die Innenstadt, bieten das typische Stadtleben sowie viele historische Sehenswürdigkeiten und sind gerade deshalb auch bei Touristen sehr beliebt. Die äußeren Bezirke und die Bezirke in Randlage sind im Vergleich dazu ruhiger. Hier finden die Einwohner mit zahlreichen Parks und Grünanlagen ansprechende Erholungsgebiete.

Der wiederum ganz im Osten gelegene 13. Bezirk Hietzing ist einer der ruhigeren. Ein Teil des Bezirks ist der winzige Ort Lainz, er hat nur rund einen Kilometer im Durchmesser.

Hier wurde 1913 das damals größte Krankenhaus Wiens eröffnet. Es ist bis heute das älteste Spital und mit 2.800 Mitarbeitern und 18 Abteilungen das zweitgrößte der Stadt. Die Klinik in Lainz, galt im Wiener Volksmund lange als Endstation für alte Leute. Hier lagen die Aufgegebenen und Hoffnungslosen. Die, bei denen nichts mehr zu machen war.

Auch auf Station D im Pavillon V gibt es immer viel zu tun. Das Krankenhaus ist voll belegt und alle Mitarbeiter und Mitarbeiterinnen arbeiten unter Dauerstrom und an der Belastungsgrenze, meistens sogar weit darüber hinaus. So ergibt es sich, dass nach und nach auch die Schwestern und Pfleger auf der Station D weit über ihre Kompetenzen hinaus eingespannt werden. Sie als Pflegekräfte sind grundsätzlich nicht befugt Spritzen zu verabreichen. Doch die überlasteten Ärztinnen und Ärzte zeigen den Krankenschwestern und -pflegern wie es gemacht werden muss, um wenigstens im Nachtdienst ein wenig schlafen zu können.

So ahnt in diesem Moment niemand, dass die verantwortlichen Ärzte und Ärztinnen rückblickend aus reiner Bequemlichkeit dabei geholfen haben eine von Wiens berühmtesten Mordserien zu vertuschen.

Das Ganze nimmt, laut Aussage von Krankenschwester Waltraud Wagner im Jahre 1983 seinen Anfang. Sie arbeitet zu diesem Zeitpunkt seit einem Jahr im Pavillon V und wird von den anderen Hilfsschwestern respektiert, von einigen sogar regelrecht gefürchtet. Nach und nach bekommt sie auf der Station den makabren Spitznamen „Hexe“. Denn Schwester Waltraud hat ihre Aufgaben und ihre Verantwortung, den oftmals todkranken Patienten und Patientinnen gegenüber, für sich neu definiert.

Demnach erfüllt sie einer Patientin, nach eigenen Angaben, den verzweifelten Wunsch nach einer tödlichen Morphiumspritze. Sie sieht in diesem „Gnadenakt“ nur eine „Sterbehilfe“. Mitleid hat sie mit der Frau und ermöglicht ihr eine „gnadenvolle Erlösung“.

Doch bei diesem Einzelfall wird es nicht bleiben. Denn was sich in den Jahren zwischen 1983 und 1989 auf dieser Station abspielt, klingt wie der Stoff aus dem Psychothriller gemacht werden.

Dabei gilt Schwester Waltraud als treibende Kraft. Nach dem ersten Fall von Sterbehilfe, wie sie behauptet, macht sie im Abstand von mehreren Monaten weiter. Da auf der Station aber hauptsächlich sehr alte und kranke Patienten und Patientinnen untergebracht sind, schöpft zunächst niemand Verdacht. Das wiederrum bestärkt die Schwester darin weiterzumachen. Sie perfektioniert ihre Mordtechniken. Irgendwann erklärt sie ihrer Freundin und Kollegin Irene Leidolf, dass eine Überdosis des Beruhigungsmittels Rohypnol alten, unruhigen Menschen den raschen Tod bringt.

Rohypnol, auch bekannt unter Flunitrazepam, wird üblicherweise zur Behandlung von schwerer Schlaflosigkeit, zur Beruhigung, zur Muskelentspannung und zur Verringerung von Angstzuständen und Krämpfen eingesetzt. Es erzeugt ein starkes Gefühl von Sedierung und eine anterograde Amnesie, was bedeutet, dass sich die Betroffenen oft nicht daran erinnern, was nach der Einnahme passiert ist. Ein nicht von der Hand zu weisender Vorteil, sollte doch eines der Opfer den Mordanschlag überleben.

Diese fragwürdige Technik hat sich Waltraud Wagner angeblich bei den Ärzten und Ärztinnen abgeschaut. Auf diese Weise lernt sie, mit Irene Leidolf, ihre erste Komplizin in den perfiden Mordtechniken an.

In den nächsten Jahren steigen die Zahlen der Todesfälle auf der Station D im Pavillon V. Da während Waltraud Wagners Diensten so viele alte Menschen sterben, bekommt sie, wie schon erwähnt, von nun an den Spitznamen „Hexe". Doch nicht nur auf Irene Leidolf hat sie einen großen Einfluss. Auch andere Hilfsschwestern haben großen Respekt vor der dominanten Schwester.

Stefanija Meyer, die ursprünglich aus Slowenien stammt und dort in einer Fischdosenfabrik gearbeitet hat, absolviert 1973 einen Kurs zur Stationsgehilfin und beginnt ihre Beschäftigung unmittelbar darauf im Lainzer Spital. Erst in der Chirurgie und nach fünf Jahren wechselt sie dann auf die berüchtigte Station D. Aufgrund der Personalknappheit muss auch sie bald darauf Spritzen geben und Medikamente verabreichen, obwohl sie dafür nie ausgebildet wurde.

Waltraud Wagner und Irene Leidolf weihen auch Stefanija Meyer in ihre geheimen Machenschaften ein und sorgen so dafür, dass unzählige weitere hilflose Patienten und Patientinnen auf mysteriöse Weise das Krankenhaus nicht mehr lebend verlassen können. Besonders Waltraud Wagner ist hierbei die treibende Kraft. Patienten und Patientinnen, die „Schwierigkeiten machen“ oder ihr „auf die Nerven gehen“ bekommen ohne Umschweife „eine Fahrkarte ins Jenseits“. In ihrer Dienstzeit sterben bis zu sechsmal mehr Patienten und Patientinnen als in den Dienstzeiten anderer Schwestern.

Die Opfer werden entweder mit einer Überdosis Insulin oder dem Schlafmittel Rohypnol vergiftet, andere sogar durch Wasserzugabe ertränkt. Diese Prozedur nennen die „Todesengel von Lainz“, wie sie später im Volksmund genannt werden, zynischerweise „Mundpflege“. Eine abartige Eigenbezeichnung für folgendes Vorgehen: Eine Stationsgehilfin hält den Kopf des Opfers fest und drückt die Nase zu, die andere presst die Zunge mit einem Holzspachtel nach unten und gießt gleichzeitig Wasser in den Mund, bis das Opfer qualvoll erstickt. Aufgrund des Todeskampfes wehren sich die Opfer dabei sehr heftig. Doch bei Patienten und Patientinnen, bei denen bereits eine Wasserlunge bekannt ist, wird diese Todesursache fälschlicherweise als natürlicher Tod eingestuft.

Die Schwestern rechtfertigen die Morde untereinander damit, dass die alten und kranken Menschen, die ihnen schutzlos ausgeliefert sind „ohnehin schon beinahe tot waren". Sie haben ihre Opfer „nur erlöst". Doch das mordende Trio hat immer noch nicht genug. Als die 18-jährige Maria Gruber ebenfalls im Pavillon V eingeteilt wird, erkennen die drei Schwestern ihre Chance und instruieren auch die junge und unerfahrene Kollegin. Maria Gruber ist noch nicht lange in der Pflege tätig. Sie hat wegen Lernschwierigkeiten ihre Schwesternausbildung nicht beendet, wird aber aufgrund des dringend benötigten Personals trotzdem eingestellt. Schockiert über das Vorgehen des Trios wird ihr schnell bewusst, dass hier etwas ganz und gar nicht mit rechten Dingen zugeht. Solche Methoden haben nichts mit dem zu tun, was sie noch vor Kurzem in der Schwesternausbildung gelernt hat. Trotzdem kann sie sich den dominanten Arbeitskolleginnen nicht widersetzen. Einige Male versucht sie, sich gegen die Aufforderungen zum Töten zu wehren, gibt aber schließlich nach und tötet selbst zwei Menschen. Dass das Leben der Patienten in der Hand von mordenden Krankenschwestern liegt, ahnt zu diesem Zeitpunkt noch niemand.

Das Quartett unterteilt die Patienten und Patientinnen in „gute" und „schlechte". Darüber wird zeitweise in der Zigarettenpause entschieden. „Gut" ist derjenige, der wenig Arbeit macht und keine Widerworte gibt. Er oder sie wird mit dem Leben belohnt. Getötet wird, wer unbequem und unruhig ist. Die „schlechten" Patienten und Patientinnen sind diejenigen die zu viel Arbeit machen und die Schwestern „ärgern". Waltraud Wagner sagt einmal „Der bekommt ein Gratisbett beim lieben Gott."

Am 21. Dezember 1988 gegen 18 Uhr hat Irene Leidolf Schicht. Sie greift zu einer Spritze und verabreicht sie Stefan F. Am nächsten Mittag ist der 83-Jährige tot. Wenige Monate später stirbt auch die Krebspatientin Thekla G. Die 80-Jährige lag auf Station D in Pavillon V. Nicht ihre schwere

Krebserkrankung, sondern Wasser in ihren Lungen führt letztendlich zu ihrem Tod. Später stellt sich heraus, dass Thekla G. qualvoll erstickt ist. Doch diese drei Opfer sind kein Einzelfall. Sie sind drei von insgesamt mindestens 42 Opfern in einer Mordserie, die bis heute als Österreichs größter Pflegeskandal gilt.

Doch wie konnte dem mordenden Quartett endlich das Handwerk gelegt werden?

Bereits 1988 äußert eine Hilfsschwester den Verdacht, dass Patienten und Patientinnen auf der besagten Station das als Schlafmittel eingesetzte Rohypnol verabreicht wird. Dieser Verdacht dringt sogar bis zum Oberarzt vor, der daraufhin Anzeige erstattet. Die anschließenden polizeilichen Ermittlungen verlaufen jedoch zunächst ergebnislos. Erst als Waltraud Wagner und Stefanija Meyer am 01. April 1989 dem schwindelanfälligen Patienten Franz K. eine hohe Dosis Insulin verabreichen und er den Mordanschlag glücklicherweise überlebt, kommt Bewegung in die ganze Sache. Als eine Oberärztin Franz K. zufällig auf dem Flur entdeckt, liegt der Mann schon im Koma. Die Ärztin erkennt die Symptomatik und behandelt die Unterzuckerung schnellstmöglich. Am nächsten Morgen ist Franz K. wieder ansprechbar. Während er überglücklich ist, mit dem Leben davon gekommen zu sein, sagt er mit Tränen in den Augen: „Ich kann mich an die Schwester nicht mehr erinnern. Ich bin kein Diabetiker. Ich habe mich nur gewundert, dass ich eine Spritze bekommen sollte. Dann ist mir schwindelig geworden.“ Der Patient hat eine Unterzuckerung erlitten, nachdem ihm eine Schwester Insulin verabreicht hat, obwohl er kein Diabetiker ist. Für die Ärzte der Station gibt es jetzt keinen Zweifel mehr. Noch ein weiterer Tag vergeht, bis der Oberarzt erneut Anzeige erstattet und endlich die Polizei eingeschaltet wird.

Zunächst werden die vier Stationsgehilfinnen beurlaubt, aber nach einer Untersuchung im Krankenhaus sechs Tage später, am 07. April 1989, schließlich verhaftet. In den anschließenden Verhören gestehen Waltraud Wagner, Irene Leidolf, Stefanija Meyer und Maria Gruber gegenüber der Wiener Polizei, sowohl allein als auch zusammen eine unglaubliche Zahl von alten und kranken Menschen im Krankenhaus von Lainz getötet zu haben. Dabei betonen sie immer wieder, dass sie die Menschen von ihrem Leid erlösen wollten.

Der amtierende Kanzler Franz Vranitzky nennt die Tat „das brutalste und grausamste Verbrechen der österreichischen Geschichte". Doch nicht nur in Österreich, auch weltweit wächst die Erschütterung über die „Todesengel von Lainz". Fragen werden laut. Was sind das für Krankenschwestern, die zu solchen Gräueltaten fähig sind? Und warum konnten sie so lange unbemerkt töten?

Nach und nach stellt sich heraus, dass die Frauen nicht nur fachlich, sondern auch moralisch ihrer Aufgabe als Kranken- bzw. Hilfsschwester nicht gewachsen waren. Niemand klärte sie über den korrekten Umgang mit Sterbenden auf. Keiner machte sie darauf aufmerksam, dass es Krankheiten gibt, die das Wesen und die Laune eines Menschen dauerhaft verändern. Alle sagen in den Verhören bei der Polizei aus, dass sie mit ihren Taten, vor allem zu Beginn, die Schmerzen der Patienten und Patientinnen lindern wollten. An die fatalen Folgen, die ihr Handeln haben könnte, hätten sie nicht gedacht. Doch die Willkür und Skrupellosigkeit, mit der die „Todesengel von Lainz" vorgegangen sind, spricht eine ganz andere Sprache.

In den Verhören belasten sich die Frauen gegenseitig. In ihrem Geständnis erklärt Irene Leidolf, sie glaubt, dass allein Waltraud Wagner mehr als hundert Menschen getötet hat. Später relativieren die Schwestern ihre Angaben jedoch. Die tatsächliche Zahl der Opfer, die direkt auf die vier Lainzer Krankenschwestern zurückzuführen sind, bleibt unklar. In den ersten Verhören gibt allein Waltraud Wagner 49 Morde zu und beschreibt diese detailliert. Jedoch widerruft sie ihr unterschriebenes Geständnis kurz vor dem Prozessbeginn. Sowohl die Ermittler und Ermittlerinnen als auch die Ärzte und Ärztinnen fühlen sich angesichts der hohen Opferzahl geradezu ohnmächtig. Phasenweise ist von insgesamt bis zu 300 Morden die Rede. Eine schier unfassbare Zahl. Erschwerend kommt hinzu, dass der lange Tatzeitraum eine wirklich lückenlose Beweisaufnahme praktisch unmöglich macht. Die Polizei konzentriert sich daher auf kurz zurückliegende Todesfälle und Zeugenaussagen. Mithilfe von Exhumierungen versuchen die Beamten zumindest einzelne Verbrechen zweifelsfrei nachzuweisen.

Gemessen an der Zahl ihrer Opfer ist allein Waltraud Wagner im gleichen Atemzug mit berüchtigten Serienmördern wie Jack Unterweger oder Jeffrey Dahmer einzuordnen.

Die österreichische Presse stürzt sich auf die Story. Es werden immer neue Titelseiten gedruckt mit unzähligen neuen Mutmaßungen, Erkenntnissen und Einblicken in diesen monströsen Kriminalfall. Dabei überschreitet die Presse jegliche Grenzen und schreckt nicht davor zurück, sogar die privaten Wohnadressen der in U-Haft sitzenden Frauen zu veröffentlichen. Ganz vorne mischt die Kronen Zeitung mit, eine von Österreichs bekanntesten Tageszeitungen. Ihre Journalisten decken kurz nach dem Bekanntwerden der Mordserie auf, dass Waltraud Wagner angeblich nebenbei als eine Geheimprostituierte gearbeitet hat. Andere Medien zögern jedoch, diese unglaublichen Vorwürfe zu übernehmen, während sich die Krone in einen Rausch schreibt. Immer neue pikante Details werden ausgepackt. Demnach soll die „geile Trude“ auch als Callgirl gearbeitet haben. Doch nach vier Tagen, in denen immer neue geschmacklose Berichte veröffentlicht werden, stellt sich heraus, dass es sich um eine Verwechslung handelt. Daraufhin räumt die Kronen Zeitung auf einmal kleinlaut das Missverständnis ein. Waltraud Wagner verklagt kurzerhand das Boulevardblatt und gewinnt sogar. Die Kronen Zeitung muss eine mehrseitige Richtigstellung abdrucken.

In den weiteren Ermittlungen der Polizei stellt sich heraus, dass es von Seiten der Patienten oder deren Angehörigen keinerlei Beschwerden über Schwestern oder die Behandlung auf der Station D im Pavillon V gab. Erschreckenderweise ist es den Täterinnen gelungen mit ihrem Verhalten nicht aufzufallen. Ohne die Geständnisse der beschuldigten Schwestern wäre es sehr schwer gewesen, den Fall aus medizinischer Sicht aufzuklären. Doch um die Todesursachen zahlreicher verstorbener Patienten und Patientinnen zu überprüfen, werden diese nachträglich exhumiert und obduziert. Dabei wird ungewöhnlich häufig Wasser in den Lungen der Toten festgestellt. Zudem finden die Gerichtsmediziner auch Hinweise auf eine tödliche Überdosis an Insulin bei einigen anderen Toten.

Genau diese Details helfen bei der Gerichtsverhandlung zu verdeutlichen, wie skrupellos die vier Schwestern vorgegangen sind. Zu Beginn des Verfahrens beharren sie noch darauf, ihre Patientinnen und Patienten erlöst oder die Tötungen auf expliziten Wunsch durchgeführt zu haben. Doch im weiteren Verlauf des Prozesses belasten sich die vier schließlich gegenseitig. Insgesamt deutet einiges darauf hin, dass Waltraud Wagner als Haupttäterin die anderen drei Schwestern oft massiv unter Druck gesetzt hat und diese meist nur als Mitläuferinnen gehandelt haben.

Der Staatsanwalt gibt im Laufe des Prozesses an, dass sich die Frauen wie „Herrinnen über Leben und Tod“ aufgeführt haben. Der Richter und die Geschworenen stimmen dem zu. Die lang ersehnte Urteilsverkündung findet dann, nach insgesamt siebzehn Verhandlungstagen, am 29. März 1991 statt. Der Richter verurteilt Waltraud Wagner wegen 15-fachen Mordes und 17-fachen Mordversuchs zu einer lebenslangen Freiheitsstrafe. Sie bricht daraufhin zusammen und muss vom Notarzt behandelt werden.

Trotz zahlreicher Indizien wird Irene Leidolf von den meisten Verdächtigungen freigesprochen, erhält jedoch für fünf nachgewiesene Morde und zwei Mordversuche ebenfalls lebenslange Haft. Die Mittäterin Stefanija Meyer wird wegen sieben Mordversuchen zu zwanzig Jahren Gefängnis und Maria Gruber schließlich wegen zwei Mordversuchen zu fünfzehn Jahren Gefängnis verurteilt. In der Urteilsbegründung heißt es, dass sie mit „besonderer Heimtücke und Grausamkeit“ vorgegangen sind. Insgesamt haben die Frauen gemeinschaftlich mindestens zwanzig Morde und achtundzwanzig Mordversuche begangen. Doch ob damit wirklich alle Taten abgedeckt sind, kann nicht mehr aufgeklärt werden.

Mittlerweile sind alle vier wieder auf freiem Fuß und leben unter einer neuen Identität an unbekannten Orten. Waltraud Wagner und Irene Leidolf werden am 07. August 2008 nach über neunzehn Jahren Haft aus dem Gefängnis entlassen. Der Rest der Strafen wird jeweils zur Bewährung ausgesetzt. Stefanija Meyer wird nach fünfzehn Jahren und Maria Gruber nach zwölf Jahren jeweils vorzeitig entlassen.

Heute erinnert in Lainz nichts mehr an die grausame Mordserie von vor über dreißig Jahren. Nach einer grundsätzlichen Umstrukturierung heißt das Spital jetzt „Krankenhaus Hietzing“. Doch den Wienern ist das egal, sie nennen ihr Spital weiter das „Lainz“.

Was bleibt, ist ein fader Beigeschmack. Hochgerechnet auf die tatsächlich mögliche Opferzahl gehören die „Lainzer Todesengel“ zu den weltweit wohl tödlichsten Serienmörderinnen der Kriminalgeschichte.

»*Wie ist es denn, dass trüb und schwer*
So alles kommt, vorüberzieht,
Und wechselnd, quälend, immer leer,
Das arme Herz in sich verglüht?«

–Ludwig Tieck (1773-1853), deutscher Dichter –

KAPITEL 12

Ein Job am Skilift

Endlich ist der Sommer da. „Perfektes Wetter für eine Wandertour", befindet das Paar Ralf[9] und Tina[10] am Vormittag. Sie ziehen ihre Wanderschuhe an und los geht es. Es gibt doch nichts Schöneres, als dem anstrengenden Alltag mit einem Marsch durch sattgrüne Wiesen zu entfliehen - den Blick auf die Berge gerichtet, deren Gipfel in den strahlend blauen Himmel emporragen. In der Ferne hört das Paar einen Bach plätschern, begleitet von dem Gebimmel der Glocken, die am Hals einiger Kühe hin und her schwingen. Es riecht nach Sommer, nach blühenden Blumen und erfrischendem Tannenduft. Ihre Route führt Ralf und Tina in die Gemeinde Schattwald, gelegen im Tannheimer Tal in Tirol. Die Sonnenstrahlen wärmen ihre Gesichter und sie genießen die klare Luft in den Bergen. Plötzlich bleibt der Mann stehen. „Was ist denn los?", fragt seine Frau ihn überrascht. „Schau dort", flüstert er und zeigt mit dem Finger eine dunkle Böschung hinab. Tina folgt der angegeben Richtung mit den Augen, bis ihr Blick auf einer gammligen Matratze haften bleibt, die dort im Dreck liegt. Der Duft des Sommers ist abrupt verflogen. „Mein Gott!", ruft die Frau aus, bevor Ralf nach seinem Handy greift und einen Notruf absetzt.

---

9 Namen geändert
10 Namen geändert

Raven Vollrath kommt im Juli 1980 zur Welt. Gemeinsam mit seiner älteren Schwester und seinen Eltern Maryon und Günther lebt er in der thüringischen Stadt Ilmenau. Nachdem Raven seinen Hauptschulabschluss in der Tasche hat, beginnt der junge Mann eine Ausbildung zum Tischler. Doch sein Lehrbetrieb geht bankrott. Einen neuen Ausbildungsplatz findet Raven nicht; fortan ist er arbeitslos und ist auf staatliche Unterstützung angewiesen.

Entmutigen lässt sich Raven aber nicht. Der schlanke und großgewachsene, junge Mann mit den krausen, dunkelbraunen Haaren und einem hellbraunen Henriquatre-Bart sucht immer wieder Wege, um aus der Arbeitslosigkeit herauszukommen. Im Rahmen der Maßnahmen des Arbeitsamtes bekommt Raven einen 1-Euro-Job in einem Betrieb in der Kleinstadt Groß Breitenbach. Hier lernt er Markus H. kennen, einen jungen Mann mit dem er sich schnell anfreundet. Dieser erzählt ihm eines Tages, dass er für die Wintersaison 2005/2006 nach Österreich in ein Skigebiet fahren will und fragt Raven, ob er nicht Lust hätte, mitzukommen. Raven hat Lust. Er ist zuversichtlich, dass auch er in Tirol einen Saisonjob finden und so etwas Geld verdienen kann. Als günstige Unterkunft für die Saison dient ein kleiner, bewohnbar gemachter Abstellraum im Liftgebäude.

Gemeinsam machen sich die beiden Freunde Anfang Dezember 2005 mit Ravens Opel Corsa auf den Weg in das österreichische Zöbeln. „Tschüss, macht´s gut“, sind die letzten persönlichen Worte, die der 25-Jährige mit den freundlich dreinblickenden, braunen Augen an seine Eltern richtet. Danach sind die Männer rund vier Stunden unterwegs, bis sie endlich ihr Ziel in den Tiroler Bergen erreichen.

Am Skilift in Zöbeln angekommen, empfängt sie die Mutter von Markus. Sie hat bereits das kleine Zimmer im Liftgebäude bezogen. Wie Markus hat auch seine Mutter Gabriele S. einen Saisonjob am Skilift ergattert. Doch bereits kurz nach der Ankunft der beiden jungen Männer folgt die Ernüchterung: für Raven gibt es keine Arbeit an der Liftstation. Davon lässt er sich aber nicht beirren. Mit seinem Opel Corsa macht er sich auf den Weg in das 130 km entfernte Dorf Hochsölden. Hier wird in einem Hotel, das direkt an einer Skipiste liegt, ein Hausmeister auf Zeit gesucht. Raven hat Erfolg, die Eigentümer stellen ihn sofort ein.

Mit Begeisterung macht sich der junge Mann an die Arbeit. Er verdient 1200€ im Monat; Kost und Logis sind frei. Zunächst gefällt ihm sein neuer Job gut. Seine Chefin hingegen ist mit der Leistung ihres neuen Mitarbeiters nicht zufrieden. Er arbeite zu langsam und würde zu viele Pausen machen. Es kommt zu einer Auseinandersetzung zwischen Chefin und Angestelltem. Nach dem Streit versucht Raven verärgert sein Glück nochmals beim Betreiber des Skilifts in Zöbeln. Mit Erfolg: Raven erhält nach einem Telefonat die Zusage, über die Weihnachtsfeiertage 2005 bis zum 06. Januar 2006 dort arbeiten zu können.

Am 22. Dezember 2005 macht sich Raven um 06:00 Uhr morgens ohne ein Wort des Abschiedes vom Hotel in Hochsölden auf zum Skilift in Zöbeln. Hier kommt er in dem kleinen Zimmer, das bereits von seinem Freund Markus und dessen Mutter Gabriele bewohnt ist, unter. Seine Schlafstätte ist eine auf den Boden gelegte Matratze. Raven freut sich, dass er noch zwei Tage frei hat, bevor sein Saisonjob am Skilift beginnt. Bis dahin will er seine freie Zeit nutzen, um endlich Snowboard fahren zu lernen. Die Ausrüstung dafür leiht er sich von Markus aus.

Direkt am Morgen des 22. Dezember 2005, geht Raven auf die Piste und beginnt eifrig zu üben. Gegen 11:00 macht er eine kleine Pause und nutzt die Gelegenheit, seine Mutter Maryon in Ilmenau anzurufen. Stolz berichtet er, wie viel Spaß ihm der Wintersport mit der geliehenen Snowboardausrüstung von Markus bereite. Mutter Maryon freut sich mit ihrem ausgelassenen Sohn, sagt ihm aber auch, dass er sich nicht allzu spät auf den Rückweg ins Hotel nach Hochsölden machen soll. Schließlich müsse er dort am nächsten Tag wieder arbeiten. Er habe frei und würde deshalb in Zöbeln bleiben, schwindelt Raven seine Mutter daraufhin an. Von dem Streit mit seiner Chefin und dem unverhofften Jobwechsel erzählt der 25-Jährige nichts.

Gegen 17:00 telefoniert Vater Günther ebenfalls mit Raven. Im Gespräch drängt er ihn, nun bald die 100 km lange Rückfahrt nach Hochsölden anzutreten. Dunkelheit, Schnee, Glätte und die kurvenreiche Strecke bereiten dem Vater Sorge. Raven ärgert sich über die Bevormundung seines alten Herren und legt dann unvermittelt auf. Daraufhin versucht Mutter Maryon ihren Sohn nochmal ans Telefon zu bekommen - vergeblich. Auch in den Tagen darauf können die Eltern ihren Sohn nicht erreichen - sein Handy ist ausgeschaltet.

Dann kommt der Heiligabend. Maryon und Günther sind sich sicher, dass Raven sich zu diesem besonderen Fest der Familie auf jeden Fall bei ihnen melden wird. Doch das Telefon bleibt stumm. Raven ruft nicht an. Später erfahren die Eltern, dass ihr Sohn zu diesem Zeitpunkt gar nicht mehr in der Lage war, zu telefonieren.

Günther und Maryon haben ein inniges Verhältnis zu ihrem jüngsten Kind. Auch wenn Raven manchmal klagt, er fühle sich bevormundet, telefoniert er doch ganz regelmäßig, mehrmals in der Woche, mit seinen Eltern. Und genau dieser Umstand, ist auch der Grund, warum Günther und Maryon eine böse Vorahnung beschleicht. Sie kennen ihren Sohn so nicht. Ravens Handy ist aus; seit drei Tagen haben sie nun nichts mehr von ihm gehört. Das Ehepaar ist sich sicher: hier stimmt etwas nicht.

Am 25. Dezember 2005 gehen die besorgten Eltern auf das deutsche Polizeirevier Ilmenau, um Raven als vermisst zu melden. Doch der diensthabende Beamte meint, er könne den Eltern nicht helfen. Immerhin ist ihr Sohn bereits volljährig und eine akute Bedrohungslage sei nicht erkennbar.

Am 28. Dezember 2005 rufen die Eltern die österreichische Polizei in Grän an und bitten, nach dem Opel Corsa von Raven Ausschau zu halten. Es dauert keine halbe Stunde, da meldet sich tatsächlich ein Gendarm bei Günther und Maryon, um ihnen mitzuteilen, dass die Beamten das Auto ihres Sohnes gefunden haben. Später werden die Eltern herausfinden, dass die Gendarmen nur deshalb so schnell den PKW ihres Sohnes fanden, weil sie bereits wussten, dass seit fast einer Woche ein`scheinbar herrenloses, nicht verschlossenes Auto mit deutschem Kennzeichen auf einem öffentlichen Parkplatz an der Liftanlage in Zöbeln stand, das nicht bewegt zu werden schien.

Günther und Maryon Vollrath machen sich nun auf den Weg nach Zöbeln. Sie möchten sich selbst einen Eindruck von der Lage vor Ort machen. Ihr erstes Ziel ist Ravens PKW. Doch nicht nur, dass in dem Opel Corsa ein heilloses Durcheinander herrscht und Ravens Bekleidung scheinbar achtlos hineingeworfen wurde; viel beunruhigender empfinden die Eltern die Tatsache, dass auf dem Beifahrersitz alle persönlichen Gegenstände von Raven liegen - seine Krankenkarte, Führerschein, Scheckkarte, Bargeld und das Handy.

Wider Erwarten teilt die österreichische Polizei die Sorgen der Eltern aber nicht. Sie sehen wie die Kollegen in Deutschland keinen Grund zur Beunruhigung. Die Gendarmen vermuten, dass Raven vielleicht irgendwo einer Schwarzarbeit nachgehe. Als Mutter Maryon einwendet, dass er doch offensichtlich keine Bekleidung mithabe, bekommt sie zur Antwort, dass man sich schließlich auch neue Kleidung kaufen könne. „Aber mit welchem Geld denn?!", entgegnet die verzweifelte Mutter. „Geld kann man beschaffen", entgegnet ihr der Polizist ungerührt.

Maryon und Günther sehen sich gezwungen nun eigene Nachforschungen anzustellen. Am Silvestertag treffen sie auf Ravens Freund Markus. Er berichtet ihnen, dass eine junge Frau namens Helena den Vermissten morgens früh um 5:00 Uhr am 24. Dezember 2005 abgeholt habe. Markus gibt diese Angaben auch bei der österreichischen Polizei zu Protokoll. Die Beamten stufen seine Aussage als plausibel ein. Sie sehen keinerlei Veranlassung, den jungen Mann oder seine Mutter eindringlicher zu befragen oder das Apartment und den Opel Corsa genauer zu untersuchen, um eventuelle Spuren zu sichern.

Ravens Eltern glauben dem Freund ihres Sohnes nicht. Vor allem, nachdem Maryon Markus gefragt hatte, ob Raven persönliche Dinge in dem kleinen Zimmer zurückgelassen habe. Sein Kulturbeutel und sein Waschzeug seien noch da, antwortetet Markus ihr. Maryon wird misstrauisch. Raven soll mit einer jungen Frau unterwegs sein, aber Wechselkleidung und sein Waschzeug samt Kulturbeutel nimmt er nicht mit? Das kann Frau Vollrath sich beim besten Willen nicht vorstellen.

Während Mutter Maryon versucht, die ganzen Ungereimtheiten zu verstehen, verlässt Vater Günther der Mut. Ihm graut, was seine Frau womöglich nicht wahrhaben will. Dass ihrem Kind das Allerschlimmste widerfahren ist. Das unverschlossene Auto, die Gegenstände, die Raven zurückgelassen hat, die fadenscheinigen Angaben von Markus. All dies sind für ihn klare Anhaltspunkte, dass hier etwas ganz und gar nicht stimmen kann. Jedoch lassen sich die Puzzleteile noch nicht ineinander fügen.

Vorerst muss das Ehepaar die Suche nach ihrem Sohn in Tirol abbrechen und nach Ilmenau zurückkehren. Ravens Auto lassen sie bei der Polizei in Grän zurück. Maryon hinterlässt noch einen Brief für ihren Sohn, sollte er zurückkommen. Mit einem unguten Bauchgefühl tritt das Ehepaar am 02. Januar 2006 die Heimreise an. Sie haben das Gefühl, ihr Kind im Stich zu lassen. Doch nicht aufschiebbare Verpflichtungen warten zu Hause. Die Familie vermietet Apartments in ihrem Haus. Es haben sich Gäste angekündigt und die letzten Vorbereitungen müssen getroffen werden. Das quälende Warten auf ein Lebenszeichen von Raven treibt Günther und Maryon trotzdem weiter um. Immer wieder rufen sie die österreichische Polizei an, in der Hoffnung, es gebe endlich Hinweise auf den Verbleib ihres Kindes. Doch jede Nachfrage bei der Gendarmerie endet mit einer Enttäuschung.

In ihrer Not suchen die Eltern erneut das Polizeipräsidium im Heimatort Ilmenau auf. Sie berichten den Beamten, welche Erkenntnisse sie in Österreich über das spurlose Verschwinden ihres Sohnes gesammelt haben. Raven muss etwas zugestoßen sein. Doch auch die deutschen Beamten teilen die Sorge der Eltern nicht. Verzweifelt fragt der Vater einen der Polizisten, was denn passiert sein könnte; ein Mensch verschwindet doch nicht von heute auf morgen ohne jede Spur. Der Beamte beginnt zu sinnieren: „Junger Mann, Hartz IV… nun ja, die meisten haben sich irgendwo „aufgebammelt", ist die düstere Prognose des Polizisten. Suizid? Die Eltern können sich das nicht vorstellen. „Natürlich kann man den Menschen immer nur vor den Kopf gucken, aber Raven war doch grade in einer glücklichen Lebensphase, warum sollte er sich jetzt das Leben nehmen? Was hätte ihn so verzweifeln lassen können, dass es ihm sogar den Lebensmut raubt?", denken sich die im Stich gelassenen Eltern.

In den folgenden Nächten liegen Günther und Maryon wach und grübeln. Schon bald aber hält der Vater es nicht mehr aus, einfach untätig in Ilmenau zu sein. Mit seiner Frau setzt er sich kurzerhand ins Auto und macht sich auf den Weg nach Österreich, um weiter nach Raven zu suchen. Bars, Lokale, Geschäfte, das Hotel, in dem Raven gearbeitet hat: überall machen die unglücklichen Eltern Halt, sprechen mit unzähligen Menschen, immer in der Hoffnung, dass jemand ihren Sohn vielleicht gesehen hat oder gar weiß, wo er sich derzeit befindet.

So mancher der Angesprochenen glaubt, einen jungen Mann erblickt zu haben, der dem Bild auf dem Suchplakat der Eltern ähnelt. Immer wieder ein kleiner Hoffnungsschimmer für die Vollraths. Doch etwas Konkreteres, das den Eltern Gewissheit gibt, dass es Raven gut geht, kann ihnen niemand berichten. Zwei Wochen lang fährt das Ehepaar quer durch Österreich, bevor sie erschöpft von der erfolglosen Suche nach Ilmenau zurückkehren. Maryon begibt sich mit dem Kleinwagen von Raven samt seiner Sachen nach Deutschland. Es ist die letzte Fahrt. Das Auto bringt Ravens Mutter noch heil nach Hause - danach lässt sich der Motor nie wieder starten.

Tage, dann Wochen und schließlich Monate vergehen ohne ein Lebenszeichen von Raven. Der eiskalte Winter wird von einem milden Frühling abgelöst, bis sich langsam der warme Sommer ankündigt. Am 10. Juni 2006 macht ein Pärchen eine kleine Wandertour. In der Gemeinde Schattwald, 2,5 km von der Liftstation mit dem kleinen Zimmer entfernt, entdecken sie in dem trockenen Bachbett des Steigbaches eine verweste Leiche. Der Tote liegt auf einer Matratze, bekleidet nur mit einem T-Shirt, Unterwäsche und einer Socke.

Die österreichische Polizei informiert Maryon und Günther Vollrath über den Fund eines unbekannten Toten. Die Vermutung liege nahe, dass es sich bei dem Unbekannten um Raven handele. Um die Identität feststellen zu können, werde DNA benötigt. Familie Vollrath kommt der Bitte der österreichischen Polizei sofort nach. Drei Wochen des bangen Wartens vergehen, bis die Vollraths am 30. Juni 2006 erneut einen Telefonanruf aus Österreich bekommen. Es ist Raven. Ohne Zweifel. Ihr Sohn sei tot und könne nun beerdigt werden. Dies teilen die Behörden den betroffenen Eltern mit. Sie sollen doch bitte ein Beerdigungsinstitut für die weiteren Formalitäten beauftragen.

Für die Vollraths bricht eine Welt zusammen. Ihr geliebtes Kind ist tot. In ihrem Schock wird das Ehepaar allein gelassen. Keine Polizisten, die ihnen persönlich die Todesnachricht so schonend wie möglich beibringen. Kein Seelsorger, der sie in diesem schweren Moment stützt. Maryon und Günther werden sich in ihrem Schmerz selbst überlassen.

Ihre Hoffnung, dass nun genaue Nachforschungen angestellt werden, wie Raven ums Leben gekommen ist, werden alsbald zerschlagen. Auf dem Totenschein ist „Tod durch Erfrieren“ vermerkt. Der zuständige Rechtsmediziner Dr. Rabl kommt zu dem Ergebnis, dass die exakte Todesursache und der Todeszeitpunkt nicht mehr feststellbar seien. Äußere Gewalteinwirkungen könne er nicht feststellen. Die Hypothese der Behörden: Raven hat in den frühen Morgenstunden des 24. Dezembers 2005 das Zimmer in der Liftstation, wahrscheinlich alkoholisiert, verlassen. Bekleidet mit einer Unterhose, einem T-Shirt und Socken, die Matratze unter dem Arm, ist er dann bei -11° die 2,5 km nach Schattwald gelaufen. An einer Brücke, die über den Bach führt, kletterte er dann, samt Matratze, den steilen Abhang ins Bachbett hinunter. Hier legte er sich auf seine Matratze und schlief ein. Kurze Zeit später erfror er. Für die zuständigen Behörden ist der Fall geklärt; die Staatsanwaltschaft Innsbruck schließt die Akten. Sie sehen kein Hinweis für ein Fremdverschulden, das strafrechtlich belangt werden könnte.

Nur zwei Wochen, nachdem die Eltern ihren Sohn zu Grabe getragen haben, machen sie sich wieder auf den Weg nach Tirol ins Tannheimer Tal. Sie wollen den Ort besichtigen, an dem Raven von den Wanderern gefunden wurde. Während ihrer Suche nach ihrem Sohn waren sie schon oft über die viel befahrene Bundesstraße durch Schattwald gefahren, die auch über die Brücke über dem Steigbach führt, in dessen Bachbett die Leiche ihres Sohnes, vom Schnee bedeckt, lag. Günther Vollrath sagt später, sein erster Gedanke, als er den Leichenfundort besuchte, war: Raven wurde hier abgelegt. Man hätte ihn samt Matratze mit einem Auto zur Brücke transportieren und dann über das Brückengeländer schmeißen können.

Ravens Eltern wollen sich mit dem Minimum der Ermittlungen in Tirol als auch in Deutschland und der unschlüssigen Hypothese über den Tod ihres Kindes nicht zufriedengeben. In der nordrhein-westfälischen Stadt Düren finden sie endlich jemanden, der ihre Zweifel an einer natürlichen Todesursache teilt und bereit ist, zu helfen. Der Anwalt Christoph Rühlmann steht den trauernden Eltern von nun an mit Rat und Tat zur Seite. Gemeinsam stellen sie eigene Ermittlungen an. Günther und Maryon sichern sogar eigenhändig Spuren in dem Corsa von Raven. Die Mutter macht dabei eine entscheidende Entdeckung: in der Akte ist vermerkt, dass zwei Paar verschiedene Socken bei der Leiche gefunden wurden. Raven hatte im Winter immer die Angewohnheit, zwei Paar Socken übereinander anzuziehen. Ihre Schlussfolgerung: die zwei unterschiedlichen Socken muss Raven an einem Fuß getragen haben. Im Corsa findet sie tatsächlich die fehlenden Gegenstücke. Die einzige, logische Erklärung: Raven wurde in seinem eigenen Auto zum späteren Leichenfundort transportiert.

Anwalt Rühlmann glaubt jetzt ebenfalls an ein Verbrechen; doch die Behörden animiert der Sockenfund nicht dazu, die Ermittlungen wieder aufzunehmen. Ravens Eltern sind der Verzweiflung nahe. Sie wenden sich an den österreichischen Fernsehsender ORF. Der Journalist Zoran Dobric, dreht daraufhin eine preisgekrönte Dokumentation für das Wochenmagazin THEMA, die zwischen Juni 2007 und Dezember 2008 entsteht. Er recherchiert, begleitet die Eltern mit der Kamera auf ihrer Spurensuche und deckt Ermittlungspannen der österreichischen Behörden auf. Nach Ausstrahlung der Sendung sehen sich diese wiederum zähneknirschend gezwungen, den Fall Raven Vollrath erneut aufzurollen.

Die Staatsanwaltschaft Innsbruck fordert zunächst, dass Markus H. und seine Mutter Gabriele S. erneut befragt werden. Da die beiden mittlerweile wieder in Deutschland wohnen, stellen die österreichischen Behörden ein Rechtshilfeersuchen bei der deutschen Polizei. Gabriele S. wohnt zu der Zeit in Kempten im Allgäu: nur 75 km von Zöbeln in Tirol entfernt. Die dortigen Ermittler wissen zu diesem Zeitpunkt nichts von dem mysteriösen Tod Raven Vollraths. Sie werden aber mit der Vernehmung von Gabriele S. beauftragt.

Um sich auf die Befragung von Markus′ Mutter gut vorzubereiten, liest sich Mordermittler Wilhelm Heckel, von der Polizei Kempten zunächst genau in die Akten ein. Doch Gabriele S. bleibt bei ihrer Version: Raven verließ in den frühen Morgenstunden das Zimmer mit seiner Matratze; seitdem habe sie ihn nicht mehr gesehen. Doch Heckel hegt Zweifel an der Plausibilität der Aussage von Gabriele S. Vor allem macht ihn stutzig, warum Raven leicht bekleidet, mit einer Matratze, ohne Schuhe bei Minusgraden in das 2,5 km entfernte Schattwald laufen soll, um sich dort draußen schlafen zu legen, wenn doch direkt auf dem Parkplatz an der Liftstation sein Auto geparkt war.

Nach der Vernehmung gleicht der Ermittler die Aussage von Gabriele S. mit den Akten ab und bemerkt einige Ungereimtheiten, die ihn veranlassen, die Frau erneut für eine Vernehmung einzubestellen. Während des zweiten Gesprächs mit dem erfahrenen Mordermittler wird Markus Mutter zunehmend unsicherer. Dann, nach zweieinhalb Jahren, kommt der Moment, in dem sie dem Polizisten erzählt, was wirklich geschehen war:

Sie berichtet, dass ihr Sohn Markus seinen Freund in dem kleinen Zimmer, das als Unterkunft während der Wintersaison diente, erstochen habe. Als Gabriele S. hinzu kam, sei Raven bereits tot gewesen. Mit der Situation völlig überfordert, habe sie sich entschlossen, ihrem Sohn beizustehen. Gemeinsam brachten sie Ravens Leiche, die Matratze und einen Badezimmerteppich, auf dem ebenfalls Blutspuren waren, in den Opel Corsa. Gabriele S. nahm auf dem Beifahrersitz Platz; Markus H. setzte sich ans Steuer.

Gabriele glaubte, am 20 km entfernten Grüntensee ein sicheres Versteck für die Leiche zu kennen. Kurz vor ihrem Ziel kam Markus aber von der schneebedeckten Straße ab und fuhr sich fest. Allein bekamen sie den Opel Corsa nicht mehr aus der Schneewehe frei. Markus machte sich daraufhin zu Fuß auf den Weg, um Hilfe zu holen. Er kam an einen Bauernhof und bat den Landwirt, der gerade um 6:30 Uhr morgens sein Vieh im Stall versorgte, um Hilfe. Der Landwirt setzte sich auf seinen Traktor und machte sich auf den Weg zu dem festgefahrenen Auto. Dort angekommen, traf er auf Gabriele S. Der hilfsbereite Bauer stellte fest, dass die Frau stark alkoholisiert war und auch der junge Mann schien nicht mehr ganz nüchtern zu sein. Den Kleinwagen zog er daraufhin mit seinem Traktor auf die Straße. Danach begab er sich wieder zurück zu seinem Hof, nichtsahnend, dass im Kofferraum des Autos eine Leiche lag.

Dann fuhren auch Gabriele S. und ihr Sohn wieder zurück nach Zöbeln und stellten den Corsa mit Ravens Leiche im Kofferraum auf dem Parkplatz am Skilift ab. Sie mussten an diesem 24. Dezember 2005 arbeiten. Bis zum Abend stand der Kleinwagen auf dem gut besuchten Parkplatz, bis sich Markus H. erneut ans Steuer setzte. Er fuhr nach Schattwald und legte den Toten samt Matratze dort ab, wo die Leiche dann sechs Monate später gefunden wird.

Mordermittler Heckel überprüft die Angaben von Gabriele S., um gerichtsverwertbare Fakten zu schaffen. Die Staatsanwaltschaft Meiningen in Thüringen erhebt daraufhin Anklage wegen Mordes gegen Markus H., Mutter Gabriele S. macht von ihrem Schweigerecht Gebrauch. Die Verteidigung des Angeklagten versucht die Glaubwürdigkeit von Markus Mutter in Zweifel zu ziehen. Es stellt sich heraus, dass die Frau ein Alkoholproblem hat und in der Vergangenheit bereits mehrfach in psychiatrischen Einrichtungen betreut wurde. Die Beweisführung gestaltet sich schwierig, da die Polizei nie Spuren gesichert hat - weder im Auto von Raven noch in seiner Unterkunft am Lift.

Nach einigem Hin und Her bekommen Ravens Eltern, dank der Hartnäckigkeit ihres Anwaltes, die Bilder, die der Rechtsmediziner während seiner Untersuchung angefertigt hatte. Darunter ein Foto, welches das T-Shirt, mit dem Raven zum Zeitpunkt seines Todes bekleidet war, ausgebreitet auf einem Seziertisch zeigt. Im Brustbereich sind, auch für ungeübte Augen sichtbar, zwei Löcher zu erkennen. Diese wurden von einem scharfen Gegenstand, wie etwa einem Messer, verursacht.

Viele Indizien, aber keine Beweise. Markus H. schweigt während des Prozesses. Ein Freispruch wegen Mangel an Beweisen zeichnet sich ab. Das wollen Maryon und Günther aber unbedingt verhindern.

So treffen die Eltern einen schmerzhaften Entschluss und lassen die Leiche ihres Sohnes exhumieren. Eine Rechtsmedizinerin in Jena untersucht erneut die sterblichen Überreste von Raven Vollrath. Makroskopisch, also schon mit dem bloßen Auge sichtbar, entdeckt die Expertin an einer Rippe des Toten eine Verletzung, die von einer Messerklinge stammen muss. Im Verlauf ihrer Untersuchung findet sie an einer weiteren Rippe sowie am Brustbein des jungen Mannes ähnliche Spuren.

Im Nachhinein verteidigt sich der österreichische Rechtsmediziner. Er habe die Spuren schlichtweg nicht bemerkt. Aber Ravens Eltern schenken ihm keinen Glauben. Immerhin war er es doch selbst, der das Foto von Ravens T-Shirt gemacht hat, auf dem die Einstiche klar erkennbar sind.

Mit dem Obduktionsergebnis aus Jena dreht sich am 9. Verhandlungstag das Blatt für Markus S. Die Chancen auf einen Freispruch sinken ins Bodenlose. Am 18. Dezember 2008, nach 15 Verhandlungstagen, wird Markus H. wegen Totschlags zu 8 Jahren Haft verurteilt. Mordmerkmale können dem Angeklagten nicht nachgewiesen werden. Der Täter schweigt. Warum Raven sterben musste; und was Markus H. dazu gebracht hat, seinen damaligen Freund zu töten, bleibt daher ungewiss. Gabriele S. wird durch das deutsche Strafgesetzbuch Paragraf 258 „Strafvereitlung“ durch den Absatz 6 geschützt. Dort heißt es: „Wer die Tat zugunsten eines Angehörigen begeht, ist straffrei.“ Ob ihre Darstellung der Geschehnisse der ganzen Wahrheit entsprechen oder ob sie ihre Rolle am Verbrechen an Raven Vollrath herunterspielte, bleibt für Beobachter auch nach dem Prozess fraglich.

Im November 2011 verklagt das Ehepaar Vollrath den für das fehlerhafte Gutachten verantwortlichen Rechtsmediziner Dr. Rabl, der damit beinahe dafür sorgte, dass die Tötung von Raven ungesühnt geblieben wäre. Im Mai 2012 entschied das Innsbrucker Gericht jedoch, dass der Mediziner nicht für sein falsches Gutachten hafte. In zweiter Instanz bestätigt auch der oberste Gerichtshof den Beschluss. Auch die Klage der Eltern auf Schadensersatz in Höhe von 120.000 Euro gegen die Republik Österreich wird abgewiesen. Warum die österreichischen Behörden nur widerwillig ermittelten und erst auf Druck der Öffentlichkeit sich dazu gezwungen sahen, genauer hinzuschauen; darüber kann nur spekuliert werden.

Markus H. sitzt seine Haftstrafe bis zum letzten Tag ab, auch deshalb, weil er die Tat nie zugibt; geschweige denn, Reue zeigt. Seit 2016 ist er auf freiem Fuß. Markus H. lebt nun wenige Kilometer von Ilmenau entfernt.

»Wo man Gefahren nicht besiegen kann,
Ist Flucht der Sieg; und ich entrann.«

- Johann Gottfried Seume (1763 - 1810),
deutscher Schriftsteller -

KAPITEL 13

Austrias Most Wanted

Aus dem weit aufgerissenen Mund Manfred Aichmairs dröhnt an diesem Donnerstagmorgen, dem 13. März 1986, ein lautes Gähnen. Seine Hände fahren hoch zu seinem Gesicht und an die Augen, wo sie die letzten Reste des Schlafs beseitigen. Während mit dem leichten Druck, der nun auf seinen Augäpfeln lastet, ihm auch das Flackern zwischen Dunkelheit und Helligkeit für einen kurzen Augenblick das Sehvermögen trübt, kann Aichmair das Rattern der Westbahn Linz im weichen Sitzpolster unter sich spüren.

Ab und an gewährt ihm der Spalt seiner durch die Finger geöffneten Augenlider einen verzerrten Blick auf die Inneneinrichtung des Zuges sowie die übrigen Fahrgäste. Einige haben den Kopf in den Nacken gelegt und dösen vor sich hin. Andere schlafen mit der Stirn an die Scheibe gepresst.

Aichmair führt die rechte Hand an sein linkes Handgelenk, richtet das Band seiner Armbanduhr und wirft erst einen flüchtigen Blick auf das Monochromdisplay – 6:30 Uhr – ehe seine Augen die vorbeiziehenden Büsche, Häuser und Bäume hinter dem Fenster taxieren. Durch die eingeschalteten Lampen im Inneren des Wagons spiegelt sich die Inneneinrichtung im schmutzigen Glas.

Als der Zug gerade den St. Barbara Friedhof im oberösterreichischen Linz passiert, wird der Mann auf ein rotes Knäuel aufmerksam, das direkt an der grauen Steinmauer liegt, leicht verdeckt von einem großen, gelben Bagger. Zunächst denkt Aichmair an einen Haufen alter Kleidung, doch je mehr die Bahn in die Kurve einbiegt und das unbekannte Etwas näherkommt, desto klarer sieht der Mann, um was es sich in Wahrheit handelt.

Die Erkenntnis macht sich mit einem unbehaglich warmen Gefühl vom Magen ausgehend bemerkbar; gleichzeitig wird seine Kehle trocken und seine Gliedmaßen beginnen zu zittern. Dort auf der Erde liegt der Körper eines Menschen.

Kaum ist Aichmair am Bahnhof aus dem Zug gestiegen, verständigt er auch schon die Polizei. Hat er tatsächlich eine Leiche erblickt? Oder handelt es sich bloß um einen Stadtstreicher, der sein Nachtlager an der Friedhofsmauer aufgeschlagen hat? Als die Staatsdiener wenige Minuten später an besagtem Fundort eintreffen, wird Aichmairs Befürchtung grausame Realität. Sofort ist den Beamten klar, dass es sich um den Ort eines Verbrechens handelt, denn der Leichnam der jungen Frau weist ein Loch unterhalb des linken Auges auf – ein Hinweis auf eine Schussverletzung. Neben der Toten liegt eine mit Blut bespritzte Handtasche; ob diese jedoch vom Opfer, vom Täter oder einem möglichen Helfer stammt, bleibt vorerst offen.

Die dunkelblonden Haare der Frau, die einst zu einem Vokuhila drapiert gewesen waren, sind von Dreck und Blut durchtränkt und stehen zu allen Seiten ab. Darüber hinaus ist das Opfer von der Taille abwärts entkleidet. Dies zusammen mit den zahllosen Schrammen, Blutergüssen sowie Blessuren an ihren Gliedmaßen gibt einen Hinweis darauf, dass sie vor ihrem Tod schwer misshandelt und vergewaltigt worden sein musste.

Obgleich ihr schmales Gesicht mit der frechen Stubsnase und den dicken, roten Lippen furchtbar entstellt ist, kann die Identität der Frau durch einige Zeugenbefragungen rasch geklärt werden: bei der Toten handelt es sich um die 23-jährige Elfriede Hochgatterer, wohnhaft in Traun – eine Stadtgemeinde im oberösterreichischen Bezirk Linz-Land.

Im Zuge der Ermittlungen findet die Polizei auch heraus, dass die Frau keine 200 Meter vom Fundort entfernt in einem Bordell als Prostituierte gearbeitet hatte. War Hochgatter möglicherweise einem unzufriedenen Freier zum Opfer gefallen? Laut Obduktionsbericht war ihr Körper wenige Stunden vor ihrem Tod durch Schläge auf den Kopf sowie die Hände misshandelt worden, ehe sie mit einem Revolver aus nächster Nähe hingerichtet wurde.

In direkter Nachbarschaft zur Arbeitsstätte der Prostituierten, in der Goethestraße 51, befindet sich ein weiteres – illegales – Rotlichtlokal, das den Namen „Bunny" trägt. In der Durchfahrt gegenüber des beigefarbenen Altbaus mit seinen prunkvoll verzierten Fensterrahmen, stoßen die Ermittler auf einen etwa 30 Zentimeter großen Blutfleck auf dem Asphalt. Schnell ist klar, dass das Blut von Elfriede Hochgatterer stammt – doch wie gelangte es dorthin? War die junge Frau möglicherweise in der Hausdurchfahrt misshandelt worden? Oder wurde sie gewaltsam über den Boden bis hin zur Friedhofsmauer geschleift, wo man ihr anschließend mit der Pistole ins Gesicht zielte und abdrückte? Doch müssten sich dann nicht überall Blutspritzer befinden?

Die Spuren sämtlicher Hinweise, die der Polizei in Windeseile zugetragen werden, laufen im „Bunny" zusammen. Mehrere Zeugen berichten, dass sie Elfriede in der Nacht des 13. März 1986 das letzte Mal an der Seite des

Besitzers des Bunnys, einem 1,75 Meter großen, muskulösen Mann mit braunen Haaren und blau-grünen Augen namens Tibor Foco, gesehen haben. Wollte besagter Foco möglicherweise eine Botschaft an seine Konkurrenz schicken?

Bereits einen Tag später, am Morgen des 14. März 1986, rückt die Polizei mit einem Großaufgebot in der Goethestraße an und nimmt Foco, samt zwei seiner Mitarbeiterinnen im Alter von jeweils 19 und 22 Jahren, fest. Eine davon – Regina Ungar – ist die Geliebte des Verdächtigen. Alle drei bestreiten, irgendetwas mit dem Mord an Elfriede Hochgatterer zu tun zu haben. Gestützt werden diese Angaben durch ein Alibi von Eva Foco, der Ehefrau von Tibor Foco, die beteuert, ihr Mann sei zum Tatzeitpunkt bei ihr zuhause gewesen.

Da es am Tatort so gut wie keinerlei DNA-Spuren gibt und keiner der Verdächtigen zum Zeitpunkt der Festnahme Schmauchspuren, also Rückstände des Mündungsfeuers einer Schusswaffe, an den Händen aufweist, tappen die Ermittler weiterhin im Dunkeln. Doch, obgleich diese zunächst hoffnungsvoll erscheinende Spur schnell abgehakt und sich im Sand zu verlaufen scheint, bohrt die Polizei bei den drei Festgenommenen weiter nach. Dabei fällt ihnen auf, dass sich vor allem Regina Ungar zunehmend in Widersprüche verstrickt.

Dass man während einer Vernehmung Kleinigkeiten vertauscht oder sich nicht an genaue Details erinnern kann, ist nichts Ungewöhnliches. Allerdings ändert die Frau mehrmals den angeblichen Aufenthaltsort Tibor Focos zur Tatnacht und präsentiert der Polizei dutzende, komplett unterschiedliche Schilderungen dazu, was an jenem 13. März 1986 passiert war. Am Ende dieses Aussagen-Labyrinths steht ein Geständnis der Prostituierten, wonach sie angeblich beim Mord an Elfriede Hochgatterer dabei gewesen war.

Darüber hinaus habe Tibor Foco, ihr „Meister“, sie dazu gezwungen, den tödlichen Schuss auf das Opfer abzugeben. Andernfalls werde er sie – Regina – töten.

Fast zeitgleich zu diesem Bekenntnis zieht Focos Ehefrau das zuvor gegebene Alibi zurück, was zur Folge hat, dass bei dem inzwischen wieder freigelassenen Bordellbesitzer abermals die Handschellen klicken und er in Untersuchungshaft genommen wird. Einen Monat später jedoch ändert die Geständige abermals die Version der Geschichte und behauptet nun, es gäbe im Mordfall Elfriede Hochgatterer noch einen Mittäter: den 42-jährigen Hans Peter Löffler – Lederwarenhändler sowie ein guter Bekannter des Bordellbesitzers. Als die Ermittler den Mann daraufhin ausfindig machen können und auch ihm Handschellen anlegen, weist dieser jedwede Anschuldigung zurück.

Trotz der darauffolgenden, knapp achtzig vernommenen Zeugen sowie die Hinzuziehung dreier Gutachter stehen die Ermittler weiterhin vor einem Rätsel. Sagt Focos Geliebte die Wahrheit? Oder tischt sie der Polizei bewusst ein Ammenmärchen nach dem Nächsten auf, um die Ermittlungen zu erschweren? Und: Aus welchem Motiv heraus hätten Löffler, Foco und dessen Mitarbeiterinnen Elfriede Hochgatterer ermorden sollen? Da die 23-jährige im benachbarten Bordell arbeitete, ist es gut möglich, dass Foco sie von dort abwerben und sie unter seine Fittiche nehmen wollte. Musste die junge Frau sterben, da sie sich weigerte, im „Bunnys“ zu arbeiten? Vielleicht bringt ein Blick in die Vergangenheit des Hauptverdächtigen den Schlüssel zum gewünschten Erfolg in diesem Fall. Um dies zu erreichen, müssen sich die Ermittler in Foco hineinversetzen; verstehen, wie er denkt und handelt.

Tibor Theodor Foco kam am 18. April 1956 als zweiter Sohn von Theodor und Christine Foco in Linz zur Welt. Schon früh gilt er als intelligent, sportlich und diszipliniert. Über seine Kindheit ist wenig bekannt, doch der Bursche scheint früh eine Affinität zum Motorsport zu entwickeln. Bevor er ins Rotlichtmilieu abdriftet und in Linz ein Bordell eröffnet, ist er begnadeter Motorradrennfahrer und schafft sogar den Sprung zum Europa- sowie österreichischen Staatsmeister, also zum Sieger in seiner Klasse bei nationalen Sportwettbewerben. Was genau ihn dazu veranlasst, seiner Leidenschaft den Rücken zu kehren, bleibt ungewiss. Vermutlich geriet er einfach an die falschen Leute.

Auffällig ist, dass der Bordellbesitzer bereits Jahre zuvor als Verdächtiger in einem anderen Mordfall an einer jungen Frau galt. Doch da es, ähnlich wie im Fall Hochgatterer, an Beweisen mangelte, wurde das Verfahren gegen ihn eingestellt. Trotz allem blieb er im Radar der Polizei.

Entgegen aller Widersprüche, fehlenden Beweisen und unzähligen, verbliebenen Rätseln erhebt die Staatsanwaltschaft Anklage gegen Foco, dessen angeblichen Komplizen Hans Peter Löffler sowie Regina Ungar. Im Zuge der darauffolgenden Prozessvorbereitung führt die Polizei im Dezember des Jahres 1986 ein Lokalaugenschein mit den Angeklagten durch. Dies dient dazu, den Tatablauf für die Gerichtsverhandlung zu rekonstruieren, wie etwa den Abstand von Waffe zu Opfer, die örtlichen Gegebenheiten sowie die jeweilige Rolle aller Beteiligten.

Zivilbeamte führen die Verdächtigen mit einem festen Griff unter den Armen über den Schnee zum mutmaßlichen Tatort, wo unter den wachsamen Augen dutzender Schaulustige, Polizisten sowie Pressevertretern, der Mord an Elfriede Hochgatterer detailliert nachgestellt werden soll.

Tibor Focos schmales, von Akne gezeichnetes, Gesicht huscht ausdruckslos zwischen den Objektiven der Fotografen hin und her. Der Blick seiner Geliebten Regina Ungar drückt dagegen Unbehagen und eine gewisse

Traurigkeit aus. Ihr dunkelbrauner Vokuhila wirkt zerzaust, die Wangen sind eingefallen und die Mundwinkel hängen herunter. Zwar versuchen beide nach außen hin einen gelassenen Eindruck zu machen, doch gelingen will es ihnen nicht.

Als Requisiten dienen eine auf dem Boden liegende Schaufensterpuppe sowie ein silberner 2,5 Zoll Revolver mit schwarzen Griffschalen – ein Imitat der von Ungar beschriebenen Originalwaffe. Immer wieder wandert die Pistole von Focos in die Hände seiner Geliebten und umgekehrt – teilweise halten sie den Revolver sogar gemeinsam.

Am 23. Februar 1987, knapp ein Jahr nach dem Mord an Elfriede Hochgatterer, feiert der Prozess gegen Tibor Foco, Regina Ungar sowie Hans Peter Löffler schließlich seinen Auftakt vor dem Landesgericht Linz.

Knapp achtzig Zeugen sowie fünf Sachverständige sollen über die insgesamt zwanzig angesetzten Verhandlungstage verteilt im Gerichtsprozess gegen die drei Angeklagten aussagen. Unter denen, die im Zeugenstand platznehmen sollen, befindet sich auch der Sachverständige Gerichtsmediziner Klaus Jarosch, der am 24. März 1987 für eine bizarr anmutende Szenerie im Schwurgerichtssaal sorgt: statt die Verletzungen an der Leiche Elfriede Hochgatterers einzig über Fotografien zu erläutern, präsentiert er allen Anwesenden ein von ihm präpariertes Stück Gesichtshaut des Opfers. Wollte der Mediziner möglicherweise die Stimmung der sich angewidert abgewendeten Geschworenen beeinflussen, um die Grausamkeit der Tat zu verdeutlichen?

Der Auftritt Jaroschs sorgt einmal mehr dafür, dass der Fall zu einer regelrechten Unterhaltungsshow ausartet. Bereits kurz nach dem Leichenfund machten die Medien den Mord an Elfriede Hochgatterer zu einem Fall voller Sex, Gewalt und Erzählungen aus dem brutalen Rotlichtmilieu mit seinen scheinbar willenlosen und gefügigen Frauen. Und so kommt es, dass die Urteilsverkündung ebenjenes „Monsterverfahrens“ am 31. März 1987 nicht bloß von der Polizei, Sachverständigen und den Angeklagten selbst, sondern auch von den neugierigen Augen dutzender Schaulustiger verfolgt wird.

Wirkte Tibor Foco während des Lokalaugenscheins vor einigen Monaten noch ungepflegt, so trägt er nun einen dunklen Anzug über einem weißen Hemd und gestreifter Krawatte. Seine wirren, braunen und strähnigen Haare liegen nun ordentlich gescheitelt nach links.

Unmittelbar daneben sitzen die Mitangeklagten Regina Ungar und Hans Peter Löffler. Erstere trägt ein knöchellanges Kleid mit einem Gürtel um die Taille; die Haare zu einem Vokuhila frisiert. Der Lederwarenhändler hat sich als einziger des Trios für einen hellgrauen Anzug mit dunkler Krawatte entschieden. Mit dunkelbrauner Föhnfrisur sowie einem buschigen Schnauzer über seinem schmalen Mund hängt auch er gebannt an den Lippen des urteilsverkündenden Richters.

Am Ende des langen Monologes wird Tibor Foco zu lebenslanger Haft und sein angeblicher Komplize zu einer 18-jährigen Haftstrafe verurteilt. Regina Ungar hingegen wird aufgrund ihres Status‘ als Kronzeugin sowie des „entschuldigenden Notstandes“, also der unter Zwang ausgeübten Tötung Elfriede Hochgatterers, freigesprochen.

Während die beiden Männer ihre Haftstrafen in der österreichischen Justizvollzugsanstalt Stein absitzen, findet das Rätselraten jenseits der Stahlbetonfassaden kein Ende. Noch immer wehen Zweifel und wilde Gerüchte durch die Schlagzeilen der Presse und Gassen Österreichs. Allen voran die Frage: „Ist Tibor Foco möglicherweise unschuldig?“

Hauptgrund dafür sind vor allem die auffallend häufig wechselnden Schilderungen Regina Ungars über den angeblichen Tathergang. Dadurch bleiben für die Ermittlern, trotz des rekonstruierten Ablaufes beim Lokalaugenschein, etliche Rätsel weiterhin offen. Hinzu kommt, dass Foco und Löffler auch nach der Urteilsverkündung jedwede Tatbeteiligung von sich weisen. Immer wieder machen sie die Polizei darauf aufmerksam, dass keine der an Elfriede Hochgatterers Leiche gefundenen Blut- und Spermaspuren ihnen zugeordnet werden können.

Ob das Ejakulat von Foco und Löffler, oder zumindest einem der beiden, stammt, lässt sich nicht ohne Weiteres bestimmen. Dies gründet darin, dass die Untersuchung von Sperma Ende der 1980er Jahre noch in den Kinderschuhen steckt und eine DNA-Analyse bis dato erst ein einziges Mal erfolgreich als Methode der forensischen Kriminaltechnik zum Einsatz gekommen war.

Nicht bloß die Verurteilten, sondern auch ihre Anwälte geben sich nach der Urteilsverkündung nicht geschlagen. So behaupten sie beispielsweise, dass die von Regina Ungar genannten Uhrzeiten „vorne und hinten" nicht zu den Schilderungen des Tatablaufs passen würden. Darüber hinaus gab die Geliebte des Bordellbesitzers in einer der Nacherzählungen an, dass Elfriede Hochgatterer von Foco in dessen eigener Motorradwerkstatt mittels einer Motorwelle, einem länglichen, zylinderförmigen Gegenstand, „brutal" erschlagen wurde, ehe Löffler und Foco ihre Leiche nach draußen beförderten.

Zwar gelingt es der Polizei, jenes mutmaßliche Tatwerkzeug ausfindig zu machen, stellt bei einer genaueren Betrachtung jedoch fest, dass sich daran keinerlei Gewebespuren befinden. Dass die Motorwelle nach dem Mord gereinigt wurde, ist auszuschließen, da das Bauteil an einigen Stellen bereits

Rost aufweist. Ebenfalls gegen die Aussage Regina Ungars spricht, dass die gesamte Werkstatt voll von Eisenspänen, Hundehaaren und Ölspuren ist, von welchen sich nichts am Leichnam Elfriede Hochgatterers finden lässt.

Anfang der 90er Jahre plant der ORF-Reporter Peter Resetarits eine Dokumentation über zu lebenslanger Haft verurteilte Schwerverbrecher. Als der Journalist sich im Zuge dessen bei Karl Schreiner, dem Gefängnisdirektor der JVA Stein, meldet, legt dieser ihm immer wieder Nahe, er möge sich doch mit Tibor Foco unterhalten. Der Grund: Schreiner habe selbst Zweifel an der Schuld des Bordellbesitzers und lässt durchblicken, dass er als Gefängnisdirektor mitunter über geheime Informationen aus erster Hand verfüge. So gibt er an: „Im Falle Foco kommen mir doch gewisse Bedenken. Ich möchte es auf gar keinen Fall unterschreiben, ihn unbedingt für schuldig zu halten."

Könnte aufgrund dieser Annahme eine Reportage über den Fall endlich alle Zweifel beseitigen und Foco möglicherweise rehabilitieren?

Resetarits kommt Schreiners Empfehlung nach und besucht den angeblichen Mörder mehrmals im Gefängnis. Bei diesen Gesprächen lernt er ihn als „unglaublich disziplinierten" Menschen kennen, wie er in einem Fernsehinterview mit Christoph Feurstein verlauten lässt. Mit einem Verweis auf die Videoaufnahmen aus Focos Zelle, in welchen man den Verurteilten beim Praktizieren von Klimmzügen sieht, findet Resetarits, dass Foco mit all seinen Muskeln von Hinten „wie eine Fledermaus" aussehe.

„Der hat sich ernährt … nicht von der Häftlingskost, sondern […] diese Gläschen, wo Eiweißprodukte drinnen waren, die er abgewogen hat, wo er sich ganz genau ernährt hat – der hat einen Tagesplan gehabt … vier Uhr aufstehen, dann Jus-Studium – weil er hat ja Jus (Jura) studiert – betreiben, dann vielleicht eine Stunde PR-Arbeit und Prozessarbeit in eigener Sache betreiben, dann eine

Stunde als Hausarbeiter arbeiten, dann eine halbe Stunde frühstücken, dann wieder trainieren … also der war durchgeplant, den ganzen Tag …", erinnert sich der Reporter.

Unterlegt sind diese Schilderungen mit visuellen Eindrücken aus Focos Gefängniszelle: über der rotfarbenen Stahlblechtür ist seine silberne Klimmzugstange befestigt. Links daneben befindet sich ein weißer, mit Ansichtskarten vollbehangener, Schrank, auf welchem Foco jene Eiweisgläser lagert.

Am anderen Ende der schmalen, rechteckigen Zelle steht unter einem von Gitterstäben abgesicherten Fenster Focos Hochbett. Den Bereich rund um seinen Schlafplatz scheint er als Stauraum zu benutzen; dort befinden sich allerlei Gegenstände wie Bilder, Regale mit Büchern, Pflanzen sowie ein Lautsprecher an der zur Hälfte gelb gestrichenen Wand. Foco selbst wird unter anderem während seines Trainings mit einer grünen Hantel, beim Praktizieren von Klimmzügen oder beim Studieren einiger Dokumente abgelichtet.

Ein anschließend gezeigter Clip stammt aus einem im Jahre 1989 geführtem Interview mit dem ehemaligen Bordellbesitzer, in welchem er mit einem weißen Langarmshirt bekleidet mit dem Rücken zur Kamera steht, die Arme auf seinem Hochbett abgelegt hat und seine Unschuld beteuert.

„*Um bei einer lebenslangen Haftstrafe entlassen zu werden, ist es notwendig, gewisse Bedingungen zu erfüllen*", sagt Foco mit seiner hohen, fast schüchternen Stimme. „*Und unter anderem auch … das Bereuen und Gestehen dieser Tat … na wie kann ich was bereuen und gestehen, wenn ich es nicht gemacht habe? Auf jeden Fall komme ich nicht raus, indem ich etwas gestehe, was ich nicht getan habe.*"

In der Zeit nach dem Prozess kommen langsam, aber sicher auch bei den Geschworenen Zweifel auf. Ihnen seien sowohl wichtige Indizien als auch Fakten im Prozess vorenthalten worden, schreiben sie in einem Brief an den Justizminister.

Im Jahr 1993, Foco und Löffler sitzen zu diesem Zeitpunkt bereits fünf Jahre hinter Gitter, nimmt der Fall dann plötzlich eine unerwartete Wendung: die Kronzeugin und frühere Geliebte des Bordellbesitzers, Regina Ungar, welche sich unterdessen in Kalifornien niedergelassen hat, widerruft ihre Aussage. In einem Schreiben belastet sie die ermittelnden Beamten schwer, indem sie behauptet, man habe sie während der Verhöre gefoltert und gewaltsam zu einem Geständnis gezwungen.

„Dann war ich alleine in `nem Raum mit (Name des Polizisten zensiert), und der hat ohne Vorwarnung … auf mich eingschlagen … geschlagen, geschlagen, geschlagen. Ich habe schon gar nicht mehr gewusst, wo ich meine Schmerzen hab. Der hat mir solche Magenschläge gegeben … dass ich niedergeflogen bin“, sagt Ungar in einem darauffolgenden Fernsehinterview, in dessen weiterem Verlauf sie Tibor Foco entlastet, indem sie hinzufügt, dass er es *„vom zeitmäßigen her“* gar nicht gewesen sein könne.

Infolgedessen ist in einer Anfrage der Abgeordneten Buchner und seiner Mitunterzeichner an den Bundesminister für Inneres von Falschaussagen zweier Kripobeamter in einem Mordprozess sowie der zwingende Verdacht der Misshandlung einer Zeugin und der Verfälschung von Beweismitteln die Rede.

„Im Linzer Mordprozess Tibor Foco und Peter Löffler sagte der Kriminalbeamte Dr. Sturmberger vor Gericht aus, bei den Vernehmungen der Hauptzeugin Regina Ungar nicht dabeigewesen zu sein. Der LINZER ANZEIGER, der sich in seiner Lokalberichterstattung diesem Mordfall eingehend widmet, hat dazu

nun aufgedeckt, dass lt. Protokollen, Dr. Sturmberger die Zeugin Ungar viermal offiziell vernommen hat und außerdem er der Beamte war, der lt. Protokoll ihr Geständnis diktierte. Diese Protokolle wurden im LINZER ANZEIGER mehrmals veröffentlicht. Eine offizielle Stellungnahme der Linzer Behörden erfolgte nicht. Eine falsche Zeugenaussage Dr. Sturmbergers ist protokollarisch erwiesen. Es geht allenfalls noch um die Frage, ob es möglich ist, dass er sie in einem so bedeutenden Fall unwissentlich machte."

Des Weiteren sei Regina Ungar vor ihrer ersten Vernehmung einigen Untersuchungen durch den polizeilichen Amtsarzt unterzogen worden. Dabei habe man keine äußerlichen Verletzungen feststellen können. Kurz nach der Vernehmung, in welcher die Frau schließlich ihr Schweigen rund um ihren Geliebten brach, sei sie erneut untersucht worden. Dort wurden diverse Hämatome sowie Einrisse in der Lippe festgestellt. Woher also rühren diese gravierenden Verletzungen?

Da Ungar sich die gesamte Zeit über in Untersuchungshaft befand, wird die anfängliche Vermutung, Tibor Foco habe sie für ihre Aussage zur Rechenschaft gezogen, verworfen. Außerdem befand sich dieser ebenfalls in Untersuchungshaft, wonach er also gar nicht die Möglichkeit gehabt hätte, der Zeugin ein Haar zu krümmen. Auffällig ist auch, dass Ungar während ihrer Zeit im Gefängnis offenbar des Öfteren Besuch vom Leiter der Mordkommission erhielt und dieser ihr kleine Aufmerksamkeiten, wie etwa Zigaretten und Konfekt, geschenkt habe. Ein Bestechungsversuch?

Der gesamte Fall um die Ermordung Elfriede Hochgatterers scheint von einer Welle absonderlicher Gegebenheiten heimgesucht zu werden. Nebst den neuerlichen Enthüllungen Seitens der Kronzeugin gehen nach und nach offenbar auch einige Beweismittel verloren. Darunter ist auch der Abschiedsbrief eines im Ermittlungsverfahren beteiligten Polizeibeamten, der seinem Leben überraschenderweise ein Ende gesetzt hatte. Des Weiteren wurde ins Haus einer Sachverständigen eingebrochen und dort ebenfalls Beweismaterial zum Fall Foco, vornehmlich Dokumente, entwendet. Dies wurde von der betroffenen Frau jedoch erst fünf Jahre später zur Anzeige gebracht.

Aufgrund des massiven Drucks von außen geht die Staatsanwaltschaft Linz den Vorwürfen gegen die beiden Kripobeamten nach. Die Ermittlungen werden aber bereits nach kurzer Zeit ergebnislos eingestellt. Allerdings nimmt der Fall zeitgleich an anderer Stelle Fahrt auf: aufgrund der widerrufenen Aussage Regina Ungars kommt es zu einer Neuverhandlung im Fall des als Mittäters verurteilten Hans Peter Löffler. Am Ende des Verfahrens wird der Mann, samt der Erhaltung einer Haftentschädigung in Höhe von 235.949,93 Schilling (ca. 17 000 €) inklusive Zinsen, im August 1996 freigesprochen. Tibor Foco hingegen muss seine Gefängnisstrafe weiterhin in der JVA Stein absitzen – all seine Wiederaufnahmeanträge werden aus unerfindlichen Gründen abgelehnt.

Sein Anwalt, Herbert Wegscheider, betitelt den Fall mit *„all diesen Nebenschauplätzen"* und den zahllosen Verdächtigen, welche nicht ins Verfahren einbezogen wurden, als *„bemerkenswert"* und *„beunruhigend"*. Vor allem aber die Tatsache, dass ein in der Mordkommission beteiligter Kriminalinspektor inzwischen die geschiedene Gattin Tibor Focos, Eva Foco, geheiratet haben soll, stimme *„sehr nachdenklich"*.

Dass ein Häftling während seines Gefängnisaufenthaltes seinem Studium nachkommen kann, ist nichts Ungewöhnliches. Neben Tibor Foco wurde dies bereits anderen Inhaftierten bewilligt. Während Universitätsmitarbeiter in einigen Fällen ihre Kommilitonen im Gefängnis besuchten und sie dort unterrichteten, ist es dem ehemaligen Bordellbesitzer gestattet, im Zuge seines Jurastudiums regelmäßig das Institut für Rechtswissenschaften an der Universität Linz zu besuchen. So auch am 27. April 1995.

Um 8:25 Uhr wird Foco routinemäßig von zwei Justizbeamten in die Universität gebracht. Die drei Männer gehen daraufhin in den 3. Stock des Juridikums, in welchem im Vorlesungsraum Nummer 311 eine Lehrveranstaltung stattfinden soll. Nachdem der verurteilte Prostituiertenmörder dort seine Habseligkeiten abgelegt hat, will er die Toilette im Hauptgebäude aufsuchen; ein Justizbeamter begleitet ihn. Auf dem Weg dorthin hält Foco einen kleinen Plausch mit dem Mann über zukünftige Lehrveranstaltungen und seine demnächst anstehenden Termine in der Universität.

Als der ehemalige Bordellbesitzer sein Geschäft erledigt hat, möchte er in Hörsaal 1 des Hauptgebäudes angeblich noch rasch etwas nachschauen und verschwindet daraufhin hinter einem dort aufgestellten Paravent aus dem Blickfeld des aufsichtführenden Justizbeamten.

Dann läuft alles wie im Film: offenbar befindet sich hinter dem Paravent eine versteckte Tür, durch welche Tibor Foco unbemerkt flüchten kann. Sein Weg führt ihn ohne jegliche Begleitung zurück zum Juridikum, wo er im 3. Stock die Toilette aufsucht. Dort besorgt er sich einen zuvor deponierten Garagenschlüssel sowie eine Flasche Tränengasspray. Anschließend macht Foco sich auf den Weg zu einer angemieteten Garage, bei welcher er nach knapp sieben Minuten und dreißig Sekunden eintrifft. Als er das Tor öffnet, kommt eine schwarze Kawasaki zum Vorschein. Der ehemalige Bordellbesitzer streift sich einen Motorradanzug über, zieht einen Helm an und schwingt sich auf das Motorrad, mit welchem er wenig später über den Marienberg zur Leonfeldner Bundesstraße davonrauscht. Seither fehlt von Tibor Foco jedwede Spur.

Unmittelbar nach seiner Flucht drängt sich bei der Polizei die Frage auf: wie es so weit kommen konnte? Wer stand dem verurteilten Prostituiertenmörder bei seinem Ausbruch zur Seite? Könnten vielleicht Regina Ungar und Hans Peter Löffler als Komplizen agiert haben? Fest steht: Focos Flucht aus dem Gefängnis muss von langer Hand geplant worden sein. Wie sonst hätten der Garagenschlüssel sowie das Motorrad für an der Uni deponiert werden können? Bekam der ehemalige Bordellbesitzer vielleicht Hilfe von ganz oben? Immerhin hegte Gefängnisdirektor Karl Schreiner selbst Zweifel an der Schuld Focos.

Letztlich sind weder Ungar und Löffler noch irgendein hohes Tier innerhalb der Justiz an Focos Flucht beteiligt. Im Zuge der Ermittlungen findet die Polizei heraus, dass der Flüchtige während seines Gefängnisaufenthaltes regen Briefkontakt zu einigen Frauen pflegte. Diese heuerte er an, ihm bei den Vorbereitungen seines Ausbruchs zur Seite zu stehen. Eine davon, eine gewisse „Trudy Truth", veröffentlichte im Jahr 2020 ein Buch mit dem Titel: „DIE WAHRHEIT ÜBER DIE FLUCHT VON TIBOR FOCO: ICH WAR DABEI", in welchem sie ihre Beteiligung an Focos Flucht detailliert schildert.

Die damals 24-jährige lernte Foco im Jahr 1992 kennen. *„Ich hatte in Zeitungen viel über ihn gelesen; über die Tat, die ihm angelastet wurde – und über die Zweifel, die an seinem Urteil bestanden. Der Fall interessierte mich."*

Und so kam es, dass „Trudy", Studentin und Tochter eines Unternehmers, begann, Briefe an den damals 36-jährigen zu schicken. Wochenlang wartete sie daraufhin vergeblich auf eine Antwort, bis Foco eines Tages ein paar Sätze an sie zurückschickte, in welchen er sie um ein Kennenlernen bat. Kurz darauf besuchte „Trudy" ihren neuen Brieffreund in der JVA Stein und erkennt, dass die beiden sich sofort „extrem vertraut“ sind und „Seelenverwandte“ zu sein scheinen.

Aus dieser engen Verbundenheit entwickelt sich eine dreijährige Beziehung mit zahlreichen Treffen im Besucherraum der JVA Stein, bei welchen sie unter dem Tisch stets Händchen halten. Außerhalb dieser gemeinsamen Zeit halten die beiden per Handy Kontakt und sprechen täglich mehrere Stunden miteinander.

„Er hatte immer eines zur Verfügung, auch ich habe ihm einmal eines ins Gefängnis geschmuggelt.“

Wie genau sie das Telefon kurz vor der Eingangskontrolle verstecken muss habe Foco ihr gezeigt. Manipuliert oder ausgenutzt fühlt sich die heute 52-jährige dadurch nicht. Zwar habe Foco genau gewusst, wie er sie zu behandeln habe, um sie auf seine Seite zu ziehen, jedoch habe er sie auch positiv beeinflusst, sich stets um sie gesorgt und ihr gepredigt, gesund zu leben. Nicht rauchen, keinen Alkohol trinken und „brav zu lernen“. „Trudy“ hält sich gewissenhaft an diese Anweisungen, denn Foco merke sofort, wenn dem nicht so ist.

Ihr gesamtes Leben widmet sie von nun an dem ehemaligen Bordellbesitzer. Sie geht kaum noch aus und wartet am liebsten daheim auf Anrufe Focos. Mit ihm in Ruhe zu reden ist ihr „immens wichtig“. Das Ganze geht so weit, dass „Trudy“ den Flüchtigen bis heute als ihren „Lebens- und Lieblingsmensch“ bezeichnet.

Irgendwann ist das Band zwischen Foco und seiner neuen Freundin so eng, dass er aus dem Gefängnis heraus eine Kontaktaufnahme zwischen „Trudy“ und seinen Eltern organisiert – das Zeichen für sie, nun zu seiner

Familie zu gehören. Die logische Konsequenz daraus: sie müsse Foco bei seiner sorgfältig geplanten Flucht aus dem Gefängnis unterstützen.

„Er ordnete mir an, mit einer Arztgattin aus Oberösterreich, ebenfalls sowas wie ein Fan von ihm, in Verbindung zu treten."

Die beiden Frauen kundschaften daraufhin die örtlichen Gegebenheiten rund um die Universität Linz aus und halten dabei vor allem Ausschau nach einsamen Pfaden, über die Foco an die Grenze gelangen soll. Von den potenziellen Fluchtwegen schießen die beiden dann Fotos, welche „Trudy" dem verurteilten Prostituiertenmörder bei einem ihrer nächsten Besuche ausgedruckt mitbringt.

Neben den Erkundungstouren besorgt „Trudy" insgesamt drei Motorräder der Marke Kawasaki, welche befreundete Mechaniker aus Focos ehemaligem Motorradrennstall zu einer Maschine zusammenbauen. Da ein gestohlenes Nummernschild jedoch zu viele Risiken mit sich bringen würde, fotografiert die Freundin des Flüchtigen das Kennzeichen eines beliebigen, am Straßenrand parkenden Motorrads ab und übergibt das Bild Focos Vater, der gelernter Fotograf ist. Er druckt das Nummernschild maßstabsgetreu aus und klebt es auf eine Blechplatte. Die Schlüssel der selbstgebauten Kawasaki sowie den der Garage versteckt „Trudy" im Spülkasten einer Unitoilette und legt darüber hinaus etwas Geld, Kosmetik, einen Schlafsack und etwas Proviant, in einem Tankrucksack bereit.

Wann genau Foco aus dem Gefängnis ausbrechen will, weiß „Trudy" nicht. Doch sie spürt, dass der Tag X immer und immer näher zu rücken scheint, da der Drang zur Flucht bei ihrem Freund stündlich wächst. Der Haken an dem Vorhaben: der Tod des „Serienmörders" Johann „Jack" Unterweger. Dieser hatte sich, nach dem Schuldspruch im Juni 1994, in seiner Zelle erhängt. Foco hingegen ist der festen Überzeugung, dass Unterweger ermordet wurde und befürchtet, dass er der Nächste sein werde. Woher diese Sorge rührt, bleibt ungeklärt.

Ungeklärt bleibt bis heute auch Focos gegenwärtiger Aufenthaltsort. Trotz zahlloser Gerüchte hat man weder ihn noch das Motorrad nach seiner spektakulären Flucht aus dem Gefängnis je wieder gesehen. Einzig im Jahr 1996, knapp ein Jahr nach seinem Ausbruch, gibt es ein letztes Lebenszeichen des ehemaligen Bordellbesitzers. Da Foco auch weiterhin seine Unschuld beteuert und der Welt dies mitteilen möchte, schickte er mehrere Briefe an Journalisten sowie einen an seinen Anwalt, Dr. Wegscheider. In diesem stellt der verurteilte Prostituiertenmörder klar, dass er sich „nicht stellen" werde, da er nicht an ein „faires Verfahren" glaube. Unterzeichnet sind diese Zeilen mit den Worten: „Hochachtungsvoll, ihr unschuldiger Tibor Foco.

Am 28. Februar 1997, zwei Jahre nach Focos Flucht, geschieht etwas, womit niemand mehr gerechnet hatte: das Gericht hebt in Folge eines nun doch bewilligten Wiederaufnahmeverfahrens die lebenslange Freiheitsstrafe in Focos Abwesenheit auf und zieht den indes international ausgestellten Haftbefehl gegen ihn zurück. Sollte der Flüchtige zurückkehren, gewähre man ihm „freies Geleit" bis zum 01. Oktober 1997, also die Zusage, nicht belästigt, angegriffen oder verhaftet zu werden. Darüber hinaus wird eine Kaution in Höhe von 100.000 Schilling (ca. 7000 €) hinterlegt. Tibor Foco erscheint nicht zu dem Prozess; die Kaution verfällt.

Wiederrum drei Jahre später erhebt das Landgericht Linz erneut Anklage gegen Tibor Foco wegen des Verdachts auf Mord; darüber hinaus wird ein internationaler Haftbefehl ausgestellt. Laut Staatsanwaltschaft gäbe es neue Spuren sowie Gutachten, welche den von Regina Ungar geschilderten Tatverlauf bestätigen. Dies umfasst unter anderem Gewebespuren, Hundehaare, Nagellackspuren und angebliche Schmauchspuren an der Jacke, welche Tibor Foco zum Zeitpunkt der Tat getragen haben soll. Ob Letztere tatsächlich von dem zum Mord verwendeten Revolver stammen, ist unklar – schließlich konnte die Tatwaffe nie gefunden werden. Auch die damals gesammelten Spermaspuren können, trotz des technischen Fortschrittes, nicht weiter auf DNA analysiert werden. Grund dafür ist zum einen die zu geringe Menge, zum anderen die fehlerhafte Lagerung des sichergestellten Materials.

Normalerweise könnte im Fall einer Verurteilung ohnehin keine lebenslange, sondern höchstens eine Haftstrafe in Höhe von zwanzig Jahren verhängt werden, sofern seit der Tat bereits zwanzig Jahre vergangen sind. Durch seine Flucht tritt in Focos Fall jedoch die sogenannte Verjährungshemmung ein, was bei einer erneuten Verurteilung durchaus eine weitere lebenslange Haftstrafe zur Folge hätte.

Die Suche nach dem Flüchtigen gestaltet sich vor allem aufgrund der Tatsache schwierig, dass keiner so recht weiß, wie Tibor Foco mittlerweile aussehen mag. Immer wieder wurden in der Vergangenheit Fotografien des heute über 60-jährigen per Alterungs-Software auf dessen heutiges Aussehen angepasst. So zeigen beispielsweise die im Jahr 2018 erstellten Bilder den ehemaligen Bordellbesitzer mit kurzen und langen Haaren, respektive mit und ohne Bart. Der gewünschte Fahndungserfolg blieb bisher jedoch aus. Diesen erhofft sich die Polizei mit den, auf sämtlichen Internetseiten zu findenden Details zu Focos Flucht sowie eine Personenbeschreibung und Stimm- und Handschriftproben. Beides „unveränderliche Merkmale einer Person".

Demnach handele es sich bei dem Flüchtigen um einen 1,75 Meter großen Mann mit braunen Haaren, blau-grünen Augen, trainiertem Körperbau sowie einem Muttermal unter dem rechten Auge. Zudem habe er eine fünf

Zentimeter lange Narbe am linken Ellbogen, sei Rechtshänder und weise die Blutgruppe B positiv auf.

In kurzen Stichpunkten sind auf der Website des Bundeskriminalamts (BK) weitere Merkmale aufgelistet: *„Hohe Intelligenz; Einzelgänger; Sportlich – Krafttraining; Nichtraucher; Trinkt keinen Alkohol; Hundeliebhaber; Lungenkrankheit „morbus boeck"; Motorentechniker; Motorsportbegeistert, ehemaliger Motorradrennfahrer (Vizeeuropameister, österreichischer Staatsmeister); Versucht Frauen zu unterwerfen"*.

Bereits unmittelbar nach seiner Flucht wurde eine Belohnung für Hinweise aus der Bevölkerung ausgesetzt. Damals belief sich die Summe auf 40.000 Schilling (ca. 2.900 Euro). Knapp zwanzig Jahre später, im Jahr 2016, wird die Fahndung auf die Homepage von Europol, eine Polizeibehörde der europäischen Union mit Sitz im niederländischen Den Haag, ausgeweitet und die Belohnung infolgedessen auf 20.000 Euro erhöht. Dies soll auch dazu dienen, die „Wichtigkeit des Falles für die Polizei und die Gerichte" aufzuzeigen; denn der Fall ist für die Ermittler von solch großer Bedeutung, dass Focos Gesicht inzwischen als „Austrias Most Wanted" auf der Fahndungsliste von Europol prangt.

Auch bei den Hinterbliebenen gibt es unterschiedliche Angaben und Vermutungen, wo Tibor Foco stecken könnte. So berichten seine inzwischen verstorbenen Eltern in mehreren Medienauftritten, dass sie Briefe von ihrem Sohn erhielten und er wohl in Amerika lebe. „Trudy Truth" hingegen verrät, dass eine unbekannte Quelle ihr regelmäßig Informationen über Foco zuspielen und er demnach in einem „fernen Land" als LKW-Fahrer arbeiten würde. Ein anderes Gerücht besagt, dass Foco sich schriftlich bei der „Zeitung Österreich" meldete und behauptete, er sei inzwischen verheiratet sowie Vater von mehreren Kindern. Christine Foco dementierte diese Neuigkeit und sagte gegenüber der österreichischen Tageszeitung „DER STANDARD“ aus, dass ihr Sohn keinerlei Gründe habe, dieser Zeitung zu schreiben, geschweige denn, nach Österreich zurückzukehren.

In einem Punkt sind sich jedoch alle einig: im unwahrscheinlichen Fall einer Rückkehr Focos nach Österreich würde er in Hinblick auf die unfair abgelaufenen Ermittlungen wohl kaum fair behandelt werden. Er sei, von wem auch immer, „in die Scheiße“ geritten worden.

Im Jahr 2017 zieht die Europol die Augen der Weltöffentlichkeit mit einer kurios anmutenden Aktion auf sich: das Europäische Polizeiamt stellt insgesamt 21 virtuelle Urlaubsgrüße in Form von Postkarten auf ihre Website. Adressiert sind diese an die meistgesuchten Verbrecher – unter anderem auch Tibor Foco. So steht auf der, mit einem Skilift illustrierten, Postkarte:

„Servus Tibor,
We haven't seen you in a while!
Wir haben dich lang nicht mehr gesehen!
We have one more space left on our next ski trip.
Für unseren nächsten Skiausflug haben wir noch einen Platz frei.
Please come to enjoy our beautiful Alps.
Bitte komme zurück und genieße unsere schönen Alpen.

Bis bald,
Polizei Österreich”

Ziel dieser Aktion ist es, Hinweise aus der Bevölkerung zum Aufenthaltsort der jeweiligen Verbrecher zu erhalten, denn die Erfahrung zeigte, dass sich Flüchtige oftmals in Urlaubsgebieten niederlassen. In den vergangenen Jahren konnten auf diese Weise immerhin elf Verbrecher ausfindig und dingfest gemacht werden. Und wer weiß: vielleicht landet im Briefkasten der Polizei Österreich irgendwann eine Antwort von Tibor Foco.

»*Mag auch das Böse sich noch so sehr vervielfachen, niemals vermag es das Gute ganz aufzuheben.*«

- Thomas von Aquin (1225-1274), italienischer Philosoph und Theologe -

KAPITEL 14

Vernichte die Spinne

Ein letzter, flehender Blick in Richtung ihres Kumpels. Dann drückt sie leise die Tür des Kinderzimmers hinter sich ins Schloss. Die letzten Sonnenstrahlen des Tages werfen einen fahlen Lichtschein durch die zugezogenen Gardinen auf den Fußboden, wo Berge von Spielzeug kreuz und quer verteilt herumliegen.

Das laute Wortgefecht aus dem Schlafzimmer gegenüber dringt jetzt nur noch dumpf an ihre Ohren. Sie wagt es kaum zu atmen – einerseits gebannt lauschend, wann es endlich so weit sein würde, andererseits peinlich genau darauf bedacht, ihre bereits schlafenden Kinder nicht zu wecken. Es beeindruckt sie, wie die beiden es meistern, bei diesem Lärm überhaupt schlafen zu können. Einen Moment später realisiert sie bereits die traurige Gewissheit. Natürlich, die Kinder hatten sich längst an die Situation gewöhnt; der Streit zwischen Mama und Papa, Tag ein, Tag aus. Kann so etwas überhaupt spurlos an einer Kinderseele vorüber gehen?

Sie schließt die Augen und atmet mit bebenden Nasenflügeln tief durch. Als sie die Augen wieder öffnet, gleitet ihr Blick über die sich langsam hebenden und senkenden Körper ihrer Kinder sowie deren Habseligkeiten.

Wie sie es ihnen wohl am besten beibringen soll? Die bittere Wahrheit einfach kurz und schmerzlos ins Gesicht schleudern? Oder sie im Glauben lassen, er habe die Familie wegen einer anderen Frau verlassen? Je länger sie darüber nachdenkt, desto mehr Lügen und Ausreden fallen ihr ein. Keine einzige davon wäre jedoch eine Dauerlösung; denn vor allem der Junge würde beginnen, unangenehme Fragen zu stellen und merken, dass etwas nicht stimmt.

Verdammt. Hatte sie doch das falsche Urteil über ihn gefällt? Nein. Jetzt ist es zu spät; sein Schicksal ist besiegelt. Sie würden darüber hinwegkommen – mussten darüber hinwegkommen.

Mit einem Mal erschüttert ein dumpfer Schlag den Boden; der Streit zwischen den Männern scheint nun endgültig eskaliert zu sein.

„Mach es! Jetzt!“, brüllt eine aufgeregte Stimme. Sie dringt durch die geschlossene Zimmertür wie aus weiter Ferne zu ihr hindurch.

Für sie ist der Schrei die endgültige Gewissheit, dass es nun keinen Weg mehr zurück gibt.

Um 1:30 Uhr des 19. August 2005 geht bei der Polizei Wien ein Notruf ein. Am anderen Ende der Leitung meldet sich Annemarie K. Sie berichtet den Beamten, dass ihr Mann Christian in der gemeinsamen Wohnung überfallen worden und nun wie vom Erdboden verschwunden sei.

Rund vierzig Minuten später stehen zwei uniformierte Polizisten auf der Türschwelle zu Familie K.s Wohnung in der Stachegasse in Wien-Meidling. Als die Beamten die Räumlichkeiten betreten, läuft es ihnen eiskalt den Rücken hinunter:

Die Wände sowie eine Matratze sind übersät mit einer tiefroten Flüssigkeit, begleitet von dem allgegenwärtigen metallischen Geruch. Auf dem Fußboden befindet sich eine Schleifspur. Diese führt von der Wohnung hinein in einen Aufzug und verliert sich in der Tiefgarage unter dem Haus.

Nach der eingehenden Tatortbesichtigung sowie der Inkenntnissetzung der Leitstelle über einen mutmaßlichen Mordfall, nehmen die Beamten die Aussage der Ehefrau des Vermissten auf. Annemarie K., eine kleine Frau mit kräftigen Oberschenkeln und brauner Kurzhaarfrisur berichtet den Polizisten, dass sie sich am Vorabend mit Christian gestritten habe. Später, gegen 22 Uhr, seien dann zwei Bekannte, junge Burschen, die öfter bei ihnen vorbeischauten, zu Besuch gekommen. Da das Wortgefecht zwischen ihr und ihrem Ehemann allerdings partout kein Ende finden wollte, sei sie schließlich ins Kinderzimmer geflüchtet und habe die Männer allein im Schlafzimmer zurückgelassen.

Der Streit, so berichtet Annemarie, sei aus irgendeinem Grund auch auf die beiden Besucher übergeschwappt – aus dem Kinderzimmer vernahm sie eine heftige, verbale Auseinandersetzung. Irgendwann sei es dann vom einen auf den anderen Moment plötzlich still geworden. Da ihr dies verdächtig vorkam, verlies sie das Kinderzimmer, um nachzuschauen, was los ist. Überrascht stellte sie fest, dass die Wohnung verwaist war; von Christian und den beiden Bekannten fehlte jede Spur. Stattdessen befand sich haufenweise Blut an den Wänden und auf dem Fußboden. Für Annemarie K. stand daher sofort fest: hier ist etwas Schreckliches passiert, und sie müsse umgehend die Polizei alarmieren.

Im Anschluss an das Gespräch mit den beiden Beamten greift Annemarie nach dem Telefon und wählt die Nummer von Christians Mutter. Als die Frau den Anruf entgegennimmt, unterbreitet Annemarie der Schwiegermutter, was vorgefallen war und bittet sie, schnellstmöglich herzukommen, um die Kinder abzuholen und auf sie aufzupassen.

„Benutze aber, wenn möglich, nicht den Lift", warnt Annemarie, „der ist schmutzig."

Dieser Hinweis soll Christians Mutter wohl vor dem schrecklichen Anblick all des Blutes im Aufzug bewahren, doch spätestens, als sie die Wohnung betritt, wird auch ihr klar, dass ihrem Sohn möglicherweise etwas weitaus Schlimmeres widerfahren war, als eine einfache Entführung. Des Weiteren fällt der alten Dame auf, dass ihre Schwiegertochter auffallend gefasst und ruhig zu sein scheint. Hätte sie nicht eigentlich krank vor Sorge um ihren verschwundenen Ehemann sein sollen, vor allem beim Anblick der mit Blut übersäten Wände?

Eine rationale Erklärung hierfür findet sie in der Annahme, Annemarie stünde schlicht und ergreifend unter Schock und habe noch nicht realisiert was hier eigentlich genau vor sich geht. Außerdem verarbeitet jeder Schicksalsschläge auf seine eigene Art und Weise. Mit diesem Gedanken macht sich Annemaries Schwiegermutter, gemeinsam mit ihren Enkelkindern, auf zu sich nach Hause.

Die Polizei dreht derweil die Wohnung des Ehepaares komplett auf links. Akribisch wird jedes noch so unbedeutend erscheinende Einrichtungsstück nach möglichen Spuren untersucht, um einen Hinweis auf den Verbleib Christians zu finden. Da niemand so recht weiß, was genau in der Stachegasse passiert ist, stehen die Ermittler vor einer Unzahl von möglichen Tathergängen.

Laut Annemarie K. wurde ihr Mann entführt. Doch entspricht dies der Wahrheit? Sie will sich zum Tatzeitpunkt zwar im Nebenzimmer aufgehalten, jedoch weder etwas gesehen noch bemerkt haben, was geschehen war? Bedeutet das viele Blut an den Wänden nicht, dass hier ein Gemetzel stattgefunden haben muss?

Um sämtliche Unklarheiten aus dem Weg zu räumen, suchen die Beamten noch einmal das Gespräch mit der Ehefrau des mutmaßlichen Opfers. Dabei wird ihnen langsam aber sicher klar, dass die Aussage K.s in vielerlei Hinsicht unlogisch erscheint. Allen voran die Behauptung, die Frau wolle rein gar nichts von den Geschehnissen im Schlafzimmer mitbekommen haben, obwohl sie sich die ganze Zeit über im Kinderzimmer befunden hatte. Dies führt dazu, dass die Polizei Annemarie K. noch in derselben Nacht des 19. August 2005 um 3:30 Uhr vorläufig festnimmt und aufs Polizeipräsidium bringt.

In der Wohnung der Familie ist die Spurensicherung unterdessen noch immer in vollem Gange. Beendet wird sie erst gegen sieben Uhr – dreieinhalb Stunden nach Annemarie K.s Verhaftung. Die durchzechte Nacht zahlt sich aus: neben den offensichtlichen Blutspuren können die Kriminaltechniker Fingerabdrücke in dem Blut sowie feine Faserspuren und einen länglichen Gegenstand sicherstellen. Bei Letzterem stellt sich schnell heraus, dass es sich um den Griff eines Küchenmessers handelt; die Klinge scheint abgebrochen. Als auch sie gefunden werden kann, wird den Ermittlern aufgrund des daran klebenden Blutes sofort klar, dass das Messer als Tatwaffe benutzt wurde.

Trotz der vielversprechenden Indizien tappt die Polizei weiterhin im Dunkeln und kann die kriminellen Aktivitäten vorerst nur sehr lückenhaft rekonstruieren. Die Schleifspuren, die von der Wohnung ins Treppenhaus, über den Lift, bis runter in die Tiefgarage führen, lassen darauf schließen, dass einem der drei Männer mit dem Messer Stiche zugefügt worden sein mussten. Der Körper wurde anschließend in die Tiefgarage gezerrt, von wo aus der Täter, samt dem Opfer, in einem Auto in der Nacht verschwand. Auch die Befragung der Nachbarn führt nicht zu einem eindeutigen Ergebnis; niemand will am Abend des 18. August 2005 sowie der darauffolgenden Nacht etwas Ungewöhnliches bemerkt haben.

Eine zentrale Frage rückt immer wieder in den Vordergrund der Ermittlungen: wieso haben Christian K. und seine Besucher sich gestritten? Weshalb war die verbale Auseinandersetzung, die er zuvor mit seiner Frau Annemarie gehabt hatte, auch auf sie übergeschwappt? Und wo befinden sich die drei nun? Was hatte sie dazu getrieben, die Wohnung zu verlassen?

Die Zeugin, und gleichzeitig mutmaßliche Mittäterin, Annemarie K. kann den Polizisten schließlich doch einen entscheidenden Hinweis liefern: Die Namen der beiden Besucher. Demnach handelt es sich um den Wiener Thomas F. sowie seinen Burgenländer Freund Michael B., beide 18 Jahre alt und KFZ-Mechaniker-Lehrlinge bei den Österreichischen Bundesbahnen (ÖBB). Einer der beiden soll in Besitz eines weißen Ford Mondeo sein; es wird angenommen, dass dieses Fahrzeug den dreien als Fluchtwagen dient.

Als die Ermittler die Familien der 18-Jährigen ausfindig machen können, weiß offenbar keiner so recht, wo die beiden sich aufhalten. Sie hätten Urlaub und trieben sich mal hier, mal dort herum. Darüber hinaus traue man ihnen nicht zu, jemals irgendwelche Gewalttaten zu begehen, seien sie schließlich „ganz chillige" und anständige junge Burschen.

Während die Fahndung nach den mutmaßlichen Tätern auch Tage später noch immer nicht den erwünschten Erfolg einbringt, befindet sich Annemarie K. noch immer in Untersuchungshaft. Regelmäßig telefoniert sie aus dem Gefängnis heraus auch mit ihrer Schwiegermutter, um sich über das Wohl ihrer beiden Mädchen sowie des Jungen zu erkundigen.

In einem dieser Gespräche erwähnt Christians Ehefrau beiläufig, dass sie mit Thomas F. und Michael B. darüber schwadroniert habe, wie man denn am besten eine Leiche verschwinden lassen könnte.

„Ehrlich gesagt wäre es mir lieber, wenn Christian die Augen gar nicht mehr aufmachen würde“, fügt sie hinzu.

Da die Polizei, welche den Anruf mitverfolgt hat, in dieser Äußerung einen versteckten Hinweis sieht, wird Annemarie K. abermals zum Verhör geladen. Dort gibt die 35-Jährige schließlich zu, dass sie wohl doch nicht die gesamte Nacht über im Kinderzimmer geblieben war. Da der Streit zwischen ihrem Ehemann und den beiden Besuchern partout kein Ende finden wollte und zu eskalieren drohte, sei sie dann doch mal nachschauen gegangen, was da eigentlich genau los ist.

Kaum hatte sie die Tür geöffnet, zog jedoch eine gewaltige Menge an Blut ihre Aufmerksamkeit auf sich; Thomas, Michael und Christian lagen gemeinsam auf der Matratze. Annemarie schloss die Tür. Als kurz darauf nichts mehr zu hören war, wurde ihr klar: die beiden hatten ihren Ehemann auf brutalste Weise ermordet.

Statt nun umgehend die Polizei zu alarmieren, half die 35-Jährige den Auszubildenden bei der Beseitigung des Leichnams. Sie packten Christian in Müllsäcke, schleiften ihn hinunter in die Tiefgarage und verstauten seinen Körper in einem Auto. Thomas und Michael seien dann mit dem Wagen in der Nacht verschwunden.

Kaum hat Annemarie K. ihr Geständnis zur Mittäterschaft abgelegt, überschlagen sich die Ereignisse: Ein Arbeitskollege der beiden 18-Jährigen meldet sich bei den Ermittlern und sagt aus, dass sowohl Thomas F. als auch Michael B. in der Nacht des 19. August 2005 bei ihm gewesen seien und geduscht haben. Darüber hinaus baten sie ihn, ihnen bei der Umlackierung des weißen Ford Mondeo unter die Arme zu greifen, womit der Arbeitskollege einverstanden gewesen sei. Daraufhin lackierten die drei den Wagen schwarz.

Auf die Frage hin, weshalb er sich erst jetzt mit dieser wichtigen Information an die Polizei gewandt habe, erklärt der Mann, dass er von den Jugendlichen so sehr unter Druck gesetzt wurde, dass er vorerst nicht den Mumm gehabt hatte, seine Beteiligung zu offenbaren. Nun jedoch scheint der Mann seine Redseligkeit wiedererlangt zu haben, denn er liefert den Beamten im Anschluss eine noch wichtigere Information: den angeblichen Aufenthaltsort der Burschen. Laut dem Arbeitskollegen seien die beiden offenbar zum Gelände einer Eisengießerei in der Karl-Sarg-Gasse im Wiener Bezirk Liesing aufgebrochen.

Umgehend schickt die Polizei mehrere Streifenwagen zur genannten Fabrik. Vor Ort treffen die Beamten zwar nicht auf Thomas F. und Michael B., finden jedoch mehrere Kleidungsstücke, die den beiden Verdächtigen zugeordnet werden können. Von da an steht das Gelände der Eisengießerei unter ständiger Beobachtung der Polizei; die Ermittler vermuten, die Jugendlichen würden dorthin zurückkehren, denn möglicherweise dient ihnen die Fabrik als eine Art Geheimversteck.

Am 21. August zeigt sich, dass die Beamten mit ihrer Annahme Recht behalten sollten: Thomas F. und Michael B. treibt es tatsächlich erneut zur Eisengießerei, woraufhin die beiden geschnappt und vorläufig festgenommen werden können. Bei der Verhaftung leisten die 18-Jährigen nicht den Hauch eines Widerstands – eher kommt es der Polizei so vor als scheinen die beiden erleichtert darüber, nun endlich in Gewahrsam genommen worden zu sein. Schnell kann auch der ehemals weiße Ford Mondeo ausfindig gemacht werden; die Jugendlichen hatten ihn am Frachtenbahnhof im etwa 11 Kilometer von Liesing entfernten Guntramsdorf abgestellt.

Die widerstandslose Verhaftung der mutmaßlichen Täter und ihre anschließende zügige Geständigkeit, bringt Annemarie K. dazu, einige Lücken ihrer vorherigen Aussagen nachträglich zu füllen.

Der damals 33-jährige Busfahrer Christian K., ein braunhaariger, schlaksiger Mann mit großen Ohren, Oberlippenflaum sowie einer rechteckigen Brille auf der Nase und seine vier Jahre jüngere Lebensgefährtin Annemarie geben sich im Jahr 1999 das Ja-Wort; ein Jahr später kommt ihr erster und einziger gemeinsamer Sohn zur Welt. Gemeinsam mit zwei Töchtern im Alter von vier und sieben Jahren, welche Annemarie aus erster Ehe mitnahm, zieht die junge Familie in eine Genossenschaftswohnung in der Stachegasse in Wien-Meidling.

Das Familienglück scheint perfekt – schon bald jedoch wendet sich das Blatt. Immer häufiger bricht zwischen den Eheleuten aufgrund von Nichtigkeiten Streit aus; sie trennen sich, kommen erneut zusammen und trennen sich wieder – ein stetiger Kreislauf. Auch ihr Umfeld bekommt mit, dass das Familienleben im Hause K. alles andere als idyllisch verläuft. Vor allem Christian wird als leicht reizbarer sowie aggressiver Tyrann beschrieben.

Thomas F. und Michael B. lernt der Busfahrer über seinen Stiefbruder kennen. Trotz des enormen Altersunterschieds freunden sich die Drei an und verabreden sich regelmäßig, um Marihuana zu rauchen. Die Droge als Bindeglied sorgt dafür, dass die Jugendlichen gelegentlich auch eine gesamte Woche lang in der Wohnung von Christian und Annemarie K. nächtigen. Während dieser Zeit lernen Thomas F. und Michael B. sowohl die Ehefrau als auch die bisher verborgene, dunkle Seite ihres Freundes kennen. Sie erleben hautnah, wie Christian seine Familie tyrannisiert und beginnen, Mitleid für Annemarie und die Kinder zu entwickeln.

Das Ganze geht so weit, dass sich zwischen Thomas und Annemarie eine enge Bindung aufbaut. Die beiden befinden sich offenbar auf einer gemeinsamen Wellenlänge und können über alles Mögliche miteinander reden. So berichtet der 18-Jährige beispielsweise vom Verlust seiner ersten, großen Liebe, die ihm erst vor Kurzem von Christians Stiefbruder ausgespannt wurde. Hinzu kommt, dass es ihn unheimlich belastet, dass sein Vater von einer schweren Krankheit geplagt ist.

Annemarie offenbart ihrerseits, dass sie Angst vor ihrem Ehemann habe, was Thomas nur allzu gut nachvollziehen kann; er habe die Situation schließlich mit eigenen Augen beobachten können und ebenfalls den Eindruck gewonnen, Christian schlage ab und an massiv über die Stränge. Eines Tages schließen die beiden daher einen Pakt: sollte sich die Situation um ihren Ehemann nicht bessern, vielleicht gar schlimmer werden, so verspricht Thomas F. seiner neuen Freundin Hilfe. Sie vereinbaren einen Code per SMS, den Annemarie ihm senden soll, sobald Christian handgreiflich werde: *Vernichte die Spinne.*

Obgleich der 18-Jährige diese verschlüsselte Botschaft nicht gänzlich für Voll nimmt und innerlich davon ausgeht, dass es sowieso niemals zu einer praktischen Anwendung kommen werde, wird er am Abend des 18. August 2005 eines Besseren belehrt.

An diesem Tag finden die ständigen Anfeindungen zwischen Christian und seiner Ehefrau ihren traurigen Höhepunkt: die beiden streiten sich so heftig, dass der Busfahrer droht, sich diesmal endgültig von Annemarie zu trennen, und mit dem gemeinsamen Sohn von hier fortzugehen. Die 35-Jährige weiß sich nicht mehr zu helfen und ist so verzweifelt, dass sie um

21:49 Uhr kurzerhand zu ihrem Handy greift, die drei magischen Worte eintippt und die Nachricht an Thomas sendet.

Zufällig befindet sich dieser gerade mit seinem Weggefährten Michael auf dem Weg in die Stachegasse zur Wohnung von Familie K. – die beiden hatten sich mit Christian wieder mal zum gemeinsamen Marihuana-Rauchen verabredet. Als sein Handy den Eingang einer SMS verkündet, stehen die 18-Jährigen bereits vor der Haustür. Thomas zieht das Gerät aus seiner Hosentasche, wirft einen kurzen Blick aufs Display und erstarrt.

Mehrmals huschen seine Augen über die drei Worte auf dem viereckigen Monochrombildschirm. Es dauert lange, bis sein Gehirn die Information verarbeitet. Unfassbar. Sie hatte es wirklich getan. Langsam steigt sein Blick die Häuserfassade empor; in seinem Kopf überschlagen sich die Gedanken. Abhauen und es einfach gut sein lassen? Doch was, wenn das Schwein seiner Ehefrau so sehr wehgetan hat, dass sie gerade noch die letzte Kraft gefunden hatte, ihm diese Zeilen zu schreiben? Was, wenn dort oben gerade der Lebensgeist aus ihrem Körper weicht, während er hier unten wie angewurzelt vor dem Eingang steht und wie ein Feigling darüber philosophiert, ob es das Richtige ist, ihr zu helfen? Wenn sie seinetwegen den Qualen ihres Ehemanns erliegen würde, könnte er sich das nie verzeihen.

Sein Gedankenstrom wird unterbrochen, als mit einem Mal die Haustür aufgeht, Christian K. auf der Schwelle erscheint und sie hereinbittet. Zögernd folgt Thomas seinen Freunden ins Innere des angenehm kühlen Treppenhauses. Annemaries auserkorener Erlöser spitzt Stufe für Stufe angespannt die Ohren, um etwaige Klagelaute der Frau auszumachen. Doch bis auf den schweren Atem der Männer sowie die Geräusche ihrer Schuhe auf dem Naturstein ist es still – vorerst.

Denn kaum sind die beiden 18-Jährigen über die Türschwelle der durch drückende Schwüle geschwängerten Wohnung getreten, beginnt augenblicklich ohrenbetäubendes Geschrei. Es ist die Stimme von Christian, der beginnt seine Ehefrau mit hoher Lautstärke niederzubrüllen; körperlich scheint es Annemarie allerdings gut zu gehen, was bedeutet, dass der 39-Jährige wohl noch nicht handgreiflich geworden war. In der Wohnung befindet sich auch dessen Stiefbruder. Warum also hatte sie Thomas die SMS geschickt? Befürchtet sie, dass die Situation jeden Moment zu eskalieren droht und traut ihrem Stiefschwager eine Konfliktlösung nicht zu? Würde er Christian womöglich zur Seite stehen, und sie gemeinsam auf die wehrlose Frau losgehen? Will Annemarie vielleicht die Anwesenheit der beiden Jungs spüren, um sich in Überzahl und somit in Sicherheit zu wissen?

Ob mit oder ohne blutigen Ausgang: Thomas ist sich sicher, dass die Streitereien zwischen den beiden so nicht weitergehen können und unternimmt daher, gemeinsam mit seinem Freund Michael, einen ersten Versuch, die Situation zu deeskalieren. Sie versuchen zunächst, beruhigend auf Christian einzureden. Doch als sich die Lage immer noch nicht beruhigen will, beginnen sie damit, zunehmend die Stimme gegen ihren Freund zu erheben, bis der aufgebrachte 39-Jährige endlich von seiner Ehefrau ablässt. Der Erfolg weilt jedoch nur kurz, denn jetzt baut Christian sich vor den 18-Jährigen auf. Was es ihnen einfalle, sich in seine Angelegenheiten einzumischen, blafft er sie an.

Während der Streit zwischen den drei Freunden fortgeführt wird, will Christians Stiefbruder einen der Jungen dabei beobachten, wie er eine Gaspistole hervorzieht und sie drohend auf die Brust des 39-Jährigen richtet. Kurz darauf scheint er jedoch zu begreifen, dass dieser Schachzug nicht clever gewesen war und steckt die Waffe daher schnell wieder ein.

Unterdessen läuft Annemarie an Christians Stiefbruder vorbei. In der Hand hält sie Mülltüten. Der Mann denkt sich zunächst nichts dabei, vielleicht sind sie voll und seine Stiefschwägerin nutzt die Gelegenheit, um sie nach unten zu bringen und der Situation kurzzeitig zu entfliehen. Doch dann sieht er das, was ihm zuvor durch die Plastiksäcke und seinen Blickwinkel verborgen gewesen war: den länglichen Gegenstand in ihrer Hand. Ein Messer. In diesem Moment realisiert er: dieser Streit könnte eine blutige Wendung nehmen. Wird Annemarie wirklich? Nein. Das ist ihm zu viel; er hat keinen Nerv mehr für dieses ewige Geschreie und will mit allem, was noch folgen wird, nichts zu tun haben. Angst kommt in ihm auf. In diese Sache will er nicht hineingezogen werden. Noch ehe er sich genauer darüber Gedanken gemacht hat, ob er sich womöglich aufgrund unterlassener Hilfeleistung strafbar machen könnte, stürmt Christians Stiefbruder fluchtartig aus der Wohnung und verschwindet in die anbrechende Dunkelheit.

Mittlerweile ist es 22 Uhr am Abend. Die letzten Sonnenstrahlen bahnen sich ihren Weg durch die Fenster der Wohnung in der Stachegasse und wirft ein glühendes Licht auf die wutverzerrten Gesichter von Thomas F., Michael B. sowie Christian K., die allesamt auf Stühlen um einen Tisch herumsitzen. Da sich letzterer noch immer nicht hat beruhigen lassen, legt Annemarie das Messer vor die beiden 18-Jährigen und fährt sich mit dem Finger entlang der Kehle. Anschließend verschwindet sie im Kinderzimmer.

Für Thomas ist es das endgültige Zeichen, nun endlich tätig zu werden. Ohne nachzudenken, springt er auf, packt Christian von hinten am Hals, reißt ihn von seinem Stuhl hoch, hält ihm den Mund zu und fordert seinen Kumpel auf, sich das Messer zu greifen. Dazu brüllt er:

„Mach es! Jetzt!"

Mechanisch umschließen sich Michaels Finger um den Griff des langen Küchenmessers und heben es von der Tischplatte hoch. Wenige Sekunden später schnellt sein Arm wie eine attackierende Schlange nach vorne und sticht mehrmals in den Hals des 39-jährigen Busfahrers.

So einfach geschlagen gibt sich der verzweifelt nach Sauerstoff röchelnde Christian allerdings nicht und wehrt sich mit Händen und Füßen gegen seine Angreifer, die offenbar nicht damit gerechnet haben, dass ihr Freund so stark ist. Im erbitterten Kampf auf Leben und Tod bricht beim Zustechen irgendwann die blutverschmierte Klinge des Messers ab und fällt klirrend zu Boden. Irgendwann scheint die Schlacht zu Ende zu sein; Keine Schreie, kein Kämpfen, Christian wehrt sich nicht mehr. Ohnmächtig liegt er da. Trotzdem lassen die Jungs nicht von dem Familienvater ab oder suchen das Weite.

Was nun folgt ließ sich nie eindeutig rekonstruieren. Man weiß, dass einer der Jungs, aufgrund des nicht mehr zu gebrauchenden Küchenmessers, ein Wurfmesser aus seiner Tasche zieht und es mit der Aufforderung, die Sache zu Ende zu bringen, seinem Kumpel hinüberwirft.

Dann, um etwa 22:15 Uhr des 18. August 2005 töten Thomas F. und Michael B. ihren Freund Christian K. mit über 20 Messerstichen vorwiegend in den Hals; dabei durchtrennen sie auch die Hauptschlagader, was zur Folge hat, dass das Blut wie ein Springbrunnen aus dem Körper des 39-Jährigen an die Wände, auf den Fußboden sowie die Matratze spritzt.

Nachdem die grausame Hinrichtung vollendet ist, traut sich auch Annemarie wieder aus ihrem Versteck heraus. Kaum hat sie die Tür geöffnet und ist hinüber ins Schlafzimmer gegangen, steigt ihr der stechende Geruch nach frischem Blut in die Nase. Es riecht metallisch. Gemeinsam mit den, von oben bis unten in Blut getränkten jungen Erwachsenen, beschließt sie, dass es das Beste ist, den Leichnam ihres Ehemannes verschwinden zu lassen, woraufhin die 35-Jährige aus dem Raum eilt, um Klebeband und Müllsäcke zu holen. Als die Frau ins Schlafzimmer zurückkehrt und sie den schweren Körper verpacken, erklärt Annemarie, dass sie das nicht weit entfernt geparkte Auto ihres Mannes in die Tiefgarage bringen wird und sie die Leiche anschließend über den Lift ganz einfach dort hinunter transportieren können. Dann soll Christian im Kofferraum verstaut und die Leiche „irgendwo" versteckt werden; diese Aufgabe überlässt sie Thomas und Michael. Sie selbst werde bei der Polizei anrufen und ihren Ehemann ein, zwei Tage später „einfach als vermisst" melden.

„Und das ganze Blut?", fragen die 18-Jährigen mit einem Rundumblick über das rot verfärbte Schlafzimmer.

„Das mache ich schon", winkt Annemarie ab. „Kümmert ihr euch einfach darum, dass die Leiche so schnell wie möglich verschwindet und, nach Möglichkeit, nie wieder auftaucht."

Da sie den Vertuschungsplan als durchaus umsetzbar erachten, machen sich Thomas und Michael daran, die ihnen zugeteilte Aufgabe in die Tat umzusetzen. Die mit Blut benetzte Plastikschicht der Müllsäcke um Christians Leichnam bietet jedoch bloß wenige Möglichkeiten für ein ordentliches Handling, weshalb den beiden nichts anderes übrig bleibt, als den schweren Körper über den Boden zur Wohnungstür hinaus zu schleifen.

Bis auf die ungeheure Kraftanstrengung verläuft dies ohne Probleme, doch als die 18-Jährigen vor dem Lift halt machen und darauf warten, bis er ihre Etage erreicht hat, müssen sie einen unfreiwilligen Stopp einlegen und überlassen die Last des menschlichen Pakets für einen Moment dem Natursteinboden.

Als die Türen des Aufzugs beiseite gleiten und Thomas und Michael den Leichnam in die schmale Kabine hieven wollen, reißt der Müllsack an einer Stelle auf, was zur Folge hat, dass sich das darin angesammelte Blut ungehindert auf dem Boden verteilt. Fluchend arrangieren sich die beiden mit der misslichen Lage und erkennen, dass ihnen nun erst recht keine andere Möglichkeit bleibt, als Christians Körper schnellstmöglich verschwinden zu lassen.

Während sie ungesehen in der Tiefgarage ankommen, den Leichnam im Kofferraum des weißen Ford Mondeo verstauen und im Dunkel der Nacht verschwinden, wird Annemarie oben in der Wohnung gewahr, dass sie die Menge an Blut unmöglich würde allein beseitigen können; zumal sich die Blutspur inzwischen auf die gesamte Etage sowie im Aufzug ausgebreitet hat. Der 35-Jährigen bleibt nichts anderes übrig, als die Polizei früher als geplant über das angebliche, spurlose Verschwinden ihres Mannes zu informieren. Somit greift sie um etwa 1:30 Uhr in der Nacht des 19. August 2005 zum Telefon, wählt die 133 und tischt den Beamten die Mär des angeblichen Überfalls auf.

Als die Polizei wenig später in der Stachegasse eintrifft, befinden sich Thomas F. und sein Freund Michael B. längst etliche Kilometer von Wien-Meidling entfernt. Ihr Ziel ist ein abgelegenes Waldstück im Burgenland nahe der ungarischen Grenze – dort verscharren die beiden Christian notdürftig im Unterholz.

Drei Tage später, als sich die Jugendlichen in polizeilichem Gewahrsam befinden, kehren sie abermals in Begleitung der Ermittler dorthin zurück, um sie zur Leiche zu führen. Der mittlerweile stark fäulnisveränderte Christian kann in einem Stück geborgen werden; beim Abtransport rieseln etliche

Maden, die sich in der stickigen Augusthitze in den Stichwunden eingenistet haben, auf die trockene Erde hinab.

Am 02. September 2005, zwei Wochen nach dem blutigen Mord, führen die Beamten, gemeinsam mit den Beschuldigten, einen Lokalaugenschein in der Wohnung von Familie K. durch. Ziel dieser Besichtigung ist eine Rekonstruktion des Tathergangs mit Puppen und Gummiwaffen im Zuge der Beweisaufnahme.

Von der engen Bindung zwischen Thomas und Annemarie ist zu diesem Zeitpunkt nicht die leiseste Spur übrig. Alle drei vermeiden jeglichen Blickkontakt und wechseln kein einziges Wort miteinander.

Ein halbes Jahr später, am 18. Januar 2006, wird Thomas, Michael und Annemarie vor dem Straflandesgericht Wien der Prozess gemacht.

Die Jungwitwe betont vor dem Gericht immer wieder unter Tränen, dass sie es mit ihrem Mann Christian aufgrund dessen Tyrannei, „einfach nicht mehr ausgehalten" habe. Auch erklärt Annemarie, weshalb sie ausgerechnet den Code „*Vernichte die Spinne*" wählte; denn Christian habe über Jahre hinweg peinlich genau auf jede noch so kleine negative Eigenschaft oder fehlerhaftes Verhalten seiner Ehefrau geachtet und, ähnlich einer Spinne, deren Beute sich im Netz verfängt, alle Vorwürfe gesammelt, um dadurch einen Grund zu haben, sich mit ihr zu streiten. Als sie den Mordauftrag nach eifriger Überlegung schließlich erteilte, war ihre Hoffnung, dass die Tat „kurz und schmerzlos" geschieht.

Thomas und Michael sagen aus, dass sie Annemarie einzig aufgrund ihrer Hilfsbereitschaft sowie ihres Mitleids beigestanden haben. Als die 18-Jährigen mit eigenen Augen sahen, wie Christian sich gegenüber seiner Frau und den Kindern verhält, wollten sie dazwischen gehen. Zudem sei ihre

Hemmschwelle am 18. August 2005 aufgrund ihres, an diesem Nachmittag angeblich übermäßigen Drogenkonsums, geringer gewesen. Einer der Jugendlichen beschreibt, er habe sich gefühlt „wie eine Marionette“ und war nicht mehr Herr seiner Sinne.

Michael B. gingen die Streitereien zwischen Christian und Annemarie besonders nahe, da auch seine Eltern immer mal wieder aneinandergeraten waren. Auch er habe Erfahrung mit häuslicher Gewalt gemacht und fühlte sich in der Wohnung von Familie K. daran erinnert. Er sah es als eine Art Verpflichtung, den Familientyrann ruhigzustellen. Darüber hinaus sei in die Tat all die angestaute Wut über die Despoten seines Vaters hineinexplodiert. Für ihn habe es sich angefühlt, als sei nicht Christian, sondern Michaels Erzeuger die in ihrem eigenen Blut sterbende Person am Boden.

Ist dies der eigentliche Grund für die grausame Tat der Jugendlichen? Ein Mord als Verarbeitung traumatischer Ereignisse aus der Kindheit?

Die Gerichtspsychologin Adelheid Kastner hat die Theorie, dass Gruppendynamik Thomas F. und Michael B. zu ihrem Verbrechen getrieben haben könnte: Dass eine erwachsene, sehr viel ältere, Frau die 18-Jährigen um Hilfe bittet, hat den Tätern sicher geschmeichelt. Möglicherweise fühlen sie sich sogar geehrt. Besonders wichtig hierbei ist, dass die Ehefrau sowohl Thomas F. als auch Michael B. für ihre Hilfe instrumentalisieren konnte. Dadurch wollte keiner vor dem anderen einen Rückzieher machen und es war gewährleistet, dass das Verbrechen wie geplant durchgeführt werden konnte. Hätte Annemarie nur einen der Jungen um Hilfe gebeten, wäre es gut möglich gewesen, dass der andere ihn im letzten Moment von der Tat abgehalten hätte.

Darüber hinaus zeigt Kastner auf, dass es sich bei diesem Fall um einen typischen „Overkill-Mord“, also eine „Übertötung“ handelt, da die Jugendlichen mit den über 20 Messerstichen um einiges mehr Gewalt anwendeten, als von Nöten gewesen wäre, um Christian K. zu töten. Dies bedeutet, dass die Täter mit aller Macht und Verzweiflung versuchten, die Situation zu einem Ende zu bringen – koste es was es wolle.

Die Geschworenen des Straflandesgerichts Wien beraten sich etwas mehr als eine Stunde, ehe sie zu einer Entscheidung kommen: Annemarie K. wird wegen Anstiftung zum Mord einstimmig zu einer Freiheitsstrafe von 20 Jahren verurteilt. Diese verbüßt sie bis heute in der Justizvollzugsanstalt in Schwarzau am Steinfeld, nahe der ungarischen Grenze. Bei Thomas F. und Michael B. wird das Jugendstrafrecht angewandt, da sie kurz vor der Tat gerade erst 18 geworden waren. Sie werden wegen Mordes an Christian K. zu je 15 Jahren Zuchthaus verurteilt. Die Strafen sitzen sie in der Justizanstalt Gerasdorf bei Wien ab, bei welcher es sich um eine Sonderanstalt handelt, in der ausschließlich männliche Jugendliche sowie junge Erwachsene zur Rehabilitation untergebracht werden.

Auch Thomas und Michael sollen das dort angebotene Programm durchlaufen: neben einer Therapie absolvieren beide eine Ausbildung und gelten in der Einrichtung als Vorzeigehäftlinge, was ihnen einige Freiheiten beschert, wie etwa das Arbeiten außerhalb der Gefängnismauern.

Den Kontakt zu Annemarie K. haben sie gänzlich abgebrochen und distanzieren sich ausdrücklich von ihr und ihrer „manipulativen" Art. Was sowohl während als auch nach ihrer Haft geschehen ist, bleibt im Ungewissen.

Längst machten bei Thomas und Michael Mitgefühl und Verständnis für die Verzweiflung der Ehefrau ihres Freundes Platz für neue und reflektierte Gefühle: Abscheu und Schuld. Abscheu davor, dass Annemarie in Kauf nahm, dass ihre Kinder während der gesamten Zeit des Mordes mit in der

Wohnung waren und sie nicht wenigstens einen Tag wählte, an welchem die Kinder außer Haus waren.

Schuldig fühlen Thomas und Michael sich vor allem deswegen, da sie den Kindern beide Elternteile nahmen: den Vater ermordet, die Mutter im Gefängnis. Während ihrer Zeit in der Jugendeinrichtung denken die Jungen oft daran, was aus den Kindern geworden ist; erfahren werden sie es jedoch nie. Vermutlich leben sie weiterhin bei ihrer Großmutter.

Am Ende ihrer 15-jährigen Freiheitsstrafe hat der Anwalt der beiden Männer einige lobende Worte für seine Mandanten übrig und blickt mit Zuversicht in deren Zukunft. Er ist davon überzeugt, dass sich Thomas und Michael ohne den Gefängnisaufenthalt nie in die Gesellschaft hätten eingliedern können und wohl oder übel den Drogen verfallen wären. Durch eine exzellente Ausbildung, die die beiden „draußen" wohl ebenfalls nie hätten bestreiten können, besitzen sie die besten Voraussetzungen, um ihren Lebensweg fernab der Kriminalität zu gehen.

Schlusswort des Autors

Liebe Leserin, lieber Leser,

Hat Ihnen dieses Buch gefallen? Dann tragen sie sich doch in meinen Autoren-Newsletter ein. Als besondere Begrüßung und Dankeschön schenke ich Ihnen eine Sammlung der verstörendsten Fälle meiner True Crime Buchreihe.

Außerdem bereiten Sie uns eine große Freude, wenn sie uns mit einer ehrlichen Rezension unterstützen. Jede Bewertung zählt, denn sie sorgt dafür, dass dieses Buch im großen digitalen Marktplatz namens Internet auffindbar ist.

Den Newsletter finden sie unter:
https://www.subscribepage.com/truecrimedeutschland
Herzlichst ihr Adrian Langenscheid
Instagram: @truecrimedeutschland

NEWSLETTER:

Instagram

Mordgeflüster

Im Podcast Mordgeflüster erzählen Marie und Lisa jeden zweiten Sonntag ein wahres Verbrechen aus aller Welt. Die zwei Mädels vom Niederrhein tauchen dazu mit ihren Hörern, bei immer wieder neuen Fällen, in die Geschichte der Opfer und in die Psyche der Täter ein. Jede fünfte Folge ist dabei ein Cold Case. Durch die Flüsterfrage, die man auf der liebevoll gestalteten Instagram Seite von den beiden findet, bekommen die Zuhörer die Möglichkeit an den Folgen mitzuwirken. Klingt das interessant? Dann solltest du unbedingt bei den Zweien reinhören.

Im True Crime-Podcast "Wahre Verbrechen" erzählt Alexander Apeitos, von „mysteriös" bis „unglaublich", alles was die Kriminalgeschichte hergibt. In jeder Folge widmet er sich neuen faszinierenden Fällen und nimmt seine Hörerschaft so auf eine kriminelle Zeitreise mit. Obwohl Alex weder Journalist, Detektiv noch Forensiker ist, merkt man ihm seine Leidenschaft und sein Interesse für echte Kriminalfälle an. Irgendwie kann er nicht die Finger von wahren Verbrechen lassen. Eine wachsende Zahl an begeisterten Zuhörern folgt ihm dabei. Reinhören lohnt sich!

TRUE TENSION

Der True-Crime-Podcast für alle True-Crime-Liebhaber, die nicht noch eine Folge über Ted Bundy und Co hören wollen.

Mit der Lupe vor Augen und Sarkasmus auf den Lippen, geht Max in seinem Podcast den eher unbekannteren Fällen des 21. Jahrhunderts auf die Spur. Von den durchtriebensten Mordplänen, über mysteriöse Vermisstenfälle bis hin zu folgenschweren Auftragsmorden, bekommt ihr ein vielfältiges Buffet an menschlichen Abgründen auf die Ohren, die einen sprachlos werden lassen. Das Motiv des Podcast, welches sich in der Fallauswahl widerspiegelt: Alles, außer gewöhnlich!

Spannung. Realität. Faszination Verbrechen. Crime Schweiz setzt als erste Online-Plattform in der Schweiz ganz auf den True Crime-Trend bei Lesern, Hörern und Zuschauern. Hinter der Nachrichten- und Medienseite stehen erfahrene Autoren, die im Bereich Kriminalität, Polizei, Justiz und Terror über Expertenwissen verfügen.

Die Seite wurde 2019 durch die Schweizer Journalistin Silvana Guanziroli gegründet, die sie seither als Redaktionsleiterin betreut. Die Autorin der Kurzgeschichte „Tödliche Stille“ ist seit über 25 Jahren journalistisch tätig. Mehrheitlich als Polizeireporterin und Gerichtsberichterstatterin. Zuletzt war sie bei großen Schweizer Verlagen in leitenden Funktionen tätig. Zudem wurde sie als True Crime-Expertin schon für Radio-Interviews herangezogen.

Crime Schweiz ist multimedial und auf allen social Media-Kanälen präsent. Und wir diskutieren aktuelle Fälle mit unserer Community. Klink auch du dich in die Diskussion mit ein. Wir freuen uns darauf.

DAVE GRUNEWALD

Bild: © Ralf Lotys

Dave Grunewald ist deutscher Musiker, Influencer und Fitnesstrainer. Bekannt wurde er unter anderem durch die Teilnahme an der Sat.1-Show All Together Now und durch seine Tätigkeit als Influencer auf Instagram. Zwischen 2011 und 2019 war er Sänger der Metalcore-Band Annisokay und macht aktuell unter seinem Pseudonym xHIGHTOWERx Musik. Mit dem Wrestler Axel Tischer hostet er seit Anfang 2022 einen Podcast über das Reisen als Künstler unter dem Namen „Here We Go“.

YVONNE WIDLER

60 tote Frauen in den Jahren 2020 und 2021. 319 ermordete Frauen innerhalb von 11 Jahren. Die meisten davon geschahen durch die Hand des Mannes, der einst sagte, er würde sie lieben. Der Partner oder Ex-Partner. Sie wurden erwürgt, erdrosselt, erschlagen, erstochen, angezündet, mit dem Auto überfahren oder erschossen. Zuvor mussten viele von ihnen jahrelange Martyrien erleben, Psychoterror und körperliche Gewalt. Österreich wird daher immer wieder als „Land der Femizide“ bezeichnet – und das ist nur die Spitze des Eisbergs. Ich berichte seit vielen Jahren über diese Frauenmorde und habe mich auf die Suche nach Antworten begeben. Wer sind die Täter und was haben sie gemeinsam? Wie muss wirksamer Gewaltschutz in Beziehungen für Frauen konzipiert sein? Wo liegen die Wurzeln der Misogynie in Österreich? Welche Verantwortung tragen Medien in all dem? Und vor allem: Wo ansetzen im Kampf gegen systemische Gewalt gegen Frauen? Auf meiner Suche sprach ich mit Angehörigen, Überlebenden, Expert*innen, Polizei und Politik und begleitete Gerichtsverhandlungen – und ich gebe den getöteten Frauen das zurück, was ihnen brutal genommen wurde: eine Stimme, die ihre Geschichten erzählt. “Heimat bist du toter Töchter” - der Titel ist eine Anspielung auf die österreichische Bundeshymne (Heimat bist du großer Söhne) und soll zugleich alarmierend und aufrüttelnd sein. Denn jede tote Frau ist eine zu viel.

TRUE CRIME INTERNATIONAL:

Die erfolgreiche Buchreihe
von Adrian Langenscheid

Sein unverkennbarer Stil und der Erfolg seiner Bücher machten Adrian Langenscheid zu einem der erfolgreichsten True Crime-Autoren Deutschlands. Hat Ihnen dieses Buch also gefallen? Dann bestellen Sie sich gerne auch die anderen Bücher der Reihe.